Ulrike Ackermann

Die neue Schweigespirale

Wie die Politisierung der Wissenschaft unsere Freiheit einschränkt

wbg Theiss ist ein Imprint der Verlag Herder GmbH.
Originalausgabe 2022 by wbg (Wissenschaftliche Buchgesellschaft), Darmstadt
2. Auflage
© Verlag Herder GmbH, Freiburg im Breisgau 2024
Lektorat: Christina Kruschwitz, Berlin
Satz: Arnold & Domnick GbR, Leipzig
Einbandgestaltung: Vogelsang Design, Aachen
Einbandabbildung: shutterstock.com, © Peter Hansen
Herstellung: CPI books GmbH, Leck
Printed in Germany

ISBN Print: 978-3-8062-4423-6

ISBN E-Book (PDF): 978-3-8062-4441-0
ISBN E-Book (epub): 978-3-8062-4442-7

Die neue Schweigespirale

Inhalt

Einleitung

Einer lautstarken Minderheit ist es über die Jahre gelungen, Debattenräume bei uns einzuschränken und die Grenzen des Sagbaren enger zu ziehen. Der moralische Druck der Political Correctness und Cancel Culture hat nicht nur die Lage an den Hochschulen verändert, sondern Einzug in alle gesellschaftlichen und politischen Felder gehalten. Er hat eine neue Schweigespirale in Gang gesetzt, die immer mehr Menschen vorsichtig werden lässt mit dem, was sie öffentlich sagen. Woher kommt dieser Konformitätsdruck? Wer zieht nach welchen inhaltlichen Eckpunkten die Grenzen für das, was politisch korrekt erlaubt ist oder nicht? Was gesagt werden darf und worüber tunlichst geschwiegen werden soll? Gesellschaftskritik gab es immer, und sie ist erwünscht. Doch wie tief darf oder soll sie Wissenschaft prägen, den gesellschaftlichen Diskurs bestimmen und leitende politische Agenda sein? Was passiert, wenn sie hegemonial wird und den Pluralismus der Meinung, der Forschung und Lehre gefährdet?

Identitätspolitiken sind seit einiger Zeit in den Fokus der öffentlichen Debatte gerückt. Inzwischen ertönt die Anklage der weißen, patriarchalischen Tätergesellschaft und ihr angeblich struktureller Rassismus nicht nur aus dem universitären Raum und dem Kulturbetrieb. Sie hat auch die politischen Parteien erreicht. Immer mehr gesellschaftliche Bereiche und Systeme sind mittlerweile von der identitären Agenda erfasst. Entstanden sind die Identitätspolitiken an den Universitäten. Sie wurden in den letzten Jahrzehnten insbesondere in den Sozial-, Geistes- und Kulturwissenschaften gepflegt und dann in diversen Kritischen Theorien wie den Gender Studies, den Critical Whiteness Studies oder der Critical Race Theory weiterentwickelt. Einher ging dies mit tiefgreifenden Paradigmenwechseln und einer immensen Politisierung der Wissenschaft. Welche Ideen oder Ideologien stehen hinter dieser Identitätspolitik? An welche Denktraditionen konnten sie anschließen? Wie und warum gewinnen sie solch immensen Einfluss und welche praktisch-politischen Folgen haben sie? Aus den Universitäten dringen sie in die Gesellschaft ein und wollen sie transformieren. Um zu verstehen, warum eine kleine Minderheit über Jahrzehnte derartig einflussreich werden konnte, lohnt sich ein Blick in die Vergangenheit: Woher kommen diese Ideen und wie sind sie sozialgeschichtlich einzuordnen? Wie normativ darf oder soll Wissenschaft sein? Was passiert, wenn Wissenschaftler die Transformation der Gesellschaft auf ihre wissenschaftliche Agenda setzen? Wann schlägt Wissenschaft in Ideologie um?

Inzwischen nimmt die Sorge über eine zunehmende Verengung von Fragestellungen und Themen in der akademischen Forschung zu. Denn die Toleranzschwelle für abweichende Positionen und Meinungen sinkt, wenn sie an den Rand gedrängt oder gar moralisch sanktioniert werden. Häufig zählt nicht mehr das vorgetragene Argument, sondern die Herkunft des Sprechers. Cancel Culture und Political Correctness gefährden zunehmend eine freie und kontroverse Debatte sowie den Pluralismus in Forschung und Lehre. Diese besorgniserregende Entwicklung berührt jedoch nicht nur die Lage an den Hochschulen. Die identitätspolitischen Ansätze haben sich längst in anderen gesellschaftlichen Bereichen ausgebreitet: in der politischen Bildung und den NGOs, in öffentlichen Verwaltungen, im kulturellen Sektor, im Medienbetrieb und natürlich der Politik. Es geht um Deutungsmacht, um die Erlangung von Diskurshoheit und Ressourcen, und letztlich um die Eroberung von Institutionen. Sprach- und Quotenpolitik flankieren diese Entwicklung.

Die Universität ist die zentrale Lern- und Lehreinrichtung für zukünftige Leistungsträger. Zudem nehmen wissenschaftliche Akteure als Teil der intellektuellen Eliten und Funktionseliten eine Scharnierstelle zwischen Gesellschaft und Politik ein; sie sind Protagonisten im Feld der Wissenschafts- wie auch der Meinungsfreiheit. Das wirft wichtige Fragen auf: Wie wird über Geschichte, Zustand und Zukunft der Gesellschaft geforscht, gelehrt und gedacht an den Hochschulen? In welcher Weise fließen diese Erkenntnisse und Deutungen in die Gesellschaft zurück? Wie prägen sie gesellschaftliche Debatten und die Durchsetzung neuer Normen? Auf der einen Seite gibt es eine kosmopolitisch orientierte, gut ausgebildete obere Mittelschicht, Eliten aus Politik, Kultur und Wirtschaft, wo man gendert, Ökologie und Einwanderung preist – während sich auf der anderen Seite der heterogene, als »rückständig« angesehene Rest der Bevölkerung findet, der ratlos bis verärgert auf die diversen moralisch-politischen Erziehungsversuche und normativen Neujustierungen reagiert.

Die Identitätspolitik von rechts strebt ein ethnisch homogenes Volk an, jene vonseiten des politischen Islams führt den Kampf gegen den ungläubigen Westen, und die von links kämpft gegen die weiße, patriarchale, kolonialistische Tätergesellschaft. Alle drei attackieren die freiheitlichen Errungenschaften der Moderne, die Aufklärung und den Universalismus der Menschenrechte und sind militant antiliberal.

In diesem Buch geht es vor allem um die linke Variante der Identitätspolitik, ihre Wirkmacht im akademischen Betrieb und die Folgen für Politik und Gesellschaft. Manche hegen die Hoffnung, es möge sich nur um eine Generationenfrage handeln, es sei ein zeitgeistiges Phänomen, das bald wieder mit der Einkehr der Vernunft verschwinden würde, dem Satz von Winston Churchill folgend: »Wer mit 20 Jahren nicht Sozialist ist, der hat kein Herz, wer es mit 40 Jahren noch ist, hat kein Hirn.«

Ich fürchte allerdings, so schnell werden wir die Geister der Identitätspolitik nicht mehr los, es sind eben nicht nur akademische Hirngespinste, die vom Wesentlichen ablenken. Ganz im Gegenteil, denn sie berühren den Kern unserer liberalen Ordnung. Aus diesem Grund machen wir uns im Folgenden auf eine Reise aus der Gegenwart in die Vergangenheit und wieder zurück und passieren dabei wichtige Stationen der Ideen- und Sozialgeschichte, um zu begreifen, was hier eigentlich vor sich geht.

1. Meinungs- und Wissenschaftsfreiheit: Lebenselixier der Demokratie und der offenen Gesellschaft

Erinnern Sie sich noch an die spektakuläre Aktion #allesdichtmachen von 50 namhaften deutschen Schauspielern und Schauspielerinnen im Frühjahr 2020? Die Stimmung im Land war tief gesunken, die Bevölkerung frustriert und zunehmend gereizt angesichts des politischen Corona-Krisenmanagements. Planlosigkeit der Akteure, die der Entwicklung ständig hinterherliefen, Ideenlosigkeit, mangelnder Pragmatismus und Behördenversagen auf vielen administrativen Ebenen sorgten für immer größeren Unmut. Im Internet war damals eine Reihe von Kurzfilmen zu sehen, in denen die Schauspieler in Einzelbeiträgen zu Wort kamen und ironisch bis sarkastisch die Freiheitseinschränkungen im Zuge des Lockdowns kritisierten. Anlass waren ihnen nicht zuletzt die Folgen der viele Monate währenden Stillstellung des gesamten Kulturbetriebs für ihre eigene berufliche Arbeit. Unter ihnen waren bekannte Fernsehschauspieler wie Heike Makatsch, Jan Josef Liefers, Martin Brambach oder Christine Sommer.

Ein Shitstorm brach in den sozialen Medien los und entfachte eine Debatte. Kaltherzigkeit, Geschmacklosigkeit und Zynismus wurde der Schauspielertruppe vorgeworfen. Besonders die öffentlich-rechtlichen Sendeanstalten und viele Leitmedien konnten der ironischen Aktion keinerlei Spaß abgewinnen. Die filmischen Einlassungen waren unterschiedlicher Qualität, einige bewegten sich tatsächlich hart an der Grenze zwischen Zynismus und Geschmacklosigkeit. Sofort erhoben sich viele moralische Zeigefinger und der Vorwurf, mit der AfD, Corona-Leugnern und Querdenkern, die sich immer wieder zu Protestdemonstrationen gegen die staatlichen Corona-Maßnahmen in den großen Städten versammelten, gemeinsame Sache zu machen. Diese sogenannte Kontaktschuld ist als Vorwurf sehr beliebt in Deutschland. Es ist der Versuch, den anderen moralisch zu delegitimieren und auszugrenzen. Der Druck auf die Schauspielergruppe wurde immer größer, sodass sich einige genötigt sahen, sich für ihre öffentliche Einlassung zu entschuldigen oder ihr Video zurückzuziehen. Die bekannte *Tatort*-Schauspielerin Ulrike Folkerts etwa räumte ein, ihre Beteiligung an dieser Aktion sei ein Fehler gewesen. Sie hätte geglaubt, mit ihren »Kolleg*innen ein gewinnbringendes Gespräch in Gang« zu bringen, das Gegenteil sei passiert. Die Heftigkeit, mit der die beteiligten Schauspieler an den Pranger gestellt wurden, war beängstigend.

In ähnlicher Weise, wie der Begriff Political Correctness und die praktischen Folgen daraus sich von den USA ausgehend Zug um Zug bei uns ausbreiteten, geschieht dies nun auch mit der sogenannten Cancel Culture. Sie trifft Personen, die sich vermeintlich politisch unkorrekt äußern oder verhalten und die aufgrund dessen aus den sozialen Medien heraus unter starken Druck gesetzt und geächtet werden sollen. Deplatforming heißt das heute. Verlangt werden Entschuldigungen oder Rücktritte; in jedem Fall soll die Meinungsäußerung der Betroffenen keinen Ort mehr finden und sie selbst möglichst aus ihren Positionen entfernt werden. Der öffentliche Raum soll gereinigt werden von angeblich unstatthaften, politisch unkorrekten und unerwünschten Meinungen und von Personen, die diese vertreten. Sie werden gestrichen wie die Flüge auf der Anzeigentafel ›flight canceled‹ und sollen verbannt werden aus der Politik, aus dem Kulturbetrieb oder der Universität: Publikationsverbot, Auftrittsverbot oder Redeverbot, sozialer Ausschluss aus dem Justemilieu.

Dieser moralische Druck der Cancel Culture auf unliebsame Personen und ihre Äußerungen wird in unseren liberalen Demokratien in der Regel nicht vom Staat oder der Mehrheit der Bevölkerung ausgeübt, sondern von kleinen sozialen Minderheiten und Aktivisten, die sich als Diskurspolizisten gerieren. Allerdings zeigt sich immer häufiger, wie effektiv dieser Druck sein kann. Eigentlich selbstbewusste Schauspieler sahen sich zu Selbstzensur genötigt und beugten sich. Womöglich spielte nicht zuletzt die Sorge eine Rolle, in Zukunft bei der Vergabe von Fernsehspiel- und Filmrollen bei den öffentlich-rechtlichen Sendeanstalten nicht mehr ausreichend berücksichtigt zu werden.

In den USA ist der Feldzug der selbsternannten Sittenwächter mit ihrer Methode der Cancel Culture inzwischen überaus erfolgreich. Die *New York Times*, ehemals eine angesehene linksliberale Zeitung, hat aufgrund des Drucks aus sozialen Netzwerken und Aktivistengruppen Redakteure entlassen, wie beispielsweise Donald McNeil. Er hatte das verbotene N-Wort in didaktischem Zusammenhang verwendet – und sein Kopf »rollte«. Eine junge Garde von Redakteuren, die politisch korrekt an den amerikanischen Hochschulen sozialisiert wurde, führt nun das Regiment in einer Zeitung, die lange Zeit für Meinungsfreiheit und offene Debatten stand. Auch Bari Weiss ist aus diesem Grund als Meinungsredakteurin des Blatts zurückgetreten. An den Universitäten haben schon viele Lehrende, weil sie vermeintlich unbotmäßig waren, ihre Stellung verloren. Solch spektakuläre Fälle von Entlassungen oder Rücktritten gab es in Deutschland noch nicht. Doch die Reaktionen auf die Schauspieleraktion #allesdichtmachen lässt Ähnliches befürchten. Wenn die Freiheit der Meinung immer häufiger durch vorgebliche, reale oder potenzielle Kränkungen infrage gestellt wird, ist dieses über Jahrhunderte hart erkämpfte Gut ernstlich in Gefahr. Weltweit ist die Meinungsfreiheit in den letzten Jahren immer stärker unter Druck geraten – was in Diktaturen und autoritären Regimes nicht verwundert. Doch dass auch in den westlichen liberalen Demokratien die Grenzen des Sagbaren immer enger gezogen werden und sich Vorsicht breitmacht im öffentlichen Raum, ist höchst beunruhigend.

Den gewaltsamen Auftakt konnten wir beobachten, als 2006 der Streit um die in der dänischen Zeitung *Jyllandsposten* erschienenen Mohammed-Karikaturen losbrach. Es breitete sich in Windeseile ein von Islamisten angestifteter weltweiter Furor aus, der mit verletzten religiösen Gefühlen der Muslime gerechtfertigt wurde. Das war im Übrigen auch die Begründung für die Ermordung der Redakteure der französischen Zeitschrift *Charlie Hebdo* 2015 in Paris. Seitdem entzündet sich immer wieder der Streit über die Grenzen der Meinungsfreiheit und ihre Einschränkung zugunsten verschiedener Opfergruppen.

Um vermeintlich verletzte Gefühle, scharf gezeichnete Täter- und Opferprofile, die sich scheinbar unversöhnlich gegenüberstehen, geht es auch in unseren derzeitigen Debatten. Der Begriff des »antimuslimischen Rassismus« etwa hat sich ausgehend von vielen Aktivisten in Aufrufen und Kampagnen innerhalb und außerhalb der Universitäten verbreitet und Eingang gefunden in Redaktionsstuben und Kulturinstitutionen. Auch vom unentrinnbaren »strukturellen Rassismus« und dem »Diktat der Heteronormativität« ist plötzlich immer häufiger die Rede. Weiße, vor allem alte weiße Männer, sollten sich endlich ihrer jahrhundertealten Privilegien bewusst werden und »woke« sein. Sie sollen ihre »Schuldigkeit« anerkennen und eingestehen und Platz machen für andere. Auf öffentlichen Podien und in Talkshows, in universitären Diskussionen und Auswahlverfahren ist auf einmal weniger die inhaltliche Argumentation und Positionierung relevant als vielmehr das Geschlecht, die Hautfarbe oder die Religionszugehörigkeit. Wer sprechen darf, was ausgesprochen werden darf und was nicht und wie tunlichst gesprochen werden soll, unterliegt inzwischen ganz neuen sozialen Regeln, die niemals offiziell ausgerufen oder demokratisch legitimiert wurden.

Dieses neue Regime, das sich in alle gesellschaftlichen Felder ausbreitet, erzeugt einen Konformitätsdruck, der in den letzten Jahren immens gestiegen ist. Das kann man innerhalb der Volksparteien, im Öffentlichen Dienst und in Unternehmen ebenso beobachten wie besonders ausgeprägt im Kultur- und Wissenschaftsbetrieb. Die Bezeichnung »umstritten« hat längst ihre ursprüngliche Bedeutung verloren, nämlich die eines Streits um einen Inhalt, der von verschiedenen Positionen aus argumentativ geführt wird. Erst recht die so bezeichnete Person hat bereits vor dem Streit verloren und soll geächtet werden. Der Schriftsteller und Jurist Bernhard Schlink hat schon vor zwei Jahren die »Engführung des Mainstreams« beklagt. Der Raum für freie, mutige Rede, unkonventionelle Sichtweisen und die tatsächliche Pluralität der Standpunkte ist mittlerweile noch enger geworden.

Die Studien des John Stuart Mill Instituts haben bereits gezeigt, dass seit einigen Jahren die veröffentlichte Meinung in den führenden Printmedien und in den öffentlich-rechtlichen Sendeanstalten auf der einen Seite und die Meinung der Bevölkerung andererseits immer stärker auseinanderdriften.[1] Der sogenannte Mainstream in den Medien repräsentiert immer weniger die Mehrheitsmeinung der Bevölkerung, und das Unbehagen darüber in der Bevölkerung wächst.

Das Institut für Demoskopie Allensbach, das auch am Freiheitsindex des John Stuart Mill Instituts mitgewirkt hat, untersucht regelmäßig und seit vielen Jahren, wie es um die freie Meinungsäußerung in Deutschland bestellt ist. Die Kurve zugunsten der freien Meinungsäußerung stieg über die Jahrzehnte seit 1953. Im Jahr 1991 waren 78

Prozent der Meinung, sie könnten ihre Meinung frei sagen. Und 16 Prozent waren nicht dieser Meinung. Im Jahr 2021 waren nur noch 45 Prozent der Bevölkerung der Meinung, man könne sich frei äußern, und 44 Prozent waren der Meinung, es sei besser, vorsichtig zu sein. Das ist ein höchst alarmierendes Zeichen: Die politische Meinungsfreiheit ist in Deutschland in den letzten Jahren immer mehr unter Druck geraten. Zudem werden sogenannte heikle Themen, »mit denen man sich den Mund verbrennen könnte«, heute von erheblich mehr Menschen als gefährlich eingestuft. 1996 waren 15 Prozent der Befragten der Meinung, das Thema Muslime und Islam sei heikel, im Sommer 2021 waren es 59 Prozent.

Auch zum Thema der gendergerechten Sprache hat das Allensbacher Institut Erstaunliches herausgefunden. Die Meinung und Sprache der Bevölkerung unterscheiden sich deutlich von der veröffentlichten Meinung. In den Leitmedien und den öffentlich-rechtlichen Rundfunkanstalten, an den Universitäten und in den Verlautbarungen des Öffentlichen Dienstes wird schon länger gendergerecht gesprochen und auf die Vorbildrolle gepocht. Die Allensbacher Forscher wollten in ihrer repräsentativen Erhebung wissen: »Wenn jemand sagt: ›Man sollte in persönlichen Gesprächen immer darauf achten, dass man mit seinen Äußerungen niemanden diskriminiert oder beleidigt. Daher sollte man zum Beispiel neben der männlichen auch die weibliche Form benutzen.‹ Sehen Sie das auch so, oder finden sie das übertrieben?« Das sahen 19 Prozent der Befragten auch so. Hingegen antworteten 71 Prozent, ein solches Verhalten sei übertrieben. Interessanterweise teilten diese Einschätzung auch 65 Prozent der Frauen. Jetzt könnte man meinen, dass die jüngere Generation dies ganz anders sieht. Doch auch die Befragten unter 30 waren zu 65 Prozent der Ansicht, der gendergerechte Sprachgebrauch sei übertrieben. Selbst bei den Grünen-Anhängern sprachen sich 65 Prozent dagegen aus. Obwohl doch gerade diese Partei mit größtem Einsatz für die gendergerechte Sprache unterwegs ist.[2]

Die neue Schweigespirale

Elisabeth Noelle-Neumann verdanken wir den Begriff der Schweigespirale.[3] Die Kommunikationswissenschaftlerin beschrieb damit 1980 eine soziale Dynamik, die ich heute mit Konformitätsdruck bezeichnen würde. Jeder hat das Bedürfnis, nicht in soziale Isolation zu geraten, und beobachtet deshalb, wie das eigene Verhalten und die eigenen Aussagen bei anderen Menschen ankommen. Insofern orientieren die Menschen ihr Verhalten daran, welche Verhaltensweisen und Meinungen in der Öffentlichkeit gut ankommen beziehungsweise abgelehnt werden. Oftmals ist zu beobachten, dass bereits vor einer potenziellen Konfrontation oder Ablehnung die eigene Meinung zurückgehalten wird, um Missfallen zu vermeiden. Das heißt also: lieber schweigen, um zu gefallen, um opportun zu sein, als aufzufallen, an den Rand gedrängt oder gar geächtet zu werden. Diejenigen hingegen, die sich zumindest relativ sicher sind, dass sie mit ihrer Meinungsäußerung öffentliche Unterstützung ernten, äußern in der Regel ihre Meinung deutlich und breit vernehmbar. Die Schweigespirale kommt in Gang, wenn lautstarke Meinungsäußerungen auf Schweigen treffen. Diese Dynamik können wir bei besonders kontroversen und emotional besetzten Themen beobachten. Sie funktioniert unabhängig von der realen Stärke der Meinungslager. Deshalb können auch kleine Minderheiten, die lautstark ihre Anliegen propagieren, den Eindruck erwecken, es würde sich um eine Mehrheitsmeinung handeln, obwohl dies mitnichten zutrifft. Mit der Mobilisierungskraft der sozialen Netzwerke gelingt dies natürlich noch viel schneller als in Zeiten der analogen Öffentlichkeit.

Die neue Schweigespirale funktioniert deutlich drastischer als das, was wir bisher kannten. Sie greift weitaus radikaler in das gesellschaftliche Gefüge ein und hat enormes Spaltungspotenzial, wie wir seit einigen Jahren beobachten können. Es sind hochprofessionelle Akteure in unterschiedlichen gesellschaftlichen Feldern unterwegs, nicht nur als erfolgreiche Influencer im Netz.

Es geht deshalb in den folgenden Kapiteln um den Einfluss von Ideen und Praktiken, die direkt beziehungsweise vermittelt aus den Universitäten in die Gesellschaft eindringen und diese transformieren wollen. Denn heute stehen Studienabgänger, die die zukünftige Leistungs- und Funktionselite repräsentieren, einer großen Mehrheit der Bevölkerung gegenüber, die viele dieser Ideen befremdlich findet. Das gilt besonders für eine gendergerechte Sprache und neue soziale Regeln, die ihren Ursprung auf dem Campus oder in Aktivistengruppen haben. Auf der einen Seite beobachten wir eine überschaubare

Minderheit, die mittels Sprache die Menschen »umerziehen« und die Gesellschaft in ihren Macht- und Privilegienstrukturen »dekonstruieren« und verändern will. Auf der anderen finden wir die große Mehrheit, deren Unmut über eine derartige Pädagogisierung und Gängelung wächst und zuweilen in Zorn umschlägt.

Dieses Spannungsverhältnis und die daraus folgenden sozialen Dynamiken werden uns in den nächsten Kapiteln ausführlich beschäftigen. Um sie besser verstehen und einordnen zu können, ist der Blick auf die Wissenschaft und den Wissenschaftsbetrieb von großer Bedeutung (siehe Kapitel 2). Denn von dort kommen maßgebliche Impulse für die Gesellschaft – unabhängig davon, ob man diese begrüßt oder ablehnt. Nicht nur Studierende und Studienabgänger tragen das an der Universität Gelernte in die Gesellschaft hinein. Auch die wissenschaftlichen Akteure aus den unterschiedlichen Sektionen des Wissenschaftsbetriebs sind ja nicht nur an der akademischen, sondern auch an der gesellschaftlichen Meinungsbildung einflussreich beteiligt. Es ist wichtig, diese Schnittstelle zwischen der gesellschaftlichen Öffentlichkeit und dem Wissenschaftsbetrieb im Blick zu behalten, weil sie einigen Aufschluss über gesamtgesellschaftliche Entwicklungen liefert. In ihrer Avantgarde-Rolle sind diese Akteure samt ihrer Institutionen maßgeblich an der Formung des Zeitgeistes beteiligt. Auch wenn sie verglichen mit dem Rest der Bevölkerung eine Minderheit darstellen, sind sie einflussreich und sprachgewaltig. Vor diesem Hintergrund lohnt es sich, den Eklat zwischen dem Kabarettisten Dieter Nuhr und der Deutschen Forschungsgesellschaft (DFG) 2020 noch einmal anzuschauen, weil er ein interessantes Licht auf das Verhältnis von Meinungsfreiheit und Wissenschaftsfreiheit wirft.

Die DFG wollte den hundertsten Geburtstag ihrer Vorgängerorganisation feiern und dies zum Anlass nehmen, in einer breiteren Öffentlichkeit wahrgenommen zu werden. Sie ist die größte Förderinstitution in der wissenschaftlichen Forschungslandschaft Deutschlands und erhält dafür im Jahr stattliche 3,3 Milliarden Euro aus Steuergeldern. Sie fördert auf Antrag damit Tausende von Forschungsprojekten an Hochschulen und Forschungsinstituten. Die groß angelegte Kampagne der DFG hatte den Titel »Für das Wissen entscheiden«. Sie wolle damit »die Prinzipien einer freien und unabhängigen Wissenschaft sowie deren Wert für eine offene und informierte Gesellschaft prominent öffentlich sichtbar machen«. Ein hehres Unterfangen, dass sogar mit einem durch das ganze Land tourenden Bus sowie einer Schauspielergruppe umgesetzt werden sollte. Der Lockdown im Zuge der Corona-Krise vereitelte diese Live-Auftritte vor Publikum. Stattdessen entschloss sich die DFG für Audio- beziehungsweise Videobotschaften, versammelt in der Online-Aktion #fürdasWissen. Das Ganze stand nicht unbedingt im Licht der großen Aufmerksamkeit, auch wenn Prominente, Schauspieler und Kabarettisten zu Wort kamen. Offensichtlich um der Sache mehr Pep zu geben, luden die Kampagnenplaner den Kabarettisten Dieter Nuhr zu einem Video-Statement ein. Er hatte zuvor mehrmals in seinen Sendungen mit beißendem Humor die »Klimahysterie« aufs Korn genommen. In seiner 36 Sekunden dauernden Botschaft für die DFG sagte er: »Wissen bedeutet nicht, dass man sich zu 100 Prozent sicher ist – sondern dass man über genügend Fakten verfügt, um eine begründete Meinung zu haben. Weil viele Menschen beleidigt sind, wenn Wissenschaftler ihre Meinung ändern: Nein, nein, das ist normal! Wissenschaft ist gerade, dass sich die Meinung ändert, wenn sich die Faktenlage ändert. Wissenschaft ist nämlich keine Heilslehre, keine Religion, die absolute Wahrheiten verkündet. Und wer ständig ruft: Folgt der Wissenschaft!, der hat das offensichtlich nicht begriffen. Wissenschaft weiß nicht alles, ist aber die einzige vernünftige Wissensbasis, die wir haben. Deshalb ist sie so wichtig.«[4]

Das ist eine kluge, kurze Definition von Wissenschaft, wie wir sie spätestens seit der Renaissance und Aufklärung begreifen, also eigentlich eine Selbstverständlichkeit, möchte man meinen: Neugierde, Skepsis und Infragestellung als Antriebskräfte auf der Suche nach Erkenntnis, Wahrheit und evidenzbasierter Forschung. Das Ergebnis ist offen und jederzeit falsifizierbar und revidierbar, wenn neue Entdeckungen hinzukommen. ›Trial and Error‹ nannte dies später der Philosoph Karl Popper. Und dennoch brach ein kleiner Shitstorm los, nachdem der Nuhr-Beitrag im Netz auf der DFG-Seite online war. Es ging dabei kaum um den Inhalt seiner Einlassung, sondern vielmehr um seine Person, die vielen als »umstritten« galt. Bereits früher hatte er mit seinen Auftritten zu anderen Themen, etwa Migrationspolitik, Corona-Krisenmanagement oder Identitätspolitik, gerne gegen die

Gebote der politischen Korrektheit verstoßen und dafür heftige Kritik auf sich gezogen, vornehmlich von linker und grüner Seite. Verglichen damit waren die eingegangenen Reaktionen, die sich über die Präsenz seiner Person auf der DFG-Seite mokierten, überschaubar. Doch reichte es aus, die für die Kampagne Zuständigen ernsthaft zu beunruhigen, zumal noch weitere Beschwerden per Anruf und E-Mails aus der wissenschaftlichen Community eingingen.

Diese Kritik an ihrem Engagement des Kabarettisten veranlasste die DFG, den Auftritt kurzerhand zu canceln, von der Website zu nehmen und dies auf Twitter kundzutun. Dieter Nuhr erfuhr durch einen Journalisten von der Streichung. Nun brach, auch in den großen Printmedien, tatsächlich eine heftige Debatte über Meinungsfreiheit und ihre Einschränkung selbst im wissenschaftlichen Sektor los. Von links wurde nun befürchtet, Nuhr könne sich als Opfer der Cancel Culture stilisieren – was er ja tatsächlich war. Die DFG hatte angesichts der heftigen Reaktionen auf ihre Reinigungsaktion ein Einsehen und lud Nuhrs Auftritt wieder auf ihrer Website hoch. Die Präsidentin der DFG, Katja Becker, entschuldigte sich und räumte das Canceln als Fehler ein. Ein paar Wochen später kam es sogar noch zu einer persönlichen Aussprache zwischen ihr und Nuhr bei der Bundesministerin für Bildung und Forschung, Anja Karliczek. Doch zeigt dieses Fallbeispiel eindrücklich, wie anfällig auch der Wissenschaftsbetrieb für Konformitätsdruck ist. Dies beunruhigt seit einigen Jahren eine inzwischen wachsende Anzahl von Hochschulangehörigen, die die Meinungs- und Wissenschaftsfreiheit ernstlich gefährdet sehen.

Das im Februar 2021 gegründete Netzwerk Wissenschaftsfreiheit zählt inzwischen über 600 Mitglieder. Auch der Deutsche Hochschulverband (DHV) ist seit geraumer Zeit beunruhigt. Auf seiner Jahresversammlung im April 2019 verabschiedete er eine Resolution »Zur Verteidigung der freien Debattenkultur an Universitäten«. Beklagt wird darin, dass die Toleranz gegenüber anderen Meinungen sinke und dies Auswirkungen auf die gesamte Debattenkultur an den Universitäten habe. Eigentlich müsste jedem, der die Welt der Hochschulen betritt, klar sein, dass man dort mit Ideen und Vorstellungen konfrontiert wird, die den eigenen zuwiderlaufen können. Dieser Lageeinschätzung stimmten 90 Prozent zu und unterstützen den Weckruf. Dies ist kein unwesentliches Votum. Denn der Hochschulverband verzeichnet 32 000 Lehrende und wissenschaftlichen Nachwuchs als Mitglieder. Der Präsident des DHV, Bernhard Kempen, Staatsrechtler an der Universität Köln, hebt hervor, der Aufruf wende sich ausdrücklich auch an die Leitung der Hochschulen, »die manchmal ein erstaunliches Maß an Unsicherheit erkennen lassen, wenn es darum geht, Flagge zu zeigen und deutlich zu machen, das es gerade die Aufgabe von Hochschulleitungen ist, sich schützend vor diejenigen zu stellen, die ihre wissenschaftlichen Thesen an der Universität kundtun wollen«[5]. Kempen spricht von einer Diskursverengung, die er auch insgesamt im politischen Feld beobachtet. Im Sommer 2021 wurde er noch deutlicher: »Die Freiheit der Wissenschaft ist in Gefahr. Es ist nicht der Staat, der sie bedroht, es sind die Akteure des Wissenschaftssystems selbst, die einen schleichenden Aushöhlungsprozess in Gang gesetzt haben. Er zeigt sich an der Engführung des wissenschaftlichen Diskurses auf einigen Forschungsfeldern. … Der Deutsche Hochschulverband verzeichnet eine signifikante Häufung von Fällen, in denen sich Wissenschaftler in ihrer Freiheit durch wissenschaftsimmanente Mechanismen oder Political Correctness zunehmend eingeengt fühlen. Der Staat ist an alledem unbeteiligt. Es sind Studenten und Wissenschaftler in allen Stadien ihrer universitären Karrieren, die ihrer eigenen Freiheit ein Grab schaufeln.«[6]

Von den alten Griechen bis zur Aufklärung

Angesichts dieser prekären Lage lohnt es, sich an eine Denk- und Kommunikationstradition zu erinnern, die bis zu den alten Griechen zurückreicht, das sogenannte Sokratische Gespräch.

In der zweiten Hälfte des 5. Jahrhunderts vor Christus hat der Philosoph Sokrates auf dem Marktplatz in Athen mit den Bürgern Zwiegespräche besonderer Art geführt, so ist es von seinem Schüler Platon überliefert. Seine eindringlichen Fragen und das insistente Nachfragen dienten dazu, dass sich derjenige, der eine Meinung vertrat, im Klaren darüber werden sollte, warum er diese Meinung vertrat und warum seine Meinung möglicherweise richtig oder auch falsch sei. Es ging also um die Begründung von Meinungen und Argumenten. Auch bei Aristoteles finden wir die Methode, die Leserschaft anzuregen, die eigene Meinung darauf zu überprüfen, ob sie der Faktenlage standhält und begründbar ist. In diesem wechselseitigen Prozess von

Fragen und Antworten, der Nennung von Beispielen und Gegenbeispielen, geht es um die Klärung und Verfeinerung der Ausgangsposition, die vorgetragen wurde. Hält sie nach dieser Überprüfung stand oder muss sie verworfen werden? Diese Weise des Erkenntnisgewinns ermöglicht erst, zwischen wahr und falsch unterscheiden zu lernen, Irrtümer zu realisieren, Fehlschlüsse zu revidieren. Es ist letztlich die Voraussetzung für die Herausbildung und Erlangung vernünftiger Urteile. Dazu müssen alle Argumente und Einwände zulässig sein. Diese kluge Methode der Suche nach Wahrheit und nach Erkenntnis prägte in der Folge die weiteren Jahrhunderte der europäischen Zivilisationsgeschichte und ist Movens der Aufklärung: aus Glauben wurde Wissen.

Über die Jahrhunderte befreite sich das Denken Zug um Zug aus den Verstrickungen alter, vornehmlich religiöser Autoritäten. Im Verlauf dieses Säkularisierungsprozesses wurden lange Zeit gültige Gewissheiten zunehmend infrage gestellt. Das eigenständige Nachdenken, Beobachten und Analysieren der Prozesse der äußeren Natur beförderte ein ganz neues Selbstbewusstsein der Menschen: eine Selbstermächtigung durch Wissen.

Der Verstand, der Intellekt und vor allem die Vernunft waren dafür die elementarsten Instrumente. Für die Aufklärer war der menschliche Fortschritt unmittelbar verknüpft mit der Vernunft. Nur damit könne man Aberglauben, Vorurteilen und Ideologien begegnen und die Welt zu ihrem Besseren verändern. Um die Welt tatsächlich zu begreifen und ihre Gesetzmäßigkeiten zu ergründen, war die Vernunft unverzichtbar. Auch in den Naturwissenschaften setzte sich dieses Denken fort. Galileo Galilei und später Isaac Newton verknüpften in ihrer neuen Physik die empirische Erfahrung mit der Vernunft.

Angetrieben von Neugierde, Wissensdurst und dem Wunsch, die Welt, ihre Entstehung und Entwicklung wissenschaftlich zu erklären, entstand in Frankreich erstmalig eine große Enzyklopädie. Der Anspruch war hoch. In vereinter Kraft wollten Schriftsteller und Wissenschaftler alles verfügbare Fachwissen, das ihnen zugänglich war, zusammenbringen und veröffentlichen. Im Jahr 1750 trafen sie sich erstmals. Es fanden sich 138 Mitarbeiter, auch Voltaire und Jean-Jacques Rousseau waren dabei. Federführend waren der Schriftsteller Denis Diderot und der Mathematiker und Philosoph Jean Baptiste le

Rond d'Alembert. Das in vereinter Kraft entstandene Werk erschien im Jahr 1751. Im Vorwort der Ausgabe finden sich die bemerkenswerten Sätze: »Bei der lexikalischen Zusammenfassung alles dessen, was in die Bereiche der Wissenschaften, der Kunst und des Handwerks gehört, muss es darum gehen, deren gegenseitige Verpflichtungen sichtbar zu machen und mithilfe dieser Querverbindungen die ihnen zugrunde liegenden Prinzipien genauer zu erfassen.« Es ging ihnen darum, die entfernteren und näheren Beziehungen der Dinge aufzuzeigen, um »ein allgemeines Bild der Anstrengungen des menschlichen Geistes auf allen Gebieten und in allen Jahrhunderten zu entwerfen«. Sie verfolgten ein universalistisches Programm. Diderot ging es darum, die auf der ganzen Erde verstreuten Kenntnisse zu bündeln, zu ordnen und sie den Zeitgenossen, mit denen sie zusammenlebten, zugänglich zu machen. Ausdrücklich betonte er, wie wichtig die Überlieferung dieses Wissens an die nachfolgenden Generationen sei, damit die Arbeit und der Fortschritt der vergangenen Jahrhunderte nicht umsonst wäre und verloren gehen würde. Ihre Enkel sollten nicht nur gebildeter als sie selbst, sondern darüber hinaus auch tugendhafter und glücklicher werden. Es verwundert nicht, dass die geistlichen und weltlichen Herrschaften darin einen massiven Angriff auf ihre als unumstößlich empfundene Autorität erblickten und die Enzyklopädie in den ersten Jahren als ein Dokument der Gottlosigkeit anprangerten. Da in Amsterdam bereits ein freierer Geist wehte, wurden die ersten Ausgaben des Werks dort zur Drucklegung gebracht. Alle Einschüchterungsversuche konnten nicht verhindern, dass die Enzyklopädie immer weitere Verbreitung fand.

Der sich etablierende Buchdruck und die Gründung zahlreicher Verlage, Zeitungen und Zeitschriften waren die Grundpfeiler der entstehenden bürgerlichen Öffentlichkeit. Immer eindringlicher wurden die absolutistischen Autoritäten infrage gestellt. In Kaffeehäusern, Salons und den beliebten Lesegesellschaften nahm die bürgerliche Gesellschaft Konturen an. Mit neuem Selbstbewusstsein trat der Dritte Stand dem Adel und Klerus gegenüber und forderte Reformen, Freiheit, Bürgerrechte und Eigentum sowie einen neuen Gesellschaftsvertrag, der die Machtverhältnisse neu regeln sollte. Das Bürgertum wollte endlich an der Macht partizipieren und demokratisch gewählt repräsentiert sein.

Die mutigen Aufklärer um Diderot, d'Alembert, Voltaire und Rousseau waren entscheidende Wegbereiter der Französischen Revolution. Immanuel Kant hat in seiner *Beantwortung der Frage: Was ist Aufklärung?* das Ansinnen seiner französischen Kollegen von Königsberg aus prägnant auf den Punkt gebracht: zur Aufklärung aber »wird nichts erfordert als Freiheit; und zwar die unschädlichste unter allen, was nur Freiheit heißen mag, nämlich die: von seiner Vernunft in allen Stücken öffentlichen Gebrauch zu machen. Nun höre ich aber von allen Seiten rufen: räsonniert nicht: der Offizier sagt: räsonniert nicht, sondern exerziert: der Finanzrat: räsonniert nicht, sondern bezahlt! Der Geistliche: räsonniert nicht, sondern glaubt! (Nur ein einziger Herr in der Welt sagt: räsonniert, so viel ihr wollt, und worüber ihr wollt; aber gehorcht!) Hier ist überall Einschränkung der Freiheit. Welche Einschränkung aber ist der Aufklärung hinderlich? Welche nicht, sondern ihr wohl gar förderlich? – Ich antworte: der öffentliche Gebrauch seiner Vernunft muss jederzeit frei sein, und der allein kann Aufklärung unter Menschen zustande bringen!« Kant schließt seinen Appell von 1784 mit dem Ausblick: »Wenn denn die Natur unter dieser harten Hülle den Keim, für den sie am zärtlichsten sorgt, nämlich den Hang und Beruf zum freien Denken, ausgewickelt hat: so wirkt dieser allmählich zurück auf die Sinnesart des Volks (wodurch dieses der Freiheit zu handeln nach und nach fähiger wird), und endlich auch sogar auf die Grundsätze der Regierung, die es ihr selbst zuträglich findet, den Menschen, der nun mehr als Maschine ist, seiner Würde gemäß zu behandeln.«[7]

Mit dem Sieg der Französischen Revolution 1789 schien es, als seien die Menschen diesem Ziel näher gerückt. Dem Sturm der Massen auf die Bastille am 14. Juli folgte die Entmachtung des Königs, des Adels und des Klerus. Eine Massenflucht setzte ein. Die Verkündung der Erklärung der Menschen- und Bürgerrechte in der Nationalversammlung, im Kern die Gleichheit aller Bürger vor dem Gesetz, beendete die Feudalherrschaft. Als Vorbild diente die Virginia Declaration of Rights von 1776, die in die Unabhängigkeitserklärung der Vereinigten Staaten von Amerika einging. Sie proklamierte das unveräußerliche Recht des Menschen auf sein »Leben, seine Freiheit und das Streben nach Glück«.

Die französische Erklärung der Menschen- und Bürgerrechte ist fokussiert auf Freiheit, Gleichheit, Brüderlichkeit. Sie erklärt, dass jedem Bürger natürliche und unveräußerliche Rechte wie Freiheit, Eigentum, Sicherheit und Widerstand gegen Unterdrückung gewährt werden müssen. Meinungs-, Presse-, Versammlungs- und Religionsfreiheit waren darin ebenso gefasst wie die Gewaltenteilung.[8] Für Frauen galt all dies freilich noch nicht. Weswegen Olympe de Gouges 1791 in ihrer *Erklärung der Rechte der Frau und Bürgerin* die volle rechtliche, politische und soziale Gleichstellung der Frauen forderte. Sie wurde im Zuge der Revolution geköpft, wie so viele andere. Angetreten waren die Revolutionäre und ihre Vordenker für die Befreiung aus alten Zwängen. Es war ein Aufbegehren gegen Unterdrückung und Gewalt der alten Herrschaft. Doch im Laufe der revolutionären Entwicklung schufen die Jakobiner mit ihrer Schreckensherrschaft einen Zentralstaat, der weitaus mächtiger war als das Ancien Régime. Der Weg dahin war begleitet von einer Gewaltorgie, die vor nichts und niemandem haltmachte. Kirchen wurden niedergebrannt, Paläste gestürmt. Auch vor der Kunst machten die Revolutionäre und der tobende Mob nicht halt. Diese Bilderstürmerei erhielt 1794 erstmals eine neue Bezeichnung; seit dieser Zeit ist von Vandalismus die Rede.

Derartige Begleiterscheinungen sind bis heute revolutionären Machtergreifungen und totalitären Regimes eigen. Deshalb muss uns auch die Bilderstürmerei in unserer Zeit, der Sturz von Denkmälern und die radikale Tilgung historischer Dokumente, Wahrzeichen und Traditionen im Rahmen der Cancel Culture sehr zu denken gegeben. Wenn Menschen an den Pranger gestellt werden, wenn Köpfe »rollen« im symbolischen Sinn, wenn Statuen enthauptet werden zugunsten eines politisch korrekten Regimes, ist dies zwar nicht mit der französischen Praxis der Guillotine gleichzusetzen. Doch solche Vorgehensweisen, auch wenn sie unblutiger und weniger militant stattfinden, waren und sind totalitär. Die Unterdrückung anderer Meinungen und Lebensstile ist uns aus grauer Vorzeit und Diktaturen bekannt. Wir müssen solch totalitären Praktiken von Anbeginn an entgegentreten, weil sie Kernelemente und den Konsens der liberalen Demokratie und offenen Gesellschaft unterminieren.

Die französischen Revolutionäre wollten mit allem Alten brechen, es ausmerzen und erfanden dafür sogar eine neue Zeitrechnung. All dies fand damals im Namen des Fortschritts, der Vernunft und des Patriotismus statt, wie der Revolutionsführer Robespierre, der dem sogenannten

Wohlfahrtsausschuss vorstand, immer wieder deklamierte. Nach dem blutigen Sieg der Jakobiner lag das Recht und die Macht gerade nicht in den Händen der Bürger, denen sie die demokratische Gleichheit versprochen hatten. Die neuen Machthaber stellten sich stattdessen selbstherrlich über jede Verfassung. Sie wollten eine Gesellschaft errichten, in der das Individuum mit seinen vermeintlich egoistischen Interessen eingehegt und gebändigt wäre. An seine Stelle sollte der tugendhafte Staatsbürger treten, der ganz zu seinem Besten und im Sinne einer Volonté générale für eine zukünftige Gesellschaft erzogen werden sollte. Diesem Gemeinwillen, wie ihn Jean-Jacques Rousseau formuliert hatte, sollten sich alle beugen. Der Terror wurde im Namen der Tugend und der Diktatur erbarmungslos eingesetzt. Sogenannte Konterrevolutionäre in der Bevölkerung fielen ihm ebenso zum Opfer wie Leute aus den eigenen Reihen, die ständig »gesäubert« wurden. Im Namen der politischen Freiheit wurden die individuellen Freiheiten aufgehoben. Für die russischen Revolutionäre Anfang des 20. Jahrhunderts war die Diktatur der Jakobiner das große Vorbild.

Auch wenn der Weg zum Sieg der Freiheit und Demokratie dann noch ein paar Jahrzehnte dauerte, war die 1789 verfasste Erklärung der Menschen- und Bürgerrechte in Frankreich ein fundamentaler Meilenstein in der Weltgeschichte.

Meinungs- und Gedankenfreiheit: Motor für Demokratie und Freiheit

Das in Artikel 11 gefasste Recht auf Meinungsfreiheit wird in dieser Erklärung aus gutem Grund als eines der kostbarsten Rechte des Menschen (»un des droits les plus précieux de l'homme«) hervorgehoben. Wie sie praktiziert wird, ist bis heute der wesentliche Maßstab dafür, ob eine Gesellschaft tatsächlich frei und offen ist und wie gut der demokratische Rechtsstaat funktioniert. In den modernen Verfassungen der liberalen Demokratien ist sie jedenfalls fest verankert. Denn sie war Motor, Mittel und Zweck zugleich in den demokratischen Revolutionen des 18., 19. und 20. Jahrhunderts. Und sie bleibt bis heute ein zentraler Grundpfeiler demokratischer und liberaler Gesellschaften.

Die Meinungsfreiheit ist die Voraussetzung dafür, dass aus dem blinden und gehorsamen Glauben an religiöse oder weltliche Autoritäten eigenständige, autonome Urteilskraft entstehen kann. Zweifel und Skepsis gegenüber alten Gewissheiten und Vorgaben ermöglichen erst die eigene Meinungsbildung. Die wiederum ist überhaupt Antrieb für Erkenntnis, Wahrheitssuche und die Generierung von Wissen, das dann geteilt und überprüft wird im wissenschaftlichen Forschungs- und Erkenntnisprozess.

So wie im zivilisatorischen Prozess über die Jahrhunderte aus Glauben Wissen wurde, geschieht dies auch in jeder individuellen Sozialisationsgeschichte. Für die kindliche Entwicklung ist es eine Grundvoraussetzung, erst einmal an die Liebe der Eltern zu glauben. Das Kind lernt, Vertrauen aufzubauen. Aber in jeder Kindheitsgeschichte gibt es natürlich große Enttäuschungen, verweigerte Wunscherfüllungen, die Bändigung kindlicher Größenfantasien; all diese Erfahrungen nähren Zweifel an der Wahrheit der Aussagen Erwachsener. Diese ersten Kinderzweifel sind gewissermaßen der Prototyp für unsere Wissensproduktion. Sigmund Freud hat klug beobachtet, dass genau dieses Grübeln und Zweifeln zum Vorbild für alle spätere Denkarbeit an Problemen wird.

Bis heute ist das 1859 erschienene Werk Über die Freiheit des britischen Philosophen und Nationalökonomen John Stuart Mill ein Schlüsselwerk in der Ideengeschichte des Liberalismus. Sigmund Freud war ein großer Bewunderer, zumal er in seiner Studentenzeit Texte von Mill und dessen Frau Harriet Taylor übersetzt hatte. John Stuart Mill »war vielleicht der Mann des Jahrhunderts, der es am besten zustande gebracht hat, sich von der Herrschaft der gewöhnlichen Vorurteile frei zu machen«,[9] würdigte Sigmund Freud ihn 1883. Diese Befreiung fand nicht nur im Kopf und in seinen Werken, sondern auch in seiner unkonventionellen Lebensführung mit seiner Freundin, Koautorin und späteren Ehefrau Harriet Taylor statt. Neben seinen Schlüsseltexten zur repräsentativen Demokratie hat er in Fortschreibung der liberalen Ideengeschichte vehement neben der politischen und wirtschaftlichen die individuelle Freiheit in den Fokus gerückt. Für Mill waren individuelle Autonomie und Selbstbestimmung Herzstücke der westlichen Zivilisation. Leidenschaftlich kämpfte er für die Meinungsfreiheit, polemisierte gegen Konformismus, soziale Tyrannei und die Macht der Gewohnheit. Und obendrein focht er als erster Parlamentsabgeordneter in Europa für die Gleichberechtigung der

Geschlechter und das Frauenwahlrecht. Harriet Taylor und er erlebten am eigenen Leibe die Engstirnigkeit und den Puritanismus des viktorianischen Zeitalters. In der rigiden Auslegung der Sitten und Gebräuche sahen sie einen immensen Konformitätsdruck in der Bevölkerung am Werke. Auch ohne staatlichen Zwang galt die soziale Tyrannei jedem und jeder, die vom Gewohnten und Üblichen abwich. Den Begriff der Political Correctness gab es noch nicht, aber die sozialen Mechanismen und Dynamiken funktionierten auch damals schon bestens. Dagegen formulierten Taylor und Mill ihre Freiheitsprinzipien: »Über sich selbst, seinen Körper und Geist, ist der Einzelne der Souverän.«[10] Der einzige Grund, der zur Einschränkung der Handlungsfreiheit des Einzelnen oder Macht- und Zwangsübung gegen den Willen der Bürger berechtigt, ist der Selbstschutz und die Schädigung anderer. Dies ist das berühmte Schadensprinzip, das die Grenzen der persönlichen Freiheit dort zieht, wo die Freiheit und das Wohl des anderen beginnt, die damit möglicherweise beeinträchtigt würden.

Das eigentliche Gebiet der menschlichen Freiheit umfasst erstens »das innerliche Reich des Bewusstseins und begründet so die Forderung nach Gewissensfreiheit im umfassenden Sinne, Freiheit des Denkens und des Fühlens, unbedingte Freiheit der Gesinnung und des Urteils in allen Angelegenheiten praktischer, philosophischer, wissenschaftlicher, sittlicher und theologischer Art. Das Recht, Meinungen frei zu äußern und zu veröffentlichen, scheint unter ein anderes Prinzip zu fallen, da es Handlungen angeht, die das Interesse anderer betreffen; da es jedoch fast ebenso wichtig wie die Denkfreiheit selbst ist und zum großen Teil auf denselben Gründen beruht, ist es von ihr praktisch nicht zu trennen. Zweitens verlangt dieser Grundsatz die Freiheit des Geschmacks und der Beschäftigungen; das Recht, den Lebensplan so zu gestalten, dass er unserem Charakter entspricht, und zu tun, was wir wollen – in Erwartung der Folgen, die uns treffen mögen, ohne hierbei irgendwelche Behinderung von unseren Mitmenschen zu erfahren, solange unser Tun ihnen keinen Schaden zufügt, auch wenn sie unser Benehmen für töricht, pervers oder falsch halten sollten.«[11]

Der hochbegabte John Stuart Mill, der nie eine Schule oder Universität besucht hatte, wurde von seinem Vater nach rigorosen pädagogischen Prinzipien unterrichtet. Bereits mit drei Jahren lernte er Griechisch, später fließend Französisch und Deutsch. Im Alter von sieben Jahren las er die ersten Dialoge von Platon und begann unter Aufsicht seines Vaters mit dem Studium der Arithmetik. Mit acht Jahren gab er seine Lateinkenntnisse als Ältester an seine jüngeren Geschwister weiter und studierte die lateinischen und griechischen Klassiker.

Das Sokratische Gespräch war ihm also schon in frühen Lehrjahren vertraut und prägte sein Schreiben, Denken und den Austausch mit seinen Zeitgenossen.[12] Deshalb betonte er auch so vehement: »Unsere bestbegründeten Überzeugungen besitzen keine andere Gewähr als die einer fortwährend an die ganze Menschheit gerichteten Einladung, sie als unbegründet zu erweisen.«[13] Es gibt keine absolute Gewissheit. Mithilfe der Vernunft können wir uns der Wahrheit nur annähern. Das Kapitel über Meinungsfreiheit in *Über die Freiheit* hat für die Ideengeschichte programmatischen Charakter. Nur die Verschiedenartigkeit und Vielfalt der Meinungen, der Streit, die Rede und Gegenrede liefern die Möglichkeit, allen Seiten der Wahrheit gegenüber Fairness walten zu lassen. Mill lieferte viele Beispiele, um zu begründen, warum die Pluralität der Meinungen und Argumente Grundvoraussetzung für die Suche nach Erkenntnis und Wahrheit ist. Gegen Opportunismus und Konformismus forderte er Eigensinn und Mut, die eigenen Positionen vorzubringen: »Wenn es Menschen gibt, die eine hergebrachte Ansicht anfechten oder anzufechten bereit sind, wenn Gesetz und öffentliche Meinung es ihnen gestatten, so lasst uns ihnen dafür danken, lasst uns unseren Geist öffnen, um ihnen zuzuhören, und lasst uns froh sein, dass da jemand ist, der für uns das tut, was wir andernfalls, wenn wir irgendeine Wertschätzung für die Gewissheit oder die Lebenskraft unserer Überzeugungen aufbrächten, mit viel größerer Anstrengung für uns selbst tun müssten.«[14]

2. Kulturkampf an den Universitäten

Wissenschaftsfreiheit in Gefahr

Die Sokratische Methode der Erkenntnisgewinnung, das Abwägen des Für und Wider, die Auseinandersetzung zwischen Position und Gegenposition in Rede und Gegenrede war lange Zeit selbstverständlicher Bestandteil der Hochschuldidaktik und der Erwachsenenbildung. Diese Methode des bewusst von den Lehrenden gelenkten Gesprächs sollte nicht nur neue Erkenntnisse bei den Studierenden ermöglichen, sondern auch als Denk- und Kommunikationsmethode gelehrt und an die Lernenden weitergereicht werden. Doch diese Didaktik und die daraus erwachsende Diskurskultur scheinen aus unterschiedlichen Gründen im universitären Alltag immer mehr auf der Strecke zu bleiben.

Es häufen sich Auftrittsverbote gegenüber Gästen, die von außerhalb eingeladen werden. Freies, unbändiges und kontroverses Denken in offenen Arenen scheint der Vergangenheit anzugehören. Stattdessen sind sogenannte Safe Spaces ausgerufen worden, die das freie Denken und Sprechen einhegen und reglementieren. Die Grenzen des Sagbaren werden enger gezogen, und die Toleranz gegenüber unbekannten oder dem eigenen Weltbild nicht entsprechenden Positionen sinkt. Sie werden als unzumutbar abgewehrt. Es handelt sich dabei nicht um eine staatliche Diskurspolizei, die auf dem Campus unterwegs ist. Der moralisch-politische Druck wird angeführt und aufgebaut von minoritären Gruppen, die eigenmächtig politische Korrektheit gemäß ihren ideologischen Prämissen durchsetzen wollen. Feigheit und Opportunismus der Mehrheit der Studierenden und Lehrenden sind die Komplizen in diesem Feldzug der Tugend und neuen Gewissheiten.

Doch es geht bei der Einschränkung der Wissenschaftsfreiheit keineswegs nur um das emsige Treiben von AktivistInnen. Ihre Taktiken und Strategien erinnern an die Praktiken der K-Gruppen der 1970er- und 1980er-Jahre. Damals tummelten sich Altmarxisten, Neomarxisten, Maoisten, Trotzkisten und Spontis auf dem Campus und wollten mit ihren Doktrinen die Welt und die Menschen retten, »umerziehen« und dann zum Marsch ins Paradies auf Erden blasen. Sie wurden mit zunehmendem Alter moderater und machten sich auf zum »Marsch durch die Institutionen« der Bundesrepublik.

Doch beobachten wir heute eine neue Generation, die mit gleicher Verve an den Umsturz des Machtgefüges in der Gesellschaft herangeht – fast noch unerbittlicher als früher, so scheint es. Einerseits beanspruchen viele Studierende die Universität als Schutzraum in Abschottung gegenüber der bösen, kalten Welt. Andererseits dient sie ihnen auch als intellektuelles und soziales Laboratorium für zukünftige gesellschaftliche Experimente und Ideenschmiede für die Transformation der Gesellschaft. Die Wechselwirkung zwischen gesellschaftlich-politischem Aktivismus, der in den akademischen Betrieb eindringt und die Wissenschaft politisiert auf der einen Seite und die Ideen, die aus der Universität heraus Eingang in Gesellschaft und Politik finden und dort den Aktivismus befeuern, wird uns in den nächsten Kapiteln noch ausführlich beschäftigen. Eine Schlüsselrolle dabei spielt die sogenannte Identitätspolitik, die seit einiger Zeit in den Fokus der öffentlichen Debatte gerückt ist.

Der Ausgang aus der »selbstverschuldeten Unmündigkeit« (Immanuel Kant) war über die Jahrhunderte hinweg die Selbstermächtigung des Individuums, mit dem Ziel seiner Emanzipation aus kollektiven Zwängen, flankiert von Solidarität und Gemeinsinn. Es war eine gigantische zivilisatorische Leistung, die wir in Europa in großer Mühsal und blutigen Kämpfen vollbracht haben. Die Krönung war dann die verfassungsmäßig statuierte Gleichheit jedes Einzelnen vor dem Recht: unabhängig von Hautfarbe, von Geschlecht, ethnischer Herkunft oder Religion. Natürlich sind diese Ideale aus der Amerikanischen und der Französischen Revolution bis heute auch bei uns nicht vollständig eingelöst. Sie sind aber immer noch Antrieb für die Realisierung und Ausweitung der Chancengerechtigkeit.

Doch das Ideal des autonomen, selbstbestimmten und aufgeklärten Individuums scheint Zug um Zug von der Sehnsucht nach neuen identitätsstiftenden Kollektiven abgelöst zu werden. Ein Hang zum Stammesdenken und der Hordenbildung macht sich breit. Wir beobachten die Zersplitterung der Gesellschaft in immer neue Kollektive, die ihre partikularen Gruppeninteressen vehement durchsetzen wollen. Aufseiten der politischen Rechten finden wir eine Identitätspolitik, die ihr Heil in der ethnisch homogenen Volksgemeinschaft sieht. Europaweit trommelt sie für Abschottung, Schließung der Grenzen und favorisiert die ethnokulturelle Identität. Auch der politische Islam verfolgt mit seiner Agenda eine spalterische Identitätspolitik, indem er im Kampf gegen die Ungläubigen Parallelgesellschaften aufbaut und sich dezidiert von der »Mehrheitsgesellschaft« absetzt. Schnittflächen in dieser Politik der Separierung finden sich auch mit der linken Identitätspolitik. Im Kern ist sie ebenso antiliberal wie die anderen Identitätspolitiken und besonders verankert in den Hochschulen und im Kulturbetrieb. Immer neue soziale Gruppen, die sich jenseits der alten marxistischen Muster der Ungleichheitsanalyse als Opfer gesellschaftlicher Diskriminierung verstehen, formulieren ihre diversen Opfernarrative und verlangen nach besonderen Rechten für sich. Als aktivistische Gruppen geraten sie in Konkurrenz zueinander und wetteifern, wer als Opfergruppe am schlimmsten betroffen sei. Sie beziehen sich auf eine jeweils kollektive Identität, die abgeleitet wird aus der Erfahrung von Benachteiligung, von Unterdrückung und Verfolgung, die Hunderte Jahre zurückliegen kann. Gemeint sind Frauen, sexuelle Minderheiten, die LGBTQI-Community, Migranten, ethnische und religiöse Minderheiten. Im Zentrum der daraus erwachsenen Identitätspolitik steht die entsprechende kollektive sexuelle, ethnische, religiöse oder kulturelle Zugehörigkeit. Doch aus den anfänglich emanzipatorischen Bewegungen der 1970er- und 1980er-Jahre ist inzwischen ein ideologischer Feldzug diverser Gruppen gegen die vermeintlich unterdrückende »Mehrheitsgesellschaft« geworden. Hauptfeind Nummer eins ist der alte, heterosexuelle weiße Mann, dem schnellstens die Macht entrissen werden soll.

Die Anklage der weißen, patriarchalischen Tätergesellschaft und ihr angeblich struktureller Rassismus ertönt besonders laut aus dem universitären Raum und dem Kulturbetrieb. Längst sind in den USA an den Hochschulen Safe Spaces etabliert, wo der Diskurs in getrennten Räumen, nach Hautfarbe, Geschlecht, Ethnizität oder Religion separiert wird, um vermeintliche Machtgefüge und Erfahrungsunterschiede zwischen den diversen Herkunftskollektiven auszublenden und damit potenzielle Verletzungen und Traumatisierungen zu vermeiden.

Machtkampf oder Wahrheitssuche?

Entstanden sind die linken Identitätspolitiken an den Universitäten. Ideologisch weiterentwickelt und salonfähig gemacht wurden sie in den letzten Jahrzehnten insbesondere in den Sozial-, Geistes- und Kulturwissenschaften. Einher ging dies mit tiefgreifenden Paradigmenwechseln in diesen wissenschaftlichen Disziplinen, die sich in der Ausbreitung der Gender Studies, Cultural Studies oder den Postcolonial Studies widerspiegeln. Selbst der musikalische Kanon in den Musikwissenschaften und in der Folge die Aufführpraxis soll zugunsten der Diversität umgepflügt werden, um eine, so wird es begründet, Dominanz etwa der Herren Bach und Beethoven zu canceln. Immer mehr gesellschaftliche Bereiche und Systeme sind mittlerweile von dieser identitären Agenda erfasst.

In Deutschland ist es bisher noch nicht so weit gekommen wie in den USA, wo Lehrende entlassen werden, weil sie den von Hochschulleitungen verlangten Bekenntnissen zu Verhaltensregeln und Schwerpunktsetzungen der sogenannten DEI-Prinzipien (Diversity, Equity, Inclusion) nicht Folge leisten, oder wo sie aufgrund von studentischen Shitstorms relegiert werden. Doch der Konformitätsdruck wächst längst auch an unseren Hochschulen. Inzwischen nimmt die Sorge über eine zunehmende Verengung von Fragestellungen und Themen in der akademischen Forschung zu. Gerade in den Sozial-, Geistes- und Kulturwissenschaften hat sich über die Jahrzehnte ein linker Mainstream etabliert, der abweichende Positionen und Meinungen an den Rand drängt oder moralisch sanktioniert. Immer häufiger zählt nicht mehr das vorgetragene Argument, sondern die Herkunft der SprecherInnen: Hautfarbe, Geschlecht, sexuelle Präferenz oder Religion. Auf dem Campus und in den Seminaren gefährden Cancel Culture und Political Correctness zunehmend eine freie und kontroverse Debatte. Und der Pluralismus, der die Vielfältigkeit der Perspektiven in Forschung und Lehre garantieren soll, schwindet rapide. Wenn heute von Diversität die Rede ist, geht es nicht mehr um die Diversität der Standpunkte, sondern um die Diversität der Herkunft, der Hautfarbe, des Geschlechts oder der Religion.

In Frankreich und Großbritannien, wo wir just die gleichen Phänomene beobachten können, haben die zuständigen Bildungsminister 2021 interveniert. Sie wollten eine Notbremse zugunsten der Wissenschaftsfreiheit ziehen. Eigentlich war es eine große Errungenschaft, dass über die Jahrzehnte die Hochschulen mehr Autonomie gegenüber dem Staat gewonnen hatten. Umso paradoxer muss es nun erscheinen, dass ausgerechtet Regierungsvertreter sich veranlasst sehen einzuschreiten, weil Hochschulleitungen angesichts der Einschränkungen von Meinungs- und Wissenschaftsfreiheit weitgehend untätig sind.

Frankreich

Im Februar 2021 sorgte eine Einlassung der französischen Ministerin für Hochschulen, Forschung und Innovation, Frédérique Vidal, in einer TV-Talkshow für eine hitzige Debatte im Nachbarland. Sie kritisierte den sogenannten Islamo-Gauchisme, eine Kombination aus ideologischem Linksextremismus, Islam und Islamismus an den Universitäten. Bereits seit einigen Jahren wird über die linke Hegemonie an den Hochschulen Frankreichs gestritten. Ähnlich wie in den USA ist vom Kulturkampf die Rede, der sich freilich längst von den Hochschulen in die Gesellschaft und politische Arena ausgeweitet hat und rückwirkend wiederum den akademischen Betrieb politisiert.

Auch in Frankreich haben sich vor dem Hintergrund seiner kolonialen Vergangenheit in den letzten Jahren die »Postcolonial Studies« in den Sozial- und Kulturwissenschaften etabliert, die den »strukturellen Rassismus« der Gesellschaft anprangern und ihr Islamophobie vorwerfen. Handelt sich es dabei noch um seriöse Wissenschaft?, wird in der Debatte gefragt. Oder hat sich längst eine linke Identitätspolitik durchgesetzt, die in aktivistischer Manier einer politischen Agenda folgt und Lehrkörper sowie Lehrpläne radikal »dekolonialisieren« will? Das befürchten schon seit einigen Jahren viele Intellektuelle. Im Jahr 2019 appellierten neben Élisabeth Badinter, Jean-Pierre Le Goff, Pierre Nora und Alain Finkielkraut rund 80 weitere Unterzeichner, sich aktiv für die Freiheit der Meinung und Wissenschaft auf dem Campus einzusetzen. Sehr kritisch sahen sie auch die Tendenz bei vielen linken Aktivisten, den Islamismus zu verharmlosen. Der Begriff »Islamo-Gauchisme«, der ursprünglich von dem Soziologen Pierre-André Taguieff stammt, bezeichnet dieses Phänomen, das wir weniger ausgeprägt auch in Deutschland kennen. Es kommt dann zu Bündnissen im sogenannten »Kampf gegen Imperialismus und

Rassismus«, die auch für radikale Islamisten anschlussfähig sind. Die Muslimbruderschaft ist an deutschen Hochschulen sehr präsent. Besonders in ihrer antizionistischen Israelkritik gibt es viele Überschneidungen zwischen beiden Gruppen.

Die französische Ministerin Vidal, selbst ehemalige Professorin, warnte vor dieser Aktivisten-Mélange mit ihren kruden Botschaften, die sich auch von Dschihadisten missbrauchen ließen. Sie forderte deshalb eine detaillierte Untersuchung des gesamten akademischen Fachs der Postcolonial Studies. Das Nationale Zentrum für Wissenschaftsforschung (CNRS) sei nun angehalten, alle Forschungsarbeiten zu überprüfen. Dies sei erforderlich, um unterscheiden zu können, was tatsächlich akademische Forschung beziehungsweise was eher dem Aktivismus und einer Gesinnung zuzurechnen sei. Hitzig wurde in den Medien im ganzen Land debattiert. Die linken Parteien protestierten scharf; die konservativen Républicains forderten einen Untersuchungsausschuss zum Thema. In der linksliberalen Tageszeitung *Le Monde* veröffentlichten hundert Wissenschaftler eine Stellungnahme, die das Problem an den Universitäten zwar weniger im Islamo-Gauchisme sahen. Aber sie beobachteten auf allgemeiner Ebene ein »aktivistisches Abgleiten« der Lehre und Forschung. Sie warnten vor einem in Pseudowissenschaft verhüllten Aktivismus und verworrenen Theorien über vermeintlichen staatlichen Rassismus und Critical Whiteness. Die Hochschule müsse wieder zu ihrer eigentlichen Aufgabe zurückkehren, nämlich zur Produktion von solide begründetem und geprüftem Wissen und nicht von politischen Überzeugungen – selbst wenn diese von besten Absichten ausgingen.

In der Debatte meldeten sich auch Autorinnen aus dem linken und feministischen Spektrum zu Wort. Unter ihnen die Chefredakteurin des Magazins *Marianne*, Natacha Polony, und die Autorin Caroline Fourest, deren Buch *Generation Beleidigt. Von der Sprachpolizei zur Gedankenpolizei* über den wachsenden Einfluss linker Identitärer 2021 auch auf Deutsch erschienen ist. Sie verwahrten sich zwar gegenüber einer politischen Kontrolle der Universität von außen, wie sie die Bildungsministerin mit ihrer Untersuchung vorgeschlagen hatte. Zugleich teilten sie aber deren Einschätzung der Lage an den Universitäten. Auch in der linken Tageszeitung *Libération* meldeten sich immer wieder Autoren und Autorinnen zu Wort, die die Forschungen zu Rassismus in den Postcolonial Studies und den Gender Studies in den Sozial- und Kulturwissenschaften als tendenziös bezeichneten. Sie kritisierten einen neuen Dogmatismus, der mit Sprechverboten einhergehe. Ihnen lag jedoch daran, dass dies innerhalb der Universität geregelt werden müsse und nicht von außen politisch eingegriffen werden dürfe. Präsident Emmanuel Macron hatte das Thema schon eigens aufs Tapet gebracht. Im Zuge der Black-Lives-Matter-Bewegung – die 2020 neuen weltweiten Auftrieb nach dem Tod von George Floyd durch Polizeigewalt in Minneapolis im US-Bundesstaat Minnesota am 25. Mai erhielt – hatten auch in Frankreich militante Demonstrationen stattgefunden, die sich gegen Rassismus, Kolonialismus und rassistische Polizeigewalt wendeten. Macron sah frühzeitig einen Zusammenhang zwischen den Postcolonial Studies an den Universitäten, den Forderungen nach Dekolonialisierung und der militanten Cancel Culture, wie sie aus den USA »importiert« würden.

Auch die beunruhigende Verknüpfung von postkolonialen Theorien und politischem Islam hatte der Präsident schon häufiger thematisiert. Er zeigte sich zu Recht besorgt darüber, dass heute Migrantenkinder oder -enkel im Zuge einer Identitätspolitik, die sich der Elemente postkolonialer Theorien bedient, die Französische Republik, aber auch sich selbst hassen lernten, wenn sie immer nur als diskriminierte Opfer der »strukturell rassistischen« »Mehrheitsgesellschaft« gesehen würden und dies ihr Selbstbild zementiere. All dies befördere einen gefährlichen Separatismus. Er warnte deshalb vor der wachsenden Spaltung der Gesellschaft und der Zunahme von Parallelgesellschaften.

Großbritannien

Auch in Großbritannien tobt der Kulturkampf an den Universitäten, in der Gesellschaft und Politik. Die Sorge um die Freiheit der Wissenschaft hat die Regierung jetzt zum Handeln getrieben. Sie entwickelte ein Weißbuch unter dem Motto: »Weiterführende Ausbildung: freie Rede und akademische Freiheit«. Darin werden verschiedene Maßnahmen angekündigt, um der Cancel Culture und der Einschränkung der Rede-, Meinungs- und Wissenschaftsfreiheit zu begegnen. Im Februar 2021 stellte Bildungsminister Gavin Williamson in London die Pläne vor. Anlass sei seine Sorge angesichts der Zensur und der Redeverbote im akademischen Feld, die nicht mehr länger hinzunehmen seien. Durch robuste Maßnahmen müsse nun die Redefreiheit gestärkt werden. Denn Universitäten seien traditionell just jene Orte, an denen Studenten wie Professoren ihre Meinung frei äußern, ihre jeweiligen Standpunkte testen und Unvoreingenommenheit kultivieren könnten.[1] Opfer von Diskriminierungen und Cancel Culture sollen laut Williamsons Plänen nun ausdrücklich dagegen vorgehen können und gegebenenfalls entschädigt werden. Die bisherige Behörde Office for Students soll größere Befugnisse erhalten und wird mit einem »Direktor für freie Rede und akademische Freiheit« besetzt. Er soll im Fall von Konflikten Vermittler sein. Ausdrücklich wird festgehalten, dass die Grenze des Sagbaren erst dort zu ziehen sei, wo Gesetze verletzt werden. Ähnlich wie in den USA, Frankreich oder auch bei uns geht es nicht nur um spektakuläre Ausladungen von Rednern, die politisch missliebig sind, als »Weiße« nicht über Angelegenheiten von People of Color reden dürften oder als Frauen über Queer Studies. Untersuchungen der Denkfabriken Policy Exchange und Civitas rücken darüber hinaus die Verbreitung von Selbstzensur in den Blick. Etwa aus Angst, die Verlängerung einer befristeten Stelle einzubüßen, wird eher geschwiegen, als mutig Position zu beziehen. Die teils sehr prekären Verhältnisse im akademischen Betrieb sorgen für ein Klima des Opportunismus und steigern den Konformitätsdruck. Denn abweichende Meinungen könnten womöglich die Karriere ernstlich gefährden. Pikanterweise sind ausgerechnet Eliteuniversitäten wie Cambridge und Oxford am eifrigsten, was die Einschränkung der Redefreiheit anlangt.

Aufseiten der Linken und der Labour-Opposition gab es erwartungsgemäß einen großen Aufschrei angesichts dieser Maßnahmen. Dass nun ausgerechnet die Regierung sich in akademische Angelegenheiten einmische in einem Land, das sich gern als Insel der Liberalität preist, erzürnte erst recht. Immer noch wird gerne von der Linken behauptet, es gebe keine Einschränkung der Meinungs- und Wissenschaftsfreiheit. Die sei rechte Propaganda. Doch mit dieser umstrittenen Staatsaktion ist nun endlich eine breitere Debatte über zunehmende Freiheitseinschränkungen im Bildungssektor losgetreten worden. Die neuen Regelungen sind inzwischen vom Parlament verabschiedet worden. Dass es sich nicht um Fantasien der Rechten und Konservativen handelt, zeigte dann just eine Auseinandersetzung in Cambridge. Die Leitung der Universität hatte eine Website eingerichtet zur anonymen Anzeige von sogenannten Mikroaggressionen, die von Studenten ebenso wie von Dozenten ausgehen könnten. Sie bot im Falle solcher Verletzungen der subjektiven Gefühle Unterstützung an. Peinlicherweise kamen ihre Standards für Mikroaggressionen an die Öffentlichkeit, und man erfuhr, dass dazu unstatthafte Komplimente ebenso zählten wie Stirnrunzeln. Die Universitätsleitung geriet daraufhin so unter Druck, dass sie die Website selbst entfernte.

Deutschland

In Deutschland hört man von den großen Parteien bisher nichts zum Thema Gefährdung der Wissenschaftsfreiheit. Selbst angesichts einiger spektakulärer Fälle wie die Angriffe auf den Politikwissenschaftler Herfried Münkler, den Historiker Jörg Baberowski, die Ethnologin Susanne Schröter oder den Philosophen Dieter Schönecker war von der seinerzeit für den Bund zuständigen Bildungsministerin Anja Karliczek, Mitglied der CDU, auch auf Nachfrage nichts zu vernehmen. Als der ehemalige Bundespräsident Wolfgang Thierse sich kritisch zur linken Identitätspolitik im akademischen Betrieb und der Gesellschaft äußerte, schlug ihm ein Shitstorm seiner Parteigenossen entgegen. Auch Grüne und Linke zählen in ihren Parteien in großer Mehrheit zu den Verteidigern linker Identitätspolitik. CDU und Liberale schweigen zum Thema, obwohl sie nicht müde werden zu beteuern, wie sehr ihnen Bildung am Herzen liege. Umso paradoxer ist es, dass ausgerechnet die AfD, die eine Identitätspolitik von rechts favorisiert und eine ethnisch homogene Volksgemeinschaft anstrebt, sich als einzige politische Kraft vermeintlich für die Freiheit der Wissenschaft starkmacht. In Anträgen in Landesparlamenten setzen sich ihre Abgeordneten angesichts spektakulärer Ausladungen von Gästen an den Universitäten gerne für die Redefreiheit ein und fordern immer wieder die Abschaffung der Gender Studies und Postcolonial Studies. Obwohl ihre Kritik an einer linken Hegemonie in den Sozial-, Geistes- und Kulturwissenschaften die Problemlage trifft, werden die Einlassungen der AfD-Vertreter mit Verweis auf ihre Parteizugehörigkeit heftig abgewehrt. Äußern sich andere nun zur Gefährdung der Meinungs- und Wissenschaftsfreiheit, wird ihnen umgehend eine

Nähe zur AfD attestiert. Diesen Mechanismus konnten wir bereits in anderen Themenfeldern beobachten. Gerne wird in moralisierender Manier dann das schlagkräftige Instrument der Kontaktschuld in Stellung gebracht. Der Beifall von der falschen Seite wird angeführt, um sofort eine Analyse oder ein stichhaltiges Argument in Zweifel zu ziehen. Mit ihrer Forderung nach Abschaffung der kritisierten Studiengänge, weil es sich nicht um seriöse Wissenschaft handele, ähneln die AfD-Vertreter freilich ihren ideologischen Kontrahenten von links in deren Vorgehensweise des »weg mit dem Kanon der Wissenschaften des alten, weißen Mannes …« und sorgen schnell für eine Polarisierung der Debatte. Umso wichtiger ist deshalb ein offener, diskursiver Streit darüber an den Universitäten wie in der Gesellschaft.

Wenn an den Hochschulen Meinungs- und Wissenschaftsfreiheit als substanzielle Errungenschaften der Aufklärung und Kernelemente der liberalen Demokratie immer mehr unter Druck geraten, ist dies ein Alarmsignal. Denn das ergebnisoffene Streben nach Erkenntnis mittels der Kraft des Arguments, trotz unterschiedlicher Prämissen, wird im akademischen Betrieb immer schwieriger. Wir beobachten, dass hier wie in anderen gesellschaftlichen Feldern eine sachlich-fachgerechte Auseinandersetzung zunehmend von Moralisierung und Empörung überlagert wird.

Der Präsident des Deutschen Hochschulverbands, Bernhard Kempen, warnte schon 2019 vor sich ausbreitenden Denk- und Sprechverboten: »So fühlen sich einige Studenten schon verletzt, wenn an einer Universität ein Professor oder eine öffentliche Person mit Thesen auftritt, die der eigenen Auffassung zuwiderlaufen. Fakten und Lehrmeinungen zu diskreditieren, weil sie nicht den eigenen Überzeugungen entsprechen, rührt daher aber an der Substanz der Institution Universität.«[2]

Safe Spaces: Sicherheitszonen anstelle des freien Diskurses

In den angelsächsischen Universitäten sind wir mit dem Problem der Ausrufung sogenannter Safe Spaces schon länger vertraut. Der angesehene britische Historiker und Universitätsprofessor Niall Ferguson hat schon 2019 aus seiner Lehrpraxis berichtet, Studenten seien zu »Schneeflocken« geworden, die man vor gefährlichen Gedanken beschützen müsse. Dabei könne schon eine sachliche Kontroverse »gefährlich« werden, weil sie möglicherweise Gefühle verletze – ein Beurteilungskriterium, das inzwischen weit über dem Inhalt, der Sache und dem vernünftigen Umgang damit angesiedelt ist. Es geht also um beides: die Einschränkung des Diskurses und der fachlichen Beschäftigung und um die Filterung der Inhalte, die zur Disposition stehen.

Safe Spaces waren ursprünglich Rückzugsräume, die die Frauen- und feministische Bewegung in den 1960er- und 1970er-Jahren eingeführt hatte, um sich jenseits »patriarchaler Strukturen« frei austauschen zu können. Inzwischen haben andere gesellschaftliche Gruppen und Minderheiten – aufgrund ihrer jeweiligen ethnischen, religiösen oder sexuellen Zugehörigkeit – diesen Brauch aufgegriffen. An den Universitäten ist es Usus geworden, sich in Lehre und Forschung in geschützten Räumen jeweils als Gruppe zu versammeln und in expliziter Absetzung von der »Mehrheitsgesellschaft« reale oder vermeintliche Diskriminierungs- und Marginalisierungserfahrungen zu thematisieren. Bezugspunkt ist dann gerade nicht ein allgemeines Wissen, auf das alle rekurrieren und gleichermaßen ihre Deutungen zu neuer Erkenntnis zusammentragen. Stattdessen dienen diese abgeschotteten Räume dazu, der bisherigen »Täterperspektive« der »Mehrheitsgesellschaft« die »Opferperspektive« der früher und heute Diskriminierten entgegenzustellen. Besonders ausgeprägt findet dies in den auch bei uns etablierten Postcolonial Studies und Gender Studies statt. Längst werden, fokussiert auf die jeweilige Gruppenzugehörigkeit, neue Fächer in der Lehre und Forschung der Universitäten angeboten, etwa die Queer Studies. Einher geht dies mit einer dezidierten Subjektivierung von Sachverhalten. Die Perspektive der persönlichen Betroffenheit überwiegt dann häufig die sachliche Auseinandersetzung mit dem Gegenstand. Vor diesem Hintergrund erhellt sich auch, warum plötzlich die Herkunft der Sprecherin oder des Sprechers, nämlich welcher verfolgten, unterdrückten, diskriminierten oder marginalisierten Gruppe er oder sie angehört, von größerer Bedeutung ist, als das, was er oder sie zu sagen hat. Einem weißen Historiker wird dann in der möglichen Konsequenz das Recht abgesprochen, über die leidvolle Geschichte der Sklaven oder der Frauen oder der People of Color zu forschen oder zu sprechen. Von großer Relevanz ist dabei außerdem, wie etwas gesagt wird. Inzwischen hat sich die Vorliebe für sichere Räume verbunden mit der Neigung, subjektive Gefühle und Verletzlichkeiten besonders in den Fokus zu rücken, in den Sozial- und Geisteswissenschaften weit verbreitet. Selbst im politischen Diskursraum oder in Talkshows beobachtet man in vermeintlichen Sachdebatten immer häufiger die Anrufung des Gefühls. Gerne wird gefragt: »Wie fühlt sich das für Sie an?« oder »Was macht das mit Ihnen?« Offensichtlich hat die Ausbildung an den Universitäten bereits Früchte getragen.

Aus dem angelsächsischen Raum kommen ebenso wie die Wortschöpfungen Safe Spaces und Cancel Culture die Bezeichnungen Mikroaggressionen und Trigger Warnings. Die Begriffe entstammen ursprünglich der Traumaforschung. Die Warnung bezieht sich auf Situationen, Inhalte oder Bilder, die bei psychisch labilen oder erkrankten Personen erfahrene Traumata wieder wachrufen könnten. Heute kommt diese Trigger-Warnung an Universitäten zum Einsatz, um vor Inhalten zu warnen, die möglicherweise verletzend sein können. Gewarnt wird dabei zum Beispiel vor gewalttätigen Darstellungen in der Literatur oder in Filmen. Mit der Verwendung und Überdehnung dieses Begriffs werden einerseits reale Traumatisierungserfahrungen verharmlost und banalisiert. Andererseits werden die Studierenden in diesen Schutzräumen pathologisiert, beziehungsweise, wenn sie den Wunsch nach derartigen Warnungen hegen, pathologisieren sie sich selbst. Es muss dann der Eindruck entstehen, als seien die Studierenden schutzbedürftige und unmündige Wesen, die ständig potenzieller Kränkung und Verletzung ausgesetzt seien und paternalistisch gehegt und gepflegt werden müssten. Aus den USA und Großbritannien hört man immer wieder Fälle, in denen Hochschullehrer diese Trigger-Warnung ausgesprochen haben, bevor sie überhaupt vermeintlich belastende Themen aufs Tapet brachten. Es entsteht damit auf dem Campus ein Klima der großen Vorsicht und der Angst, ständig in mögliche Fettnäpfchen zu treten. Offensiv wird dies heraufbeschworen mit der Forderung nach »Wokeness«. Gemeint ist mit diesem Begriff eine Haltung der Wachheit und Wachsamkeit gegenüber Verhaltensweisen, Sprache und Inhalten, die den geforderten Standards der Political Correctness nicht entsprechen.

Ähnlich wie die Aufforderung auf der Website der Universität in Cambridge, Mikroaggressionen anonym zu melden, muten die »Informationen und Anregungen zum Umgang mit Inhaltshinweisen in der Lehre« der Universität Bonn an. Der vom dortigen Gleichstellungsbüro im Herbst 2021 versandte Leitfaden setzt sich ausdrücklich für Safe Spaces ein. Es wird eine Atmosphäre frei von Stress oder Ärger oder negativen Gefühlen gefordert, in der sich alle wohlfühlen. Zu den Stressfaktoren zählen die potenziell verstörende Beschäftigung mit Tod und Sterben, Pornografie, Frauenfeindlichkeit und Rassismus, Klassenkampf oder Gewalttätigkeit. Doch wenn alle diese Schrecklichkeiten außen vor bleiben sollen, wie sind dann die Studienabgänger gerüstet für die Widrigkeiten der Welt jenseits des Campus? Wie können sie über gewalttätige Frauenunterdrückung und die Kolonialverbrechen sachlich und unvoreingenommen forschen, wenn diese Schrecknisse sie vermeintlich so verstören und von ihnen ferngehalten werden sollen? Immerhin haben die Bonner »Anregungen« der Gleichstellungsstelle innerhalb der Universität zu Debatten angeregt, die den Rektor haben einschreiten lassen. Sie wurden von der Website entfernt.[3]

Die Angst vor Konflikten, vor Widerspruch und Widersprüchlichkeit und die mangelnde Ambivalenztoleranz bringen viele Studierende bereits aus ihrer Schulausbildung mit, wie Lehrende immer häufiger auch an deutschen Universitäten klagen. Doch ist dies gerade der Ort, an dem dann spätestens Diskurskompetenz, die offene Auseinandersetzung mit neuen Argumenten, Sachverhalten und Positionen, die der eigenen zuwiderlaufen, gelernt und gelehrt werden müssten. Ausgerechnet hier aber werden immer häufiger geschützte Zonen errichtet, die potenziell Verstörendes ausblenden und vermeintlich vor der bösen Welt mit ihrer Unübersichtlichkeit und Konfliktträchtigkeit Schutz bieten sollen.

Wir haben es an unseren Hochschulen mittlerweile mit einem scheinbar paradoxen Phänomen zu tun. Einerseits will eine Mehrheit der Studierenden in geschützten Räumen von den Übeln der Welt unbehelligt bleiben und in Ruhe gelassen werden. Sie ist eher unpolitisch. Sie nimmt die Genderisierung weitgehend hin und ist folgsam, wenn es um Paradigmenverschiebungen in Lehre und Forschung geht. Die Verschulung des Studiums in der Folge der Bologna-Reformen hat zudem über die Jahre die Räume für eine konstruktive Debattenkultur extrem verkleinert. Andererseits beobachten wir eine militante Minderheit studentischer Aktivisten auf dem Campus, die in zunehmend rabiater Manier ihre politische Agenda als Diskurspolizisten der Political Correctness durchsetzen wollen. Sie verknüpfen Themen und Schlagwörter und erreichen mit einer kruden Mélange ideologischer Fragmente zunehmend breitere Kreise. Im Kern dabei und federführend in den Aktionen sind auch Linksextremisten der Interventionistischen Linken, versprengte K-Gruppen und Postautonome. Es sind keine fremden Gesichter, denn man sieht die Kommilitonen dann durchaus wieder bei Demonstrationen gegen hohe Mieten oder den Klimawandel. Auf diese Weise entstehen breite Bündnisse, die von der Universität in die Zivilgesellschaft und umgekehrt hineinreichen und hineinwirken. In den Aktionen überschneiden sich ideologische Versatzstücke, die ihren Ursprung in der alten marxistischen Linken, im Neomarxismus und in der kulturalistischen linken Identitätspolitik haben. Der Kapitalismus steht genauso am Pranger wie der Kolonialismus, der Faschismus, das Patriarchat, der Rassismus oder die Islamophobie. Man versammelt sich hinter den Fahnen, auf denen ganz divers gemischt für den Antifaschismus, den Antirassismus, den Feminismus, die Queer-Community, niedrige Mieten, das gute Klima oder den Weltfrieden gefochten wird.

Dieses ideologische Potpourri ist ein wesentlicher Grund dafür, dass der militante Extremismus auf dem Campus, aber auch in der Gesellschaft erstaunlicherweise geduldet wird und inzwischen ein enormes Einschüchterungspotenzial entfaltet hat. Seine Anschlussfähigkeit ins bürgerliche Lager ist erstaunlich. Antifaschismus sei ja per nichts Schlechtes, heißt es dann. Das Brandmarken von Rassismus und der Kampf für Gleichberechtigung gehören zum guten Ton. Ein gutes, gesundes Klima wollen im Übrigen auch alle und den Frieden sowieso. Die Grenze zwischen linksextremistischen Forderungen und Aktionen und legitimer Gesellschaftskritik ist gerade an den Universitäten ziemlich in Fluss geraten. Das ergibt eine recht komplizierte Gemengelage für die Meinungs- und Wissenschaftsfreiheit auf dem Campus.

Militanter Aktivismus gegen Rede-, Meinungs- und Wissenschaftsfreiheit

Im deutschen Grundgesetz ist die Meinungs- und Wissenschaftsfreiheit in Artikel 5 gefasst: »(1) Jeder hat das Recht, seine Meinung in

Wort, Schrift und Bild frei zu äußern und zu verbreiten und sich aus allgemein zugänglichen Quellen ungehindert zu unterrichten. Die Pressefreiheit und die Freiheit der Berichterstattung durch Rundfunk und Film werden gewährleistet. Eine Zensur findet nicht statt. (2) Diese Rechte finden ihre Schranken in den Vorschriften der allgemeinen Gesetze, den gesetzlichen Bestimmungen zum Schutze der Jugend und in dem Recht der persönlichen Ehre. (3) Kunst und Wissenschaft, Forschung und Lehre sind frei. Die Freiheit der Lehre entbindet nicht von der Treue zur Verfassung.«

Die Grenzen der Meinungs- und Wissenschaftsfreiheit setzt das Recht. Verletzte Gefühle und Befindlichkeiten oder moralische Anstößigkeiten sind keine hinreichenden Gründe, diese verfassten Freiheiten einzuschränken, egal von welcher Seite. Und es gibt für alle die rechtliche Möglichkeit, Klage wegen Beleidigung zu erheben.

Die Universität ist eine Schnittstelle zwischen Staat und Gesellschaft, zwischen akademischer und gesellschaftlicher Öffentlichkeit. Die von den Ländern getragenen Hochschulen sind selbst Teil des Staates und üben damit öffentliche Gewalt aus. Zugleich sind sie Träger von Freiheitsrechten. In jedem Fall sorgt diese Zwitterposition immer wieder für erhebliche Ambivalenzkonflikte zwischen den verschiedenen akademischen Körperschaften und Gremien. Hochschulleitungen, Dekanate, Lehrkörper, Forschungsinstitute und die verschiedenen Vertretungen der Studierenden, nicht zu vergessen die Gleichstellungsbeauftragten oder Diversity-Manager, sind sich in Sachen Meinungsfreiheit und Wissenschaftsfreiheit keineswegs immer einig.

Was ist nun in den letzten Jahren passiert, dass die Sorgen um die Meinungs- und Wissenschaftsfreiheit auf dem Campus gewachsen sind? Und zugleich eine recht lautstarke Gruppe nicht müde wird zu behaupten, diese Sorgen seien unbegründet, es gäbe keine Woke-Kultur oder Einschränkungen des Sagbaren. Bevor wir in den nächsten Kapiteln ausführlich auf die ideengeschichtlichen Gründe eingehen, die zu solch unterschiedlichen Perspektiven auf das Problem und fast entgegengesetzten Argumentationen führen, lohnt es sich, einige Fallbeispiele der letzten Jahre zu rekapitulieren. Ist die linke Hegemonie an den Hochschulen in den Geistes-, Sozial- und Kulturwissenschaften etwa nur die Schimäre einer Generation alter, weißer Männer, die allmählich ins Rentenalter kommt und sich beharrlich gegen den Fortschritt stemmt?

Fallbeispiele

Schauen wir uns einige Fälle von Ausladungen, Absagen wegen zu erwartender Polizeieinsätze, Shitstorms und dem unterschiedlichen Verhalten von Hochschulleitungen an.

Im Jahr 2016 verhinderten Studenten und der AStA der Universität Bremen mit ihren Protesten und Flugblattaktionen, dass der bekannte Osteuropahistoriker Jörg Baberowski von der Berliner Humboldt-Universität seinen Gastvortrag wie vereinbart halten konnte. Die Gründe für das geforderte Redeverbot waren Baberowskis Einlassungen in der seinerzeit heftig geführten Migrationsdebatte. Er kritisierte wie viele andere die Flüchtlingspolitik der damaligen Bundeskanzlerin Angela Merkel. Ihm wurde vorgeworfen, er vertrete rechtsradikale und rassistische Positionen. Der Hochschullehrer, dessen Forschungsschwerpunkte kommunistische Diktaturen und der Stalinismus sind, war schon Ärger gewohnt. Bereits seit 2014 hatte ihm eine militante trotzkistische Splittergruppe, die im Übrigen im Verfassungsschutzbericht unter den linksextremistischen Gruppierungen geführt wird, den Kampf angesagt. Ihre Attacken gegen ihn sind in Büchern nachzulesen, fanden in Form von permanenten Shitstorms statt und wurden an der Universität plakatiert. Sein zusammen mit Kollegen der Juristischen Fakultät geplantes »Zentrum für vergleichende Diktaturforschung« scheiterte am Widerstand des Akademischen Senats der Universität. Zuvor hatte eine offensive öffentliche Kampagne auf Twitter gegen das Projekt stattgefunden. Interne wissenschaftliche Gutachten dazu wurden an die Tageszeitung *taz* weitergegeben und gegen Baberowski ins Feld geführt. Die Hochschulleitung hat sich im Fall Baberowski trotz jahrelanger Attacken erstaunlich zurückgehalten.

Auch dem sozialdemokratisch orientierten Politikwissenschaftler Herfried Münkler setzten linke Aktivisten zu. 2015 wurde er über mehrere Wochen aus einem anonymen Blog heraus heftig angegriffen. Die Vorwürfe lauteten: Rassismus, Sexismus, Eurozentrismus und Kriegstreiberei. Im sogenannten Münkler-Watch wurden seine Aussagen akribisch protokolliert. Solche Attacken, so zeigen die Beispiele, werden in der Regel aus der Anonymität des Internets heraus geführt. Münkler sprach eine ausdrückliche Einladung an die Blogger zu einem Treffen aus, um sich mit den Anwürfen der Studenten gemeinsam auseinanderzusetzen. Doch sie verweigerten ein Gespräch. Als Journalisten nachfragten, warum diese Attacken anonym stattfänden und offensichtlich ihrerseits kein Diskussionsbedarf bestehe, war die Antwort verblüffend: Münklers rhetorische Fähigkeiten machen ihnen Angst.

Die strikte Weigerung, sich mit einer anderen Position – die man ja nicht teilen muss und kritisieren kann – auseinanderzusetzen, führt zu dieser fatalen Cancel Culture und Redeverboten. An der Frankfurter Johann Wolfgang Goethe-Universität ist 2017 nach der Ausladung eines Redners eine heftige Diskussion über Meinungsfreiheit geführt worden. Auslöser war die Einladung des als »umstritten« geltenden Vorsitzenden der Deutschen Polizeigewerkschaft, Rainer Wendt. Er sollte in einer Vortragsreihe zum Thema Migration und Integration sprechen. Heftige Proteste des AStAs und von 60 wissenschaftlichen Mitarbeitern und Professoren sowie der Gewerkschaft Erziehung und Wissenschaft Hessen sorgten dafür, dass Rainer Wendt wieder ausgeladen wurde. Die Protestierenden hatten ihm Sicherheitswahn, Rassismus und Racial Profiling vorgeworfen. Die Absage wurde damit begründet, dass sehr wahrscheinlich Tumulte zu erwarten seien. Die nachfolgende Pressemitteilung des AStAs war voller Genugtuung. Sehr zufrieden war man, dass diesem »Rechtspopulisten und Unruhestifter« abgesagt wurde, das sei absolut notwendig gewesen. Die Hochschulleitung hielt sich lange Zeit bedeckt. Erst einige Monate später fand eine öffentliche Diskussionsveranstaltung im größten Hörsaal der Universität zum Thema Meinungsfreiheit statt. Das Podium teilten sich studentische Vertreter und Professoren sowie die Universitätspräsidentin. Alle sprachen sich im Prinzip für die Redefreiheit und kontroverse Diskussionen aus. Besonders interessant war allerdings im weiteren Diskussionsverlauf die Einlassung eines Professors, der den Protest gegen Wendt mit organisiert und die Ausladung gefordert hatte. Unter großem studentischem Beifall aus dem Hörsaal sagte er, er sehe sich außerstande und überfordert, mit einem Rassisten zu debattieren. Seine Schlussfolgerung: deshalb hätten derartige Personen nichts auf dem Universitätsgelände verloren. Der Hochschullehrer forderte also ganz unverbrämt, den Campus als Safe Space zu gestalten, indem solche Zumutungen wie andere Meinungen, die man nicht teilt, andere Erkenntnisse, die man nicht hören möchte, keinen Raum haben sollen.

Besonders heftig sind Proteste, wenn es sich um Gäste handelt, die von außen eingeladen werden und möglicherweise Parteien angehören, die von links kritisiert werden. So erging es 2019 dem ehemaligen Innenminister Thomas de Maizière, dessen Vortrag an der Universität Hamburg verhindert wurde. Auch Bernd Lucke erging es so mit seinem Vortrag an dieser Universität. Der Professor für Volkswirtschaftslehre war einst Mitbegründer der AfD, auch wenn er sie 2019 längst verlassen hatte. Die studentische Truppe sah sich mit ihrer »antifaschistischen Aktion« völlig im Recht.

Pikanterweise stieß der Philosophieprofessor Dieter Schönecker an seiner Universität in Siegen ausgerechnet mit einem geplanten Seminar zum Thema Meinungsfreiheit Ende 2018 auf Widerstand. Der Kant-Spezialist wollte die »umstrittenen« Referenten Thilo Sarrazin und den in Philosophie promovierten AfD-Bundestagsabgeordneten Marc Jongen für eine Debatte einladen. Fast erwartungsgemäß gab es einen Aufschrei und persönliche Beschimpfungen, Schönecker sei Rassist und rechtsradikal, wenn er solchen Leuten ein Forum biete. Eigentlich hätte diese Veranstaltung aus dem Budget seines Lehrstuhls bezahlt werden sollen. Doch das zuständige Dekanat weigerte sich. Auch das Rektorat sprach sich gegen die Veranstaltung aus und der Hochschulrat schloss sich an. Das Seminar fand mit Beteiligung der beiden Referenten dennoch statt. Schönecker kann sich nur wundern, dass an der gleichen Universität zum Beispiel Sahra Wagenknecht von der Partei Die Linke unbeanstandet reden darf, ebenso wie die Linke Jutta Ditfurth. Er beobachtet schon länger, dass gerade die Philosophie-Fakultäten an den Universitäten von links dominiert sind.

Im Sommer 2019 erlebte auch die Ethnologieprofessorin Susanne Schröter, wiederum an der Goethe-Universität in Frankfurt, einen militanten Shitstorm, der neben anonymen Beschimpfungen ihre Absetzung als Professorin verlangte. Anlass war die Konferenz »Das islamische Kopftuch – Symbol der Würde oder Unterdrückung?« Neben zwei Musliminnen, die selbstbewusst das Kopftuch trugen und dies politisch, religiös und kulturell favorisierten, waren auch die Frauenrechtlerinnen und Kopftuch-Kritikerinnen Alice Schwarzer und Necla Kelek auf dem Podium vertreten. Die Konferenz konnte trotz der heftigen Proteste stattfinden. Vor dem Veranstaltungsraum demonstrierten Studenten gegen Rassismus und geißelten besonders den sogenannten antimuslimischen Rassismus – ein Begriff, der ursprünglich ebenso wie die Bezeichnung »Islamophobie« aus islamistischen Kreisen stammt. Inzwischen haben beide Bezeichnungen Karriere gemacht und gelten als »seriöse« analytische Kategorien im akademischen wie zivilgesellschaftlichen Feld.

Der Rassismusvorwurf wird besonders häufig erhoben, um einen Wissenschaftler zu diskreditieren und ihn damit moralisch zu delegitimieren. Interessant ist deshalb auch ein weiteres Fallbeispiel, das zeigt, wie verschränkt akademische und gesellschaftliche Öffentlichkeit sind. Die Stadt Hannover hatte 2021 eine Veranstaltung zum Thema Kolonialismus geplant. Eingeladen war der emeritierte Professor für Neuere und Afrikanische Geschichte Helmut Bley an der Leibniz Universität. Der Titel seines Vortrags sollte lauten: »Kolonialgeschichte von Afrikanern und Afrikanerinnen her denken«. Das Vorhaben stieß auf heftige Kritik insbesondere vonseiten der »Initiative für Diskriminierungssensibilität und Rassismuskritik«. Eigentlich war vorgesehen, dass Bley im Anschluss an seinen Vortrag mit seinen Kritikern in die Diskussion einsteigen würde. Doch die Initiative weigerte sich, mit Bley zu diskutieren, weil »ein alter weißer Mann« sich nicht in afrikanische Verhältnisse hineindenken und einfühlen könne. Das Bürgermeisterbüro der Stadt Hannover lieferte eine paradoxe Begründung für die Absage der Veranstaltung. Als Veranstalterin sei es der Stadt wichtig, eine offene und liberale Diskussionskultur zu ermöglichen. Dies müsste aber von allen Seiten gewollt sein. Der Vortrag würde in einem anderen Rahmen stattfinden können, so habe man sich mit Bley verständigt. Doch die Gesprächsverweigerung der Initiative ist gerade das Gegenteil von Offenheit und Liberalität. Die Tatsache, dass der Wissenschaftler weiß ist, qualifizierte ihn in den Augen seiner Kritiker nicht für eine Rede und die Forschung über Menschen anderer Hautfarbe und Geschichte. Dieser Einwand ist jedoch selbst rassistisch, auch wenn er auf dem antirassistischen Banner daherkommt.[4]

Die aufgeführten Fallbeispiele sind öffentlich weithin wahrgenommen worden. Allerdings häufen sich Fälle, die unterhalb des Radars stattfinden. Noch relevanter für die zunehmende Einschränkung der

Wissenschaftsfreiheit, die Verengung von Perspektiven und fortgesetzte Eingrenzung des Sagbaren sind Selbstzensur und Feigheit gegenüber militanten Kritikern. Darüber hinaus sind es die Entwicklungen und Verschiebungen innerhalb des Ideengefüges der Sozial- und Geisteswissenschaften, die Perspektiven verengen, Themen tabuisieren und gezielt Forschungsfelder und -fragestellungen politisieren, auf die wir uns in den Folgekapiteln konzentrieren werden.

3. Etablierung der Identitätspolitik

Seit Jahrzehnten können wir beobachten, dass viele Trends und Entwicklungen in der Wissenschaft, besonders in den Sozial- und Geisteswissenschaften, ihre Anfänge in den USA nahmen. Begehrte Gastprofessuren ermöglichten deutschen Wissenschaftlern nicht nur Einblicke in den angelsächsischen Denkraum und neue Erkenntnisse durch Austausch. Auf diese Weise kamen viele Ideen und neue akademische Praktiken über den Atlantik zu uns herüber. Da es seit Jahren üblich geworden ist, die Fachzeitschriften in englischer Sprache zu rezipieren und zugunsten der wissenschaftlichen Karriere selbst darin rege zu publizieren, findet auch auf diese Weise eine wichtige Verknüpfung in der Themensetzung, der Fokussierung von Forschung und natürlich der Sprache und neuer Sprachregelungen statt.

Gerade die Sozial- und Geisteswissenschaften sind geneigt, die in den letzten Jahrzehnten in Nordamerika etablierten neuen Fachrichtungen und Sektionen zu übernehmen. Besonders deutlich kann man dies an den Gender Studies, den Postcolonial Studies und den Cultural Studies nachvollziehen. Aus diesen Fächern heraus wird ausdrücklich ein politischer Anspruch auf die Transformation der Gesellschaft erhoben. Diese Disziplinen stellen den bisherigen wissenschaftlichen Kanon, der – so die Kritik – ausschließlich die männliche, weiße »Mehrheitsgesellschaft« repräsentiere, infrage und fordern dessen Revision. Sie verlangen darüber hinaus eine neue Sprache, neue soziale Regeln und Normen. Selbstbewusst verfolgen ihre ProtagonistInnen diese politische Agenda.

Die neue Woke Culture: Diversität – Gerechtigkeit – Inklusion

Die weltweiten Proteste der Anti-Rassismus- und der Black-Lives-Matter-Bewegung seit 2019 haben zu einem immensen Politisierungsschub in den Sozial- und Kulturwissenschaften geführt, der die Paradigmenwechsel vorantreibt. Nicht nur Denkmäler werden gestürzt, sondern Curricula umgeschrieben, Ideengeschichte gesäubert und neue normative Ordnungen durchgesetzt. Neben den Gender-Studien, die das Patriarchat und die Heteronormativität anprangern, ist die Intersektionalität auf dem Vormarsch, die die Überschneidung und Gleichzeitigkeit von verschiedenen Diskriminierungskategorien thematisiert. Die Postkolonialen Studien gibt es inzwischen an fast jeder Universität. Sie unterstellen einen tiefsitzenden, unabänderlichen strukturellen Rassismus. Und das Weißsein soll als ein Privileg wahrgenommen werden, das mit historischer Schuld beladen ist. Dem will die Woke Culture begegnen, eine neue Wachsamkeit gegenüber den beklagten Ungerechtigkeiten, die als strukturelle angesehen werden. Sie ist heute ein wichtiges Kriterium bei Gesinnungstests in Berufungsverfahren an kalifornischen Unis, sogenannten Statements for Diversity, Equity and Inclusion, kurz DEI Statements. Viele Institutionen im europäischen und deutschen Wissenschaftsbetrieb, Stiftungen, Behörden und Unternehmen greifen mittlerweile diese Idee und Praxis auf.

Inzwischen steht der Aufklärer Immanuel Kant wegen Rassismus am Pranger, weil er in seinen Frühschriften – wie andere seiner Zeitgenossen auch – die weiße »Race« als vollkommenste der Menschheit ansah. Eine »Kritik der weißen Vernunft« wird angemahnt, wie sie der kamerunische Historiker und Philosoph Achille Mbembe, einer der wichtigsten Ideengeber für die Postcolonial Studies und antikolonialen Bewegungen, fordert.[1]

Erschreckend die Rigidität und Wut, die den Wunsch nach Reinigung begleiten: Sprache, Geschichte, Bücher, Plätze, Erinnerung sollen von allem Bösen gesäubert werden. Das ursprüngliche Ansinnen, die Geschichte des Kolonialismus neu in den Blick zu nehmen, benachteiligte und diskriminierte Minderheiten sichtbar zu machen und Ungerechtigkeiten auszugleichen, hat sich in einen erbitterten ideologischen Kampf verwandelt, der inzwischen totalitäre Züge angenommen hat.

Es begann in den Anfängen durchaus emanzipatorisch. In der Folge der Studenten- und Jugendbewegung von 1968 entstanden in den 1970er-Jahren die sogenannten Neuen Sozialen Bewegungen, die den klassischen Marxismus und dessen Grundsätze vom Haupt- und Nebenwiderspruch des Kapitalismus, den man abschaffen wollte, revidierten. Auch wenn in den sogenannten K-Gruppen das orthodox-marxistische Gedankengut und der Historische Materialismus weiter gehegt und gepflegt wurden, ist die Themenpalette der Aktivisten auf dem Campus und in der Gesellschaft breiter geworden. Frauenbewegung, Ökologiebewegung und Dritte-Welt-Gruppen fanden immer mehr Gehör. Völlig zu Recht schlossen sich Frauen und soziale Minderheiten zusammen, um für ihre Rechte einzutreten. Sie machten auf historische und aktuell bestehende Diskriminierungen aufmerksam und begehrten gegen Sexismus und Rassismus auf. Doch über die Jahrzehnte breitete sich mit dem Lob der Differenz und der kulturellen Vielfalt ein ideologisch gefärbter Multikulturalismus aus, der die freiheitlichen Errungenschaften der westlich-europäischen Zivilisation zunehmend relativierte.

Immer neue soziale Gruppen, die sich als Opfer von Ungerechtigkeit und gesellschaftlicher Benachteiligung verstanden, entwickelten ihre jeweils unterschiedlichen Opfernarrative und forderten besondere Rechte für sich. Eine regelrechte Opferkonkurrenz entstand: Wer wurde und wird am schlechtesten von der »Mehrheitsgesellschaft« behandelt und darf am meisten verlangen? Ihr jeweiliger Bezugspunkt ist eine kollektive Identität, die abgeleitet wird aus realer oder vermeintlicher Benachteiligung, gemeinsamer Leiderfahrung, Unterdrückung oder Verfolgung, die teils Jahrhunderte zurückliegen: Frauen, sexuelle Minderheiten, die LGBTQI-Community, Migranten, ethnische und religiöse Minderheiten. Es geht dabei um Wiedergutmachung und Kompensation erfahrenen Leids und um die Gewinnung sozialer und kultureller Wertschätzung. Verlangt wird die Gleichbehandlung und die Einführung von Quoten. Entstanden ist daraus über die Jahrzehnte eine ausgeprägte Identitätspolitik, die ausdrücklich kollektive religiöse, kulturelle, sexuelle und ethnische Zugehörigkeiten ins Zentrum stellt. Nicht für Individuen werden Rechte eingefordert, sondern für die jeweiligen Opferkollektive, die alle als partikulare Einheiten gleichrangig behandelt werden wollen. Immer mehr Sonderrechte werden inzwischen beansprucht, um die bisherige gesellschaftliche und historische Benachteiligung zu kompensieren.

Auf diese Weise treiben die identitären Communities Polarisierungen voran, die den Zusammenhalt der Gesellschaft, der seit Jahren bröckelt, weiter schwächen. Wenn ständig zudem vornehmlich in Täter- und Opferkategorien gedacht wird, geht das oft an der Realität vorbei und verhindert sachliche Auseinandersetzungen. Die freie Debatte, ohne Vorurteile, Moralisierung und Ideologisierung, ergebnisoffen und neugierig, wird seltener. Immer weniger zählt das Argument, sondern die Herkunft, das heißt Hautfarbe, Geschlecht, Religion und die jeweilige Betroffenheit und Leiderfahrung des Sprechenden. Das ist im Wissenschaftsbetrieb und universitären Alltag ebenso zu beobachten wie in Debatten im kulturellen, politischen und gesellschaftlichen Feld. Konformismus und Opportunismus bestimmen das Klima zugunsten einer aktivistischen jungen Minderheit, die mit aller Macht ihre Deutungen der Geschichte und die daraus abgeleiteten Bestrebungen zur Umgestaltung der Gesellschaft durchsetzen will. Das reicht von Verpflichtungen zum antirassistischen Achtsamkeitstraining über Sprachpolitik bis zum Ausschluss missliebiger Personen oder Gruppen aus dem Diskurs, dem inzwischen beliebten Deplatforming im Internet und analogen Leben.

Anfangs ging es um Sichtbarmachung von Diskriminierung und Benachteiligung bestimmter Gruppen und Personen, um soziale Gerechtigkeit, Partizipation, Respekt und Anerkennung für alle in der Gesellschaft. Es war gut gemeint und dringend notwendig, auf Ungleichbehandlungen und Gerechtigkeitslücken aufmerksam zu machen und dies zu ändern. Doch es mündete in einer erschreckenden Maßlosigkeit. Über die Jahre ist eine Opferkultur und zugleich eine Opferkonkurrenz entstanden, die gerade nicht die beschworene Selbstermächtigung von Individuen im Fokus hat, sondern jedes Leid und jede Ungleichheit aus der Perspektive der realen oder vermeintlichen Diskriminierung einzelner Gruppen durch die weiße, patriarchale, kapitalistische, mit kolonialer Schuld beladene »Mehrheitsgesellschaft« sieht. Auf der Agenda der Aktivisten steht es daher, der Bevölkerung diesen unerhörten Zustand bewusst zu machen und in verhaltenstherapeutischer Manier läuternd auf sie einzuwirken, sie quasi umzuerziehen. Dies ist die Woke-Kultur, die in den amerikanischen Universitäten, im Kulturbetrieb und in der Linken ihren Ursprung hat. Sie breitet sich auch bei uns immer weiter aus und gleicht inzwischen einer Art Erweckungsbewegung, wie wir sie von den Evangelikalen kennen. Auch wenn wir über Jahrhunderte einen erfolgreichen Säkularisierungsprozess durchlaufen haben, schützt uns dies offensichtlich nicht vor dem Rückfall in vormoderne Denk- und Glaubenstraditionen. Der Wunsch nach Heil, nach Erlösung, nach Reinigung und Sühne ist denn auch in modernen, post- oder spätmodernen Zeiten nicht zu tilgen. Der große französische Soziologe Raymond Aron hat in Abwandlung des Satzes von Karl Marx über die »Religion als Opium des Volkes« in seinem fulminanten Buch über »Opium für Intellektuelle« die kommunistischen und sozialistischen Irrungen und Wirrungen als »säkulare Religionen« analysiert.[2]

Die Woke Culture mit ihrer Neigung zu Sprachmagie, Läuterungs- und Erweckungsprozeduren trägt tatsächlich religiöse Züge. Auch der britische Historiker Niall Ferguson beobachtet den Religionscharakter dieser Bewegung. Er spricht von einer Art atavistischem Rückfall in Verhaltensmuster, die wir noch aus dem 17. Jahrhundert kennen. »Auch wenn Hexen nicht buchstäblich verbrannt und gehängt werden, gibt es Hexenjagden auf dem Campus. Ein Großteil des Verhaltens der aufgeweckten Studenten wirkt eher sektenartig als politisch.« Es gehe darum, Leute zu verfolgen, die Ketzer sind und sich der Hassrede schuldig gemacht haben, »was nur ein anderes Wort für Ketzerei ist«. Diese religiösen Verhaltensweisen kennen wir aus den extremeren Phasen der europäischen Reformation. Ferguson sieht Ähnlichkeiten der Woke-Kultur mit Umtrieben während der Kulturrevolution in China, als Studenten sich gegen ihre Professoren wandten. Es grüßt die Rote Garde.[3]

Auch Judith Sevinç Basad beobachtet dieses religiöse Element. Besonders bei den weißen Bildungseliten fällt auf, dass sie geradezu unterwürfig den Aufruf zu Scham und Reue befolgen und sich bußfertig auf diese Läuterungszeremonien einlassen. Sie erinnert an eine spektakuläre Aktion in der Zeit der Black-Lives-Matter-Proteste, als in North Carolina weiße Polizisten während einer Demonstration zwei schwarzen Priestern die Füße wuschen. Es ging ihnen um Vergebung für ihre Vorfahren, die koloniale Sünden begangen hatten.[4]

Man sieht, dass die Woke-Kultur vom Campus aus längst tief in die Gesellschaft eingedrungen ist. Ihre Legitimation und Begründung zieht sie aus den Postcolonial Studies, der Critical Race Theory, der Critical Whiteness Theory und den Konzepten der Intersektionalität, die die verschiedenen Ansätze verknüpft und die Verbindung zu den Gender Studies und Queer Studies herstellt. Kolonialismuskritik, Rassismuskritik, Kapitalismuskritik und Patriarchatskritik beziehungsweise Kritik der Heteronormativität werden gebündelt und daraus eine politische Agenda gegen die »Mehrheitsgesellschaft« komponiert. Ich komme auf die ideengeschichtlichen Fragmente dieser Mélange noch zurück (siehe Kapitel 9).

Ganz praktisch wird diese Agenda an der Universität Cambridge umgesetzt. In der School of Arts and Humanities sind Trainingseinheiten zu Diversity, Equity, Inclusion für alle Professoren und Dozenten verpflichtend. Darüber hinaus gibt es Kurse für alle Fächer, um unbewusste Fehlerquellen und Vorurteilsstrukturen aufzudecken. Es sollen damit »weiße, antirassistische Alliierte« geschaffen werden. Des Weiteren gibt es ein obligatorisches Seminar zum Thema »Wo ziehst Du die Grenzlinien?«[5]

Inzwischen ist die ausdrückliche Fokussierung in Forschung und Lehre auf Gender und Diversity auch in unserem akademischen Betrieb angekommen. Die Deutsche Forschungsgesellschaft (DFG) verlangt in der Beantragung von Fördergeldern für ein Forschungsprojekt inzwischen die »Reflexion von Geschlecht und Vielfältigkeit« als »Bestandteil der Vorbereitung eines jeden Forschungsprojekts« und es soll »– wo relevant – im Antrag behandelt werden«. Es wird positiv hervorgehoben, dass aus den Geistes- und Sozialwissenschaften bereits wichtige Impulse für einen reflektierten Umgang mit der Vielfältigkeit der Gesellschaft in Forschungsprojekten kommen. Da die Berücksichtigung individueller und gruppenbezogener Merkmalszuschreibungen sozial- und zumeist auch geisteswissenschaftlicher Forschung bereits inhärent ist, sei damit in der Regel in diesem Wissenschaftsbereich keine zusätzlich zu berücksichtigende Dimension der Forschung nötig.[6]

Diskriminierung und Opferdiskurs

In der Debatte um das Thema eines unterstellten »strukturellen Rassismus« hat die DFG-Präsidentin Katja Becker das Wort ergriffen. Stolz weist sie darauf hin, dass die DFG allein von 2015 bis 2019 insgesamt 581 Projekte mit Bezügen zur Rassismusforschung gefördert hat: mit einem Gesamtvolumen von immerhin 238 Millionen Euro. Die Forschungsthemen würden von quantitativen Analysen, die Rassismus vor allem im Verhältnis zu anderen Dimensionen sozialer Ungleichheit untersuchen, über die Zuweisung krimineller Handlungen zu ethnischen Gruppendynamiken der Human-Typisierung oder

Politiken der Ungleichheit bis hin zu Studien zur Kolonialmedizin reichen. Außerdem würden Forschungsprojekte über ethnische Differenzierung und ethnische Konflikte gefördert sowie kulturell verschiedene Körperkonzepte oder die Post-Race-Debatten in den Vereinigten Staaten. Der DFG sei es ein besonderes Anliegen, »einen nicht diskriminierenden Wettbewerb um Fördermittel zu garantieren«. Sie will »Rahmenordnungen für die Förderung von mehr Diversität« etablieren. Denn keine soziale Struktur sei davor gefeit, ihre eigene Rassismusblindheit zu entwickeln. »Daher sind wir alle gefordert, rassistische Strukturen frühzeitig zu erkennen, zu verstehen und ihnen entschieden entgegenzutreten.«[7]

Die Präsidentin wird kaum Widerspruch ernten, denn wer ist nicht gegen Ungleichbehandlung und Rassismus. Äußerst problematisch ist allerdings, dass sie den fragwürdigen und politisch aufgeladenen Begriff des »strukturellen Rassismus« übernimmt, der uns wohlvertraut ist aus den antirassistischen Kampagnen der Aktivisten. An den Universitäten in Deutschland sind vor allem die inzwischen überall fest institutionalisierten Gleichstellungsstellen maßgeblich an der Umsetzung der DEI-Erziehungsprogramme beteiligt beziehungsweise initiieren sie. Die Einladung der Frauenbeauftragten der Humboldt-Universität Berlin steht paradigmatisch für diese üblich gewordene Praxis. Im Oktober 2021 lud Ursula Fuhrich-Grubert zu einem halbtägigen Fortbildungs-Workshop zu diversitätsorientierter Organisationsentwicklung ein. Das Büro der zentralen Frauenbeauftragten wolle den besonderen Schwerpunkt auf Projekte im Bereich Diversität und Antidiskriminierung fortführen und richte sich diesmal besonders an die Führungskräfte der HU, an die Zielgruppe der Universitätsleitung, »Dekan:innen, Prodekan:innen sowie Institutsdirektor:innen und wissenschaftlichen Führungskräfte«. In der Einladungs-E-Mail heißt es, die Humboldt-Universität habe sich angesichts der Black-Lives-Matter-Proteste und der daraus resultierenden Debatte über strukturellen Rassismus und Diskriminierungen klar zu Meinungspluralität, Offenheit und Respekt bekannt. Weiterhin habe sie sich in den aktuellen Hochschulverträgen zur Umsetzung nachhaltiger Diversity-Maßnahmen verpflichtet. Vor diesem Hintergrund begrüße die Universitätspräsidentin die Idee dieses zielgruppenspezifischen Angebots, um sich gemeinsam dem Ziel einer diskriminierungsfreien Universität anzunähern. Konzeption und

Durchführung liege bei den erfahrenen Trainerinnen auf diesem Feld, Peggy Piesche und Katja Kinder. Ausführliches erfährt man über die beiden auf der Website der Parteistiftung der Grünen, der Heinrich Böll Stiftung / Gunda Werner Institut Feminismus und Geschlechterdemokratie (https://www.gwi-boell.de/de).

Peggy Piesche »ist eine Schwarze deutsche Literatur- und Kulturwissenschaftlerin und transkulturelle Trainerin für Intersektionalität, Diversität-Inklusion, Rassismus- und Machtkritik sowie für kritische Weißseinsreflexion in Wissenschaft, Gesellschaft und Politik.« Zu ihren Arbeitsschwerpunkten zählen die »Performativität von Erinnerungskulturen (Spatiality and Coloniality of Memories, Postkoloniales Erinnern) sowie Black Feminist Future Studies und Critical Race sowie Whiteness Studies. Seit 1990 ist sie in der Schwarzen feministischen Bewegung in Deutschland und international aktiv. Sie ist Mitfrau* bei Generation ADEFRA e. V. (Schwarze Frauen* in Deutschland) und engagiert sich dort in der wissenschaftlichen Fachgruppe Diversifying Matters.«[8]

Auch die zweite Trainerin Katja Kinder wird ausführlich auf der genannten Website vorgestellt. Sie ist »Schwarze deutsche Erziehungswissenschaftler*in und stellvertretende Geschäftsführer*in der RAA Berlin sowie Mitbegründerin von ADEFRA (Schwarze Frauen in Deutschland, gegründet 1986). Freiberuflich ist sie unter anderem seit über 20 Jahren als Empowerment-Trainerin und transkulturelle Konfliktmediatorin mit einer Schwarzen intersektional-feministischen und rassismuskritischen Perspektive tätig.«[9]

Es spricht ja nichts dagegen, in der akademischen Fortbildung auch die Perspektive von Aktivistinnnen in das Training für Führungskräfte einzubeziehen. Doch dies ausschließlich ihnen zu überantworten, erweckt den Eindruck einer gänzlichen Umkehrung der Perspektive. Das wissenschaftliche und gesellschaftspolitische Prinzip der Vielfalt der Perspektiven wird hier ganz offensichtlich zugunsten einer Eindimensionalität ausgehebelt. Die Vertreterinnen der Opferkollektive – Schwarze und Frauen – sind in Umkehrung der kritisierten bisherigen Machtverhältnisse nun die Sprecherinnen und Lehrerinnen. Die Lernenden sind nun die VertreterInnen aus dem weißen, vornehmlich männlichen Täterkollektiv. Böse Zungen würden hier von Versuchen der »Umerziehung« sprechen.

Auch an der Universität Rostock sind Wissenschaftlerinnen darum bemüht, den alten Machtverhältnissen mit ihrer Forschung »Beine zu machen«. Es handelt sich um die im Herbst 2021 vorgelegten Forschungsergebnisse »Sichtbarkeit und Vielfalt: Fortschrittsstudie zur audiovisuellen Diversität« von Elizabeth Prommer, Julia Stüwe und Juliane Wegner vom dortigen Institut für Medienforschung. Ausdrücklich knüpfen die Forscherinnen an die Studie »Ausgeblendet – Frauen in Fernsehen und Film« an, die die Fernsehinhalte des Jahres 2016 analysierte. Sie erweiterten die Betrachtung über die Ungleichbehandlung von Männern und Frauen um den Schwerpunkt Diversität. »Erstmals werden für Deutschland die Fernsehinhalte genauer auch nach sexueller Orientierung, ethnischer Herkunft, Migrationshintergrund und Behinderung analysiert.«

Es ist ein treffendes Beispiel für die Paradigmenwechsel in der Forschung, in der der Blick auf diskriminierte Opfergruppen Zug um Zug zugunsten des Diversitätsgebots erweitert wird. Sie kommen – nicht unerwartet – in ihrer Studie zu folgendem Schluss: »Im Hinblick auf die weiteren Diversitätsdimensionen bildet unser Fernsehen die Gesellschaft nicht so vielfältig ab, wie sie ist. So sehen wir so gut wie keine Personen mit Behinderung. Auch verschiedene sexuelle Orientierungen sind so gut wie unsichtbar. Wir sehen nur halb so häufig Personen mit einem zugeschriebenen Migrationshintergrund oder einer nicht ›weißen‹ ethnischen Zuschreibung, wie in der Bevölkerung verteilt. Zudem sehen wir innerhalb der Gruppe der Frauen einen geringfügig höheren Anteil an Migrationshintergrund und ›Schwarz / PoC‹ im Vergleich zu den Männern. Fassen wir die Ergebnisse überspitzt zusammen, so dominiert der mittelalte, weiße, heterosexuelle und nichtbehinderte Mann unser Fernsehen und prägt dessen Bild.«

Um Diskriminierung und Rassismus sowie unterschiedliche Migrationshintergründe zu erfassen, müsse man sie entlang ethnischer Kategorien codieren. Grafiken und Fotos von Menschengruppen diverser Ethnien zeigen, wie diese Untersuchung Unterscheidungsmerkmale als visuelle Beispiele für die Codierung nach ethnischer Herkunft generiert: angeführt wird das diverse Gruppenbild mit »Schwarz / People of Color (erkennbar an dunkler Hautfarbe)«. Darunter »Latinx (Süd- und Mittelamerika)«; es folgen Gesichter aus »Südasien (unterscheidbar durch gebräunte Haut; zum Beispiel Bangladesch, Sri Lanka, Inder, Pakistaner, Malediven etc.)«. Darunter »Südostasiatisch / Ostasiatisch (erkennbar an der Form der Augen)«. Die nächste Gruppe wird verortet in »Naher Osten / Türkei / Nordafrika (unterscheidbar durch schwarze Haare, zum Beispiel arabisch)«. Es folgen »Indigen / Minderheitenvölker (zum Beispiel Native Americans, Aborigine, Maori, Samen, Sinti und Roma)«. Auf der untersten Stufe finden sich die Gesichter der Gruppe »weiß«, kleingeschrieben und ohne irgendeine genauere Beschreibung. Verstörend an Methode und Darlegung der Codierung ist die Orientierung an alten Rassenlehren und die Übernahme von »Rassenmerkmalen«. Insofern muss sich diese gut gemeinte, gegen Rassismus gewendete politisierte Forschung entgegenhalten lassen, selbst rassistischen Kategorien zu folgen. Sie dient dazu, mit ihren Ergebnissen bestehende Machtverhältnisse zu transformieren und folgt klar einer politischen Agenda.[10]

Die Studie dürfte wiederum zur Legitimierung dienen, die Auswahl der Studiogäste und Stellenbesetzungen im Fernsehen nach sexueller Orientierung, ethnischer Herkunft, Migrationshintergrund oder Behinderung noch weitgehender zu quotieren. Es ist das Gegenteil von jener »Farbenblindheit«, die der schwarze Bürgerrechtler Martin Luther King in seiner berühmten Rede »I have a Dream« 1963 ansprach. Er hatte die Hoffnung, dass seine Kinder und nachfolgende Generationen sie erleben würden, nämlich die Anerkennung und Respektierung aller Bürger, gerade in Absehung von ihrer Hautfarbe und ethnischen Zugehörigkeit.

Grüße aus Amerika oder wie man Geschichte umschreibt

Bereits 1991 hatte der amerikanische Historiker Arthur M. Schlesinger sein scharfsinniges Buch über die Spaltung Amerikas vorgelegt, dass zu einem Bestseller wurde. Der zweifache Pulitzer-Preisträger und Sonderberater von John F. Kennedy hat mit seiner Analyse die Entwicklungen der letzten Jahre bereits vorweggenommen. 2020 erschien eine aktualisierte neue Ausgabe.[11] Auch wenn damals Begriffe wie Cancel Culture, Mikroaggressionen, Social Justice Warrior oder Woke Culture noch nicht in aller Munde waren, hat er auf äußerst luzide Weise die linke Identitätspolitik analysiert und ausführlich ihre Wirkmechanismen dargelegt. Schlesinger rekonstruiert, wie auf Druck ethnischer Wortführer, die in der Melting-Pot-Idee eine Verschwörung zur

Homogenisierung Amerikas sahen, die Identitätspolitik Zug um Zug Raum griff und immer mehr an Einfluss gewann. 1974 verabschiedete der US-Kongress ein Gesetz zur Untersuchung des ethnischen Erbes, auf dass sich später viele berufen konnten. »Die ethnische Aufwallung begann als ein Zeichen des Protests gegen die anglo-zentrierte Kultur. Sie wurde inzwischen zum Kult. Heute droht diese Aufwallung zu einer Art Konterrevolution zu werden: gegen die ursprüngliche Theorie von Amerika als one people mit einer gemeinsamen Kultur in einer geeinten Nation.«[12] Die Spaltung der Gesellschaft in festgelegte Ethnien begünstige eine Kultur der Viktimisierung und der Ansteckung mit leicht entflammbaren Empfindlichkeiten.

Nicht mehr Martin Luther Kings »Farbenblindheit« war das Leitbild. Es wurde abgelöst von der Zentrierung auf die eigene Ethnie, also weg vom Individuum hin zur Gruppe und zu kollektiven Identitäten. Schlesinger beobachtete schon früh, dass dieser neue »Kult der Ethnizität« weniger von den ethnischen Minderheiten in ihrer Gesamtheit kam, sondern viel ausgeprägter von »oft selbsternannten Fürsprechern«. Auch der schwedische Soziologe und Ökonom Gunnar Myrdal machte diese Beobachtung und sprach von einer Art »intellektuellem Oberklassen-Romantizismus«.

Immer mehr wurden der Umgang mit Geschichte und die Neuschreibung der Geschichte zur Waffe. Deshalb ist George Orwells Satz, mit dem er die geschichtspolitischen Machenschaften einer totalitären Partei in seinem Buch *1984* beschreibt, hoch aktuell: Wer die Vergangenheit kontrolliere, kontrolliere die Zukunft, und wer die Gegenwart kontrolliere, kontrolliere die Vergangenheit.

Bereits Ende der 1980er-Jahre veränderte sich vor allem in den Bundesstaaten Kalifornien und New York der Umgang mit Geschichte an den Schulen. Ausdrücklich ging es um die Zurückdrängung westlicher Traditionen. Und Curricula wurden verändert. Die eingesetzte staatliche Kommission betonte in ihrem Bericht, eine Aufteilung in ethnische Gruppierungen als analytischer Rahmen sei nötig, um amerikanische Geschichte richtig zu verstehen. Geschichte sollte also weniger eine intellektuelle Disziplin sein, sondern eher eine soziale und psychologische Therapie, um das Selbstbewusstsein von Kindern ethnischer Minderheitengruppen zu heben. Schlesinger warnte, Geschichtsschreibung als Therapie zu verwenden bedeute, die Geschichtsschreibung als solche zu korrumpieren. Aufrichtig betriebene Darstellung der Geschichte verlange unbereinigte Berichte. Er bezweifelte völlig zu Recht, dass eine bereinigte, eine sogenannte »Wohlfühl-Geschichtsschreibung« ethnisches Selbstbewusstsein von Schülern und Studenten stärken oder dazu führen würde, dass sie in ihrem Leben besser zurechtkämen.

Zur gleichen Zeit konnte man an der Elite-Universität Stanford Schlachtrufe hören, die gegen Seminare über die erfolgreiche Geschichte der westlichen Zivilisation protestierten: »Hey-hey, ho-ho, western culture's got to go!« Das antiwestliche Ressentiment, Attacken auf westliche Traditionen und die Kritik am Eurozentrismus verbreiteten sich an den Hochschulen immer stärker. Ideologisch war dies flankiert von Denkern westlicher Gesellschafts- und Kulturkritik. Ein buntes Potpourri entstand: Ideenfragmente von Karl Marx waren darin genauso enthalten wie von Friedrich Nietzsche, Theodor W. Adorno, Herbert Marcuse, aber auch Jean Paul Sartre, Simone de Beauvoir, Michel Foucault, François Lyotard und besonders Antonio Gramsci. Der Siegeszug des Postkolonialismus und die Delegitimierung westlicher Denktraditionen als weiße, kapitalistische, kolonialistische, rassistische und patriarchale Konstruktionen nahmen nun ihren Lauf.

Der gewaltsame Tod des Afroamerikaners George Floyd bei einem Polizeieinsatz in Minneapolis im Mai 2020 erschütterte nicht nur die USA, sondern auch Europa. Weltweit organisierte die Black-Lives-Matter-Bewegung Proteste. Die Bewegung entstand 2013 und benutzte seitdem das Hashtag #blacklivesmatter in den sozialen Medien. Anlass war damals der Freispruch von George Zimmermann nach dem Tod des jungen Schwarzen Trayvon Martin. Immer wieder mobilisierte die Bewegung in den folgenden Jahren anlässlich von Polizeigewalt gegen Schwarze und von Todesfällen. 2020 protestierte sie erneut gegen weiße Polizeigewalt und erhielt immensen Zulauf. Doch die Proteste gerieten alsbald aus dem Ruder. Geschäfte wurden geplündert, Weiße gewaltsam attackiert, Denkmäler historischer, weißer Heroen wie des Amerika-Entdeckers Christoph Columbus oder des Staatsmanns Winston Churchill in London vom Sockel gestürzt. Auch in europäischen Großstädten hielten die militanten Proteste die Ordnungskräfte in Atem. Doch weitaus gewalttätiger ging es in den USA zu. Es kam zu Tumulten, die an einen Bürgerkrieg erinnerten. Trump-Anhänger, aufgepeitscht vom Präsidenten und seinen Propagandisten, zogen willig in den Kulturkrieg gegen die Linke. Die Identitätspolitik der Rechten, die die White Supremacy und ihre Verachtung gegenüber den BIPoC (Black, Indigenous, People of Colour) skandieren, prallen heute auf die Identitätspolitik der Linken, die einen »strukturellen Rassismus« der Gesellschaft und der Institutionen anprangern, die Macht des weißen Mannes brechen, die Geschichte umschreiben wollen und letztlich einen Austausch der Eliten anstreben.

Dazu passt eine spektakuläre Initiative des *New York Times Magazine* im Sommer 2019, das »1619 Project«. Es war der Versuch, die amerikanische Geschichte umzuschreiben. Ausgangspunkt war die 400 Jahre zurückliegende Ankunft der ersten afrikanischen Sklaven in der britischen Kolonie Virginia. Die Initiatoren des Projekts waren angetreten, mit der Neusetzung des Gründungsdatums der Vereinigten Staaten einen »neuen Rahmen« für die gesamte amerikanische Geschichte zu schaffen. Die Sklaverei sollte zum Gründungsmythos der USA umgedeutet und mit dem »strukturellen Rassismus« unserer Tage unmittelbar verknüpft werden. Inzwischen sind die Initiatoren zwar etwas zurückgerudert. Sie betonen, dass die Bezeichnung »das eigentliche Gründungsjahr«, metaphorisch gemeint gewesen sei. Es bleibt jedoch der Versuch, die Amerikanische Revolution nachträglich als reaktionäres Ereignis zu delegitimieren. Wie aber erklären sich die Initiatoren für die Umschreibung der Geschichte, dass es in nur einer Generation später eine große Bewegung gegen die Sklaverei gab, ein großer Bürgerkrieg ausbrach, in dessen Folge die Sklaverei abgeschafft wurde? An der Unabhängigkeitserklärung von 1776 orientierte sich auch die Französische Revolution und die Erklärung der Menschen- und Bürgerrechte 1789. Darin ist das Recht auf Freiheit, Eigentum, Sicherheit und das Recht auf Widerstand gegen Unterdrückung gefasst. Beide Erklärungen sind die normativen Säulen für die Freiheit eines jeden Individuums und Bürgers, für das individuelle Streben nach Glück, die Gleichheit eines jeden Einzelnen vor dem Gesetz, wirtschaftliche Freiheit sowie die politische Freiheit, die mit der Gewaltenteilung und Partizipation der Bevölkerung in der Demokratie erreicht wird.

In den USA, aber auch in Europa haben sich aus gutem Grunde die nachfolgenden Bürgerrechtsbewegungen ausdrücklich auf die Amerikanische Revolution bezogen, wenn es um den Kampf für Freiheit und Teilhabe ging, an vorderster Stelle eben auch der schwarze Bürgerrechtler Martin Luther King. Der Kampf gegen Rassismus gründete in und bezog sich ausdrücklich auf die Gleichheit aller vor dem Gesetz, nämlich »farbenblind«, unabhängig von ethnischer, sexueller und religiöser Zugehörigkeit zu einer Gruppe. Doch diese Prinzipien werden seit einigen Jahren vonseiten der rechten wie der linken Identitätspolitik radikal infrage gestellt.

4. Rassismus in der politisch-ideologischen Arena

Bekanntlich haben die USA und die Länder Europas unterschiedliche nationale Geschichten, insbesondere die Sklaverei, den Kolonialismus und Rassismus betreffend. Dennoch sind sie historisch engstens miteinander verwoben – was weit hineinreicht in ideengeschichtliche Verstrickungen, wie wir noch sehen werden. Denn besonders Ideen und Ideenfragmente französischer, deutscher und italienischer Denker sind Bausteine der aus den USA nach Europa gelangten Critical Social Justice Theory zu sozialer, kultureller und antirassistischer Gerechtigkeit wie der »Critical Race Theory«,[1] »White Privilege«,[2] »White Fragility«.[3] Das letztgenannte Buch schrieb die ehemalige Konzernberaterin Robin DiAngelo, sie selbst ist eine Weiße. Es wurde in den USA ein großer Bestseller und von den Kritikern begeistert gefeiert. Der deutsche Verlag wirbt damit, es handele sich um ein Standardwerk zum Thema Rassismus.

Das neue Dogma: Critical Race Theory

Ursprünglich ging die Initiative von Anwälten, Rechtswissenschaftlern und Aktivisten aus, 1989 fand sich dann eine Gruppe von Professoren an der Harvard Law School zusammen, die an Law Schools lehrten. Als nicht-weiße Minderheit an Hochschulen entwickelten sie erstmalig die Grundideen der Critical Race Theory. Federführend waren in der Folge Richard Delgado und seine Frau Jean Stefancic. Sie gehen davon aus, dass der Begriff der Rasse eine soziale Konstruktion ist, die über eine biologische Definition oder Bezeichnung von unveränderlichen Merkmalen hinausgeht. Auch wenn es unterschiedliche Ansätze in der Critical Race Theory gibt, eint sie eine Grundannahme: Rassismus ist ein strukturelles Phänomen, das der amerikanischen Gesellschaft prinzipiell und von Beginn an innewohnt. Rassismus ist also kein individuelles Vergehen oder eine Haltung, gar eine Ausnahme, sondern Bestandteil des gesellschaftlichen Systems, in der Weiße Macht ausüben mittels der Institutionen, die sie geschaffen haben und in denen sie von Anbeginn an ihre Privilegien verteidigten. Die ökonomische Ungleichheit gründe ebenso darin wie der unterschiedliche Zugang zu Bildung oder die Partizipation in Gesellschaft und Politik.

Nun wird kein vernünftiger Mensch, der Augen im Kopf hat, bestreiten wollen, dass es rassistische Vorfälle und Vorurteile gibt, ebenso wie Ungleichbehandlungen, alte Gewohnheiten und auch in Teilen der Gesellschaft eine Hybris weißer Bürger. Doch daraus einen systemischen und strukturellen Rassismus der »Mehrheitsgesellschaft« und »weißen Dominanzkultur« abzuleiten, vereitelt gerade eine genaue Analyse empirischer und konkreter Gerechtigkeitslücken, Diskriminierungen, rassistischer Handlungen und Einstellungen. Wenn in bestimmten Fächern an den Hochschulen oder in Berufen Hispanics oder Asiaten erfolgreicher sind als Schwarze beziehungsweise PoC, so hat dies in der Regel andere Gründe, die sich gerade nicht mit der Unterstellung des Rassismus erhellen. Stattdessen entsteht ein Circulus vitiosus: für Ungleichheit wird der Rassismus verantwortlich gemacht und der Rassismus wiederum soll die Folge von Ungleichheit sein. Empirisch belegt ist dies allerdings keineswegs. Die Vertreter der kritischen Rassentheorie sehen ganz prinzipiell in dem Grundsatz formaler Gleichheit vor dem Gesetz eine Schimäre, die die uralten Privilegien der Weißen und ihre strukturelle Vormachtstellung nur verschleiern würden. Gerechtigkeit sei darüber nicht herzustellen. Allen Weißen wird damit eine unentrinnbare und nicht zu tilgende Kollektivschuld zugeschrieben. Wer weiß ist, ist deshalb per se rassistisch aufgrund seiner Privilegien, egal was er tut oder denkt.

Diese Schuldkategorie hatten wir mit der Verabschiedung der Allgemeinen Erklärung der Menschenrechte 1948 nach dem Ende des Zweiten Weltkriegs sowie nach den kommunistischen, faschistischen und nationalsozialistischen Diktaturen und ihren Verbrechen im Namen von Klasse und Rasse eigentlich hinter uns gelassen. Natürlich muss ein Land kollektive politische Verantwortung für begangene Verbrechen übernehmen, gegebenenfalls auch Entschädigungen leisten. Doch schuldig macht sich eine handelnde Person oder konkrete Mitglieder politischer oder gesellschaftlicher Institutionen. Die Rechte sind nach den grauenhaften Erfahrungen des Klassen- und Rassenkollektivismus ausdrücklich als individuelle Rechte gefasst worden. In Artikel 2 der Allgemeinen Erklärung der Menschenrechte heißt es deshalb: »Jeder hat Anspruch auf alle in dieser Erklärung verkündeten Rechte und Freiheiten, ohne irgendeinen Unterschied, etwa nach Rasse, Hautfarbe, Geschlecht, Sprache, Religion, politischer oder sonstiger Anschauung, nationaler oder sozialer Herkunft, Vermögen, Geburt oder sonstigem Stand.«

Diese in der Deklaration verfassten universellen, unveräußerlichen Rechte jedes Einzelnen werden aber von den Vertretern und Vertreterinnen der Critical Race Theory, den damit verknüpften postkolonialen Theorien und der daraus abgeleiteten Identitätspolitik als westlich-eurozentrische Kopfgeburten verworfen. Sie lehnen den darin festgehaltenen Universalismus der Freiheitsrechte, die für alle gleichermaßen gelten sollen, ab. Stattdessen formulieren sie partikulare Gruppenansprüche und Sonderrechte, die sich aus kollektiven Identitäten ableiten. Nach dieser Logik ist dann auch der Rechtsstaat selbst und seine Verfassung eine Erfindung weißer Männer, der letztlich nur für die strukturelle Fortsetzung von Ungerechtigkeit und Rassismus steht. Es ist eine radikale Kritik und Infragestellung unser gesamten Zivilisationsgeschichte und ihrer Fortschritte hin zu Rechtsstaat, Demokratie und Freiheit.

Deshalb wird auch der Aufklärer Immanuel Kant so heftig attackiert. Nach unserem heutigen Verständnis und zeitgemäßen Moralvorstellungen finden sich bei ihm tatsächlich Äußerungen, die man aus heutiger Sicht als rassistisch bezeichnen kann. Doch dem späteren Kant verdanken wir gerade die wegweisende Definition von Mündigkeit und die philosophische Entfaltung dessen, was die Würde des einzelnen Menschen ausmacht.

Es geht bei dem Versuch, Kant vom Sockel zu holen und ihn zu canceln, weniger um einen Rassismus, den man an konkreten Äußerungen ablesen könnte. Sondern der Angriff gilt seinem Verständnis von Freiheit und Universalismus, das alle Menschen gleichermaßen einschließt. Mit dem Verweis auf einzelne Schwachstellen dieser Konzeption soll der ganze Ansatz delegitimiert werden, weil dem Universalismus, wie erläutert, vorgeworfen wird, eine Kopfgeburt weißer, privilegierter Männer und damit per se rassistisch zu sein.

Natürlich ist es auch heute notwendig, sichtbar und hörbar gegen die Diskriminierung von Menschen anzugehen, die aufgrund ihrer Hautfarbe oder ihrer ethnischen Herkunft herabgewürdigt und benachteiligt werden. Ein solcher Antirassismus gründet in der universell verstandenen Gleichheit des Individuums vor dem Gesetz.

Im Widerspruch dazu versteht sich der Antirassismus, den die linke Identitätspolitik propagiert. Er gründet in der Aufteilung der Menschen in die dominierende Gruppe von Weißen mit ihren unveränderlichen Merkmalen und Privilegien und in die nicht-weißen Gruppen mit ihren unveränderlichen Merkmalen und Eigenschaften, die diskriminiert würden. Und dieses Verhältnis habe sich tief in den Machtstrukturen der westlichen Gesellschaften eingegraben. Dafür ist der Begriff des strukturellen Rassismus eingeführt worden, der in der Wissenschaft eine immense Karriere gemacht hat. Zwanzig Jahre nach Erscheinen von Delgados und Stefancic' *Critical Race Theory* können wir in den Sozial- und Geisteswissenschaften einen regelrechten »Racial Turn« beobachten, der inzwischen auch andere Disziplinen und auch die Naturwissenschaften erreicht hat. Aus den Hochschulen werden diese Ideen seit Jahren in die Gesellschaft hineingetragen und sind Bestandteil politischer und sozialer Praxis geworden. Auch die Historikerin und Migrationsforscherin Sandra Kostner beobachtet seit geraumer Zeit, dass es den Vertretern der Critical Race Theory und ihrem Diktum vom strukturellen Rassismus gelungen ist, »Wissenschaft in den Dienst einer Gerechtigkeitsvision zu stellen, deren Ziel Wiedergutmachung für rassistisches Unrecht lautet. Dementsprechend streben sie nicht nach Erkenntnis, sondern sehen ihre Aufgabe darin, ein geeignetes Instrumentarium für eine interventionistische Politik zu entwickeln, mit deren Hilfe Gerechtigkeit für BIPoC (Black, Indigenous and People of Color) erreicht werden soll.«[4]

Es geht in der Betrachtung vergangener Zeiten dann weniger um eine sachliche Rekonstruktion und Analyse der Geschehnisse – die natürlich auch den Blick auf großes Unrecht, Gewalt und kolonialistische Verbrechen werfen müssen –, sondern um eine moralische Beurteilung der Historie nach unseren heutigen politischen und normativen Standards, in Absehung des historisch zeitgenössischen Denkens. Vergessen wird dabei, dass Moral einen »Zeitkern« (Reinhart Koselleck) hat. Eine Moral ist immer auch eingebunden in ihre Zeit, in bestimmte historische Umstände. Sie nistet sich ein in Narrative und Diskurse. Nur ein differenzierter Blick erlaubt es zu verstehen, was sich in der Vergangenheit ereignete, warum eine Person Bedeutung erlangte, ihr Denken relevant oder ein Kunstwerk berühmt wurde. Es ist schlichtweg fahrlässig und unhistorisch, in Absehung dieser Umstände unsere heutige moralische Elle zur Bemessung der Moral früherer Zeitgenossen anzulegen.

Doch genau dies macht die linke Identitätspolitik. Aus der unterstellten, alles überwölbenden weißen Schuld werden moralische und ideologische Imperative für Wissenschaft und Politik abgeleitet. Daraus wird ein Opfernarrativ für die Nicht-Weißen entwickelt, das dem Täternarrativ der Weißen und Mächtigen entgegengesetzt wird. Mit dem Vorwurf der strukturell rassistischen »hegemonialen westlich-eurozentristischen« Weltsicht und Ordnung soll dann die bisherige Geschichtsschreibung delegitimiert und umgeschrieben werden.

Dieser moralisch ausgeübte Druck ist nicht nur im Wissenschaftsbetrieb zu beobachten. Er reicht weit hinein in die Gesellschaft. Im Juni 2020 meldete die *New York Times* etwa, dass eine Statue, die den ehemaligen amerikanischen Präsidenten Theodore Roosevelt zusammen mit zwei indianischen Amerikanern in New York vor dem Museum of Natural History darstellt, abgebaut wird, weil sie rassistisch sei.

Mit Furor wird die Säuberung des öffentlichen Raums von umstrittenen historischen Zeugnissen, die jemand beleidigen oder im heutigen Sinne anstößig sein könnten, betrieben. Aber dies verhindert gerade eine lebendige Auseinandersetzung mit Personen, die man für ihr Handeln, ihre Aussagen oder ihre Kunst aus heutiger Sicht kritisiert. Was spricht denn gegen kleine Tafeln, die angefügt werden und das Kunstwerk oder die Statue einordnen und Anregung liefern für eine kritische Auseinandersetzung?

Der deutsch-amerikanische Politikwissenschaftler Yascha Mounk beobachtet beunruhigt, dass Konzerne in den USA ein überaus großes Verständnis für die Kritiker des strukturellen Rassismus aufbringen. Es geht in der Regel ganz schnell, sobald in den sozialen Medien Rassismus-Vorwürfe erhoben worden sind, werden immer mehr Menschen ohne eingehende Untersuchung von ihrem Posten entfernt.[5] Selbst in den amerikanischen Grundschulen und den vorbereitenden Schulen für die Highschool werden die Kinder inzwischen vielerorts den Ideen der Critical Race Theory folgend unterrichtet. Das hat in den USA dazu geführt, dass in einigen republikanischen Bundesstaaten ein Verbot dieser Lehre gefordert wurde. Die politische und gesellschaftliche Polarisierung in der Rassismus-Debatte hat auch nach der Abwahl Donald Trumps nicht abgenommen. In den USA und Großbritannien wird der Streit noch weit schriller und unerbittlicher geführt als bei uns. Zumal die Identitätslinke an den Hochschulen und im gesamten Bildungsbereich ihre Hegemonie bereits viel erfolgreicher ausgebaut hat. Wer den Dogmen der Critical Race Theory nicht folgt, riskiert seinen Job. Im Sommer 2020 schlossen sich in den USA 153 namhafte angloamerikanische Intellektuelle zusammen und kritisierten diese Polarisierung. Unter dem Titel »A Letter on Justice and Open Debate« plädierten sie im *Harper's Magazine* für mehr Liberalismus in der gesellschaftlichen Auseinandersetzung. Zu den Unterzeichnern gehörten unter anderem Mark Lilla, Margaret Atwood, Salman Rushdie, J. K. Rowling, Anne Applebaum, Francis Fukuyama, Louis Begley, Jonathan Haidt, Steven Pinker, Michael Ignatieff, Yascha Mounk, aber auch Linke wie Noam Chomsky.[6]

Viele glauben inzwischen, solche Appelle kämen zu spät und der Vormarsch der Identitätslinken mit ihren Dogmen des strukturellen Rassismus sei auch bei uns kaum noch zu stoppen, zumal er sich überall in Europa, in den Gesellschaften, an den Universitäten, den Unternehmen und der Politik ausbreite. Tatsächlich nimmt der moralische Druck dieses antirassistischen Furors nicht ab, sondern zu. Er wird sehr vehement von Aktivisten in staatlichen und sogenannten zivilgesellschaftlichen Institutionen ausgeübt. Und dem Druck wird zunehmend stattgegeben mit einer Förderpolitik der positiven Diskriminierung, nämlich der »Affirmative Action«, an Schulen, Hochschulen und staatlichen Institutionen, wie wir sie aus den USA nun schon länger kennen. Sie wird dann in Quotenpolitik nach ethnischen, sexuellen oder religiösen Gruppenzugehörigkeiten umgesetzt. Der von den Opferkollektiven unterstellte strukturelle Rassismus schwebt quasi über allem – entkoppelt von individuellen, konkreten rassistischen Handlungen oder Einstellungen. Und die Funktionsträger der weißen »Mehrheitsgesellschaft« beugen sich willig diesem moralischen Druck aktivistischer Minderheiten. Der Schuldvorwurf wird offensichtlich angenommen und mit einem Schuldgefühl erwidert. Die unterstellte kollektive Schuld verleitet angesichts der Gräuel des Kolonialismus und der Sklaverei die Gesellschaft zu paternalistischer Überkompensation gegenüber den nachgeborenen »Opfern« – angetrieben vom Wunsch, die Schuld zu tilgen. Vermeintliche Täter und vermeintliche Opfer bleiben so in einer reziproken, komplizenhaften Dynamik gefangen, die keine Ausflucht ermöglicht und einer sachlichen Aufarbeitung der Geschichte im Wege steht.[7]

In den alten Rassentheorien aus früheren Jahrhunderten ist der Begriff Rasse verwendet worden, um unveränderliche körperliche und biologische Merkmale einer Gruppe oder eines Volkes zu beschreiben. Diese Kategorisierung in Rassen ging in der Regel mit einer Hierarchisierung einher: hochwertig, minderwertig bis unwert. Die weiße Rasse galt als klar überlegen. In Europa mit seiner Kolonialgeschichte wurde der so propagierte Rassismus immer wieder in pseudowissenschaftlicher Manier mit Rassentheorien unterlegt.

Die fremdenfeindliche Identitätspolitik aufseiten der Rechten propagiert einen Rassismus, der die ethnische Homogenität eines Volkes anstrebt und biologistische wie auch kulturalistische Argumente zugunsten der Reinheit des »Volkskörpers« anführt, mit deren Hilfe auf eine ethno-kulturelle Identität gepocht wird. Die Neue Rechte spricht dann nicht vom Pluralismus von Individuen und ihren Lebensstilen, sondern vom sogenannten Ethnopluralismus, also nebeneinander existierende Ethnien mit ihrer je kollektiven Identität, die biologisch oder kulturell fundiert seien.[8]

Diese Reinheitsgebote und Reinheitsfantasien teilen linke und rechte Identitätspolitik im Übrigen auch mit dem politischen Islam und seinen Forderungen nach Abschottung gegenüber der westlichen »Mehrheitsgesellschaft« und den sogenannten Ungläubigen. Alle drei eint ihre Ablehnung des Universalismus der Menschenrechte und ihr Kampf gegen einen westlichen Liberalismus. Sie sind ideologisch mit einem ethnisch-kulturellen Rassismus verstrickt, der auf linker und islamistischer Seite im antirassistischen Gewand daherkommt.

Die Critical Race Theory enthält diese ideologischen Elemente, indem sie strikt zwischen Menschen weißer Hautfarbe und schwarzen beziehungsweise indigenen und People of Color unterscheidet. Zugleich wird den diversen Gruppen ein besonderer Wesenskern, eine unveränderliche Essenz, die in ihrer Leidensgeschichte und ihrer Kultur gründe, zugeschrieben. Diese essenziellen Merkmale dürfen nun keineswegs von anderen Gruppen kulturell angeeignet werden. Wenn dies vonseiten der weißen »Mehrheitsgesellschaft« geschieht, wie beispielsweise bei der Übernahme von Rastalocken als modische Haartracht oder der Übersetzung des Gedichts einer schwarzen Autorin von einer Weißen, konstatieren die Vertreter der kritischen Rassentheorie darin erneut einen Rassismus der Weißen. Eine Vermischung der Kulturen und Gebräuche wird deshalb abgelehnt und stattdessen Segregation und besondere Schutzräume für Nicht-Weiße gefordert. Das läuft auf die Separation von der »Mehrheitsgesellschaft« und die Forcierung von Parallelgesellschaften hinaus, also den Zerfall und die zunehmende Segmentierung der gesamten Gesellschaft in immer weiter auseinanderdriftende partikulare Einheiten. Schon die Einführung des Begriffs »Mehrheitsgesellschaft« ist deshalb theoretisches und politisches Programm und soll den Begriff der allgemeinen Gesellschaft eines Staates ablösen.

Rassismus-Debatte in Deutschland oder Rassismus ohne Rassen

Die USA haben im Verlauf ihrer Geschichte mit dem Sklavenhandel, der Sklaverei und der Eroberung des Landes samt der Tötung und Misshandlung von Indigenen ihre eigenen Erfahrungen gemacht. Europäische Länder wie die Niederlande, Frankreich, Spanien oder Großbritannien – und bedingt auch Deutschland – haben aufgrund ihrer Geschichte als Kolonialmächte wiederum andere Erfahrungen gemacht und andere Weisen des Rassismus entwickelt. Deutschland hat mit dem Nationalsozialismus und seiner Rassenideologie den Rassismus und Antisemitismus in einem grauenhaften Massenmord umgesetzt, der bis heute als singulärer Zivilisationsbruch gilt. Umso unhistorischer und analytisch unscharf ist vor dem Hintergrund dieser unterschiedlichen Geschichten der Wortgebrauch und die allseitige Unterstellung eines strukturellen Rassismus. Deshalb war auch die Diskussion über die Streichung des Begriffs der Rasse aus dem Grundgesetz aberwitzig. Übereifrige wähnten in der Beibehaltung des Worts bereits Rassismus. Und wollten es in einem Akt der Sprachmagie tilgen. Die Debatte zeigte im Übrigen, wie vergesslich und ignorant die Verfechter eines strukturellen Rassismus sind. Denn das Grundgesetz war ja die ausdrückliche Antwort auf den Rassenwahn der Nationalsozialisten.

Die unkritische Übernahme der Critical Race Theory aus den USA vernebelt letztlich den Blick auf tatsächlichen Rassismus hierzulande. Dass es weniger um die exakte Analyse der Realität geht als vielmehr um eine politische Agenda, zeigt die Übertragung des Rassismusbegriffs auf immer weitergreifende diskriminierte Bevölkerungsgruppen und Handlungsebenen. Die Kategorie wird ausgeweitet auf die Kultur, auf die soziale Klassenzugehörigkeit, auf das Geschlecht oder auf die Religion: Sexueller Rassismus ist dann Rassismus gegen Frauen, Schwule, Transsexuelle oder Queere; das sogenannte Diktat der Heteronormativität sei als solches struktureller Rassismus. Dieser Kulturrassismus versteht sich ausdrücklich als ein Rassismus ohne Rassen. Der systemische oder strukturelle Rassismus wiederum bezeichnet die Machtstrukturen und gesellschaftlichen Dynamiken, die Ungleichheit produzieren und erhalten, auf allen gesellschaftlichen Ebenen. Genau darin, so seine Verfechter, manifestierten sich die ungleichen Lebenschancen und ungleichen Zugänge zu sozialen Ressourcen. In Sprache und Machtdiskursen repräsentiere sich das rassistische Strukturprinzip. Es herrscht dann generell ein Rassismus ohne erklärte und handelnde Rassisten. In der Debatte um den Islam hören wir häufig von linken und muslimischen IdentitätspolitikerInnen den Vorwurf des Kulturrassismus und des »antimuslimischen Rassismus«. Die Vorwürfe gelten dann ausgerechnet jenen Personen, die Verachtung und Diskriminierung von Frauen oder Homosexuellen in muslimischen Gemeinschaften kritisieren. Diesen Kritikern wird dann noch obendrein der Vorwurf der Islamophobie gemacht – eine Bezeichnung, die Vertreter des politischen Islams kreiert haben. Es sind im Grunde Versuche, sich gegen jegliche Kritik zu immunisieren.

Der alte oder klassische Rassismus gründete in Vorstellungen von Rasse und Hautfarbe oder Fähigkeiten, die biologisch determiniert und unveränderlich waren. Demgegenüber bezieht sich der »moderne Rassismus«, auch »Neorassismus« genannt, auf kulturelle Unterschiede, Eigenheiten und Identitäten. Paradoxerweise beruft sich auch der Antirassismus just auf diese unterstellten Wesenheiten und Essenzen, die die Identität einer Gruppe ausmachen. Die Rede ist dann von kulturellen Unterschieden und dem »Recht auf Differenz«. Das bedeutet dann auch, die Toleranz gegenüber kulturellen Eigenarten wie beispielsweise die Verachtung von Frauen in einem Kulturkreis einzufordern. In jedem Fall zählt in diesem Antirassismus nicht das Individuum, sondern das Kollektiv und kollektive Eigenschaften, die dem Geschlecht, der Ethnie oder der Religion zugeschrieben werden. »Im Neorassismus«, so der französische Politikwissenschaftler und Soziologe Pierre-André Taguieff, »tritt die historisch-kulturelle oder ethnokulturelle Essenzialisierung des Differenten an die Stelle der somato-biologischen.« Allerdings, so hebt er hervor, ist der Essenzialismus keine Besonderheit rassistischen Denkens. Man begegne ihm inzwischen überall, nicht nur im Nationalismus, Ethnizismus oder Sexismus, sondern in allen Bereichen des sozialen Denkens. Das Denken in Kategorien des Essenzialismus ist Gruppen und daraus entwickelten Kollektividentitäten eigen, auf der linken ebenso wie der rechten, islamistischen oder evangelikalen Seite.[9]

Mit der Ausweitung und Überdehnung des Rassismusbegriffs, der Ausweitung der Opfergruppen werden dann tatsächliche rassistische Handlungen einzelner Personen in Wort und Tat immer weniger differenziert wahrnehmbar. Wenn er darüber hinaus als ständige omnipräsente Struktur gesehen wird, wird der Begriff als analytisches Instrument nur noch stumpf und banal. Deshalb ist es jenseits der großen Diskurse über den Rassismus hilfreich, wenn man sich dazu ein paar empirische Daten anschaut.

Rassismus in Theorie und Praxis

Die SPD-nahe Friedrich-Ebert-Stiftung hat zusammen mit dem Institut für interdisziplinäre Konflikt- und Gewaltforschung der Universität Bielefeld 2019 die sogenannte Mitte-Studie vorgelegt. Die Ergebnisse sind angesichts der Debatten über eine Zunahme des Rassismus erstaunlich. Der Anteil der Deutschen mit rassistischen Einstellungen hat sich nämlich in den letzten 20 Jahren fast halbiert, und zwar von 12,2 Prozent auf 7,2 Prozent.[10] Auch eine repräsentative Umfrage der Antidiskriminierungsstelle des Bundes von 2016/2017 kommt zu überraschenden Ergebnissen. Auf die Frage an Menschen mit Migrationsgeschichte, ob sie in den letzten zwei Jahren aufgrund ihrer Herkunft diskriminiert worden sind, antworteten gerade einmal 10 Prozent mit Ja. Das ist nicht erfreulich, aber auch kein Anlass zu der Annahme eines omnipräsenten und überbordenden Rassismus in unserer Gesellschaft. Offensichtlich fühlten sich 90 Prozent laut dieser Umfrage nicht diskriminiert.[11] Der Diskurs über Rassismus ist, so scheint es, ein anderer und wird von anderen geführt als sich der empirische Rassismus im Alltag Deutschlands für die Betroffenen darstellt.

Der Autor und Philosoph Philipp Hübl, Gastprofessor für Philosophie und Kulturwissenschaft an der Universität der Künste Berlin (UdK), erlaubte sich, in einem Kommentar im Deutschlandfunk Kultur im Frühjahr 2021 den Begriff des strukturellen Rassismus zu kritisieren. Ursprünglich galt eine Person als rassistisch, wenn sie andere aufgrund ihrer Ethnie oder Hautfarbe abgewertet und herabgewürdigt hatte. Völlig zu Recht beklagt Hübl die Überdehnung des Begriffs und die wahllose Verwendung in immer mehr gesellschaftlichen Feldern. Auf einen wichtigen Punkt in der Debatte hat er hingewiesen. Mit dem Begriff des strukturellen Rassismus wird nämlich der Unterschied zwischen Gleichheit, Gerechtigkeit und Ergebnisgleichheit eingeebnet. Schaut man sich Zahlen über Menschen mit Migrationsgeschichte auf dem Arbeitsmarkt an, so fällt auf, dass sie unterrepräsentiert sind. Ein Faktor ist laut Untersuchungen tatsächlich eine rassistische Diskriminierung. Doch andere Faktoren wie etwa Sprachkenntnisse, Bildung oder Eingebundensein in Freundeskreise in der »Mehrheitsgesellschaft« spielen mindestens eine ebensolche Rolle. Deshalb sei mit der diffusen Rede vom strukturellen Rassismus letztlich niemandem geholfen.

Die Folge dieser Einlassung war ein Shitstorm seiner Studenten und anderer Hörer auf Twitter. Dies wiederum brachte die Diversitätsbeauftragte der Hochschule zusammen mit einer Professorin auf den Plan, die den Kommentar in einem offenen Brief kritisierten. Die Universität der Künste Berlin arbeite derzeit an einer Diversitätsstrategie, um strukturellen Rassismus abzubauen. Eine Gruppe von Studierenden habe im letzten Jahr »mit beklemmender Evidenz auf institutionellen / strukturellen und Alltagsrassismus an der UdK verwiesen«.[12]

In ihrer Antwort verteidigen sie die Critical Race Theory und werfen folgerichtig Hübl vor, Menschsein mit Weißsein gleichzusetzen. Wenn man die Differenz zwischen »manifest rassistischem Verhalten und rassistischen und rassifizierenden Strukturen« nicht anerkenne, führe das zu genau jenen Verallgemeinerungen, die anderen unterstellt werden. Sie schließen damit, zum Internationalen Tag gegen Rassismus sei Hübls Einlassung ein irreführender Beitrag. Was schließen wir daraus? Wer die Kategorie des strukturellen Rassismus kritisiert, erweise sich eben dadurch als Rassist. Diese Immunisierungsstrategie gegenüber Kritik ist häufig zu beobachten.

Doch nicht nur in der Wissenschaft und auf dem Campus beobachten wir die Überdehnung des Rassismusbegriffs. Auch in der allgemeinen politischen Debatte ist er zum ideologischen Kampfbegriff geworden und dient AktivistInnen häufig als Allzweckwaffe. Der Streit um Namen wie zum Beispiel die Tilgung der »Mohrenstraße« in Berlin hat dies eindrücklich gezeigt. Es glich schon einer Posse, dass der Name ersetzt werden sollte durch den eines Komponisten, der Antisemit war, wie sich nach Recherchen herausstellte.

Und immer wieder wird die Polizei beschuldigt, rassistisch zu sein. Es gab tatsächlich rechtsradikale Netzwerke in Polizeibehörden. Und mit deren Aufdeckung ließ man sich oft allzu lange Zeit. Doch daraus einen Generalverdacht auf rassistische Grundhaltungen innerhalb der Polizei zu konstruieren, stellt eine ganze Berufsgruppe zu Unrecht an den Pranger. Der Vorwurf lautet »Racial Profiling«. Doch wenn sich das Drogenmilieu und die Dealer-Szene vornehmlich aus jungen Männern aus dem Maghreb zusammensetzen und arabisch-libanesische Clan-Kriminalität die deutschen Großstädte erschüttert, schauen die Verfolgungsbehörden natürlich genau, nach wem sie zu suchen haben und wie die potenziellen Straftäter aussehen könnten. Das hat mit Rassismus eigentlich nichts zu tun. Um politisch korrekt zu sein, sind Behörden sogar angehalten gewesen, die Herkunft von Straftätern zu verschweigen – auch wenn dies eine umfassende Aufklärung und Strafverfolgung erschwerte. Der Berliner Senat hat 2020 ein Antidiskriminierungsgesetz verabschiedet, in dem die Beweislast umgekehrt wird. Erhebt ein Tatverdächtiger den Vorwurf des Rassismus gegenüber einem Polizeibeamten, so muss dieser nun beweisen, dass er nicht aus rassistischen Gründen gehandelt habe.

Die Sozialpädagogik und verhaltenstherapeutische Ansätze haben schon länger Eingang in das Fortbildungsgeschäft in öffentlichen und privaten Einrichtungen gefunden. Besonders durchgesetzt hat sich das sogenannte Achtsamkeitstrainung. Neu hinzugekommen sind in den letzten Jahren Erweiterungen dieses Trainingsprogramms mit Elementen der Critical Race Theory beziehungsweise Critical Whiteness Theory. Ganz gezielt sollen Weiße lernen, sich ihrer Privilegien und latenten rassistischen Neigungen bewusst zu werden. Zivilgesellschaftliche Organisationen wie zum Beispiel Brot für Welt bieten unzählige Workshops an. Gerne werden die Gruppen dann nach ethnischer Zughörigkeit und Hautfarbe getrennt, um jeweils Safe Spaces zu schaffen, damit sich die Teilnehmenden in ihren jeweiligen Gruppen vermeintlich vorurteilsfrei und geschützt vor potenzieller Aggression austauschen und lernen können. Peggy Piesche, eine der einflussreichsten Vertreterinnen der Critical Race Theory, von der schon die Rede war im Zusammenhang mit dem Diversitätstraining für Führungskräfte an der Humboldt-Universität, ist auch als Referentin für die Bundeszentrale für politische Bildung häufig unterwegs. Wir können davon ausgehen, dass in diesem Feld auf Länderebene der sogenannte Racial Turn längst vollzogen ist und allseits Trainingseinheiten in Sachen Antirassismus durchgeführt werden. Auch der Bund und das Bildungs- und Familienministerium stellen inzwischen dafür große Summen zur Verfügung.

5. Angriff auf die Aufklärung – Abschied vom Universalismus

Critical Race und Critical Whiteness Theory, die Konzepte von White Privilege und White Fragility haben alle einen zentralen Bezugspunkt: den Verweis auf die Verbrechen und das Unrecht des europäischen und später amerikanischen Kolonialismus und den daraus erwachsenen Rassismus, der bis heute unsere Gesellschaften präge. Das Thema begegnet uns in den Postcolonial Studies, die inzwischen an vielen Hochschulen gelehrt werden, die über sozial- und geisteswissenschaftliche Fachbereiche verfügen, aber auch in den Naturwissenschaften Eingang finden. Es handelt sich um ein dezidiert gefordertes und angewendetes Programm zur Dekolonialisierung der Wissenschaften, nämlich die Dekonstruktion des als hegemonial verstandenen männlich-weißen Wissens. Denn dieses gesammelte Wissen und das daraus abgeleitete Selbstverständnis – der Rekurs auf die Aufklärung, die Erkenntnisprinzipien der Vernunft, der wissenschaftliche Kanon und seine Geschichte – repräsentiere die Fortsetzung der kolonialen, eurozentristischen, westlichen, weißen, männlichen Macht und Herrschaft. Das westlich-hegemoniale Narrativ der Geschichte und das gesammelte Wissen über sie müsse umgestülpt, gesäubert und aus der Opferperspektive neu geschrieben werden.

Auf der Website der Bundeszentrale für politische Bildung wird man zum Thema fündig. Unter der Überschrift »Kolonialismus und Postkolonialismus: Schlüsselbegriffe der aktuellen Debatte« wird beides erklärt und historisch eingeordnet. Obwohl die koloniale Epoche nach landläufiger Überzeugung Anfang der 1960er-Jahre geendet habe, nämlich als die meisten kolonisierten Nationen die staatliche Unabhängigkeit erhielten, wachse das Interesse am Phänomen des Kolonialismus stetig. Denn »koloniale Herrschaft und Ausbeutungsverhältnisse« seien wichtiger Bestandteil der Entwicklung der modernen Welt gewesen. Es habe eine enge Verknüpfung zwischen der Geschichte des Kapitalismus oder der Globalisierung mit der kolonialen Ordnung gegeben. Im Übrigen seien koloniale Beziehungen bis heute nicht vollständig verschwunden. Deshalb sei Kolonialismus ein hochaktuelles Thema. Ein Kasten in dem Artikel enthält eine Definition des Kolonialismusbegriffs: »Kolonialismus ist eine Herrschaftsbeziehung zwischen Kollektiven, bei welcher die fundamentalen Entscheidungen über die Lebensführung der Kolonisierten durch eine kulturell andersartige und kaum anpassungswillige Minderheit von Kolonialherren unter vorrangiger Berücksichtigung externer Interessen getroffen und tatsächlich durchgesetzt werden. Damit verbinden sich in der Neuzeit in der Regel sendungsideologische Rechtfertigungsdoktrinen, die auf der Überzeugung der Kolonialherren von ihrer eigenen kulturellen Höherwertigkeit beruhen.«[1]

Im Folgenden werden die unterschiedlichen historischen Ausformungen des Kolonialismus dargestellt und Verbindungslinien zum Imperialismus gezogen. Die Industrialisierung, die Herausbildung der Nationalstaaten, die Anbindung an transnationale wirtschaftliche Zusammenhänge und die Globalisierung der Märkte forcieren die Kolonialisierung und bedingen sich gegenseitig. In dem so beschriebenen »kolonialen Projekt« spielen sich Kapitalismus, Globalisierung und Imperialismus in die Hände. Die moderne Epoche des Kolonialismus zeichne sich »durch eine ideologische Legitimierung aus, die sich auf die mit universalem Anspruch formulierten Werte der Aufklärung sowie auf die vorgeblich objektiven Prinzipien der modernen Wissenschaften berief«.

Es ist erstaunlich, wenn wir auf der offiziellen Website der Bundeszentrale für politische Bildung lesen, dass die universalistischen Prinzipien der Aufklärung letztlich die Legitimationsgrundlage für das große koloniale Projekt gewesen sein sollen. Obendrein werden auch die »vorgeblich objektiven Prinzipien der modernen Wissenschaften« in Zweifel gezogen, weil sie dem Kolonialismus Vorschub geleistet hätten. Diese Anwürfe hören wir ja seit Jahren vonseiten der Critical Race Theory beziehungsweise der Critical Social Justice Theory, die der Sammelbegriff für die diversen Critical Theories ist.

Weiter heißt es auf der Website: Der Kolonialismus sei Bedingung und zentrale Ingredienz der politischen Ordnung der Welt gewesen, »aber auch der rechtlichen und ideologischen Legitimierung dieser Ordnung«. Die Vorstellungen von Modernisierung oder Entwicklung seien prinzipiell kolonial konnotiert gewesen.[2]

Dass eine kritische Aufarbeitung der Kolonialgeschichte in Europa sinnvoll ist und der Ergänzungen sowie der Revisionen bedarf, dürfte niemand bestreiten. Und dass es in der Wissenschaftsgeschichte Strömungen gab, die die Kolonialisierung begrifflich affirmiert und koloniale Verbrechen verharmlost haben, steht auch nicht infrage. Doch das, was wir heute in den Postcolonial Studies und den damit verknüpften andere Critical Social Justice Theories beobachten, ist in einer Weise ideologisch und politisch aufgeladen, dass von kritischer wissenschaftlicher Analyse, Methode und Auseinandersetzung kaum noch die Rede sein kann. Aus Theorien sind Ideologien geworden.

Vordenker des Postkolonialismus

Anfänge einer Theorie des Postkolonialismus finden sich bei dem Schriftsteller und späteren Politiker Aimé Césaire aus Martinique und Léopold Sédar Senghor, dem ersten Präsidenten Senegals. Diese ersten postkolonialen Denker waren Intellektuelle aus den ehemaligen Kolonien, die seit den 1930er-Jahre ihre Ideen im Zuge der antikolonialen Befreiungskämpfe und der Dekolonialisierung mit politischem Aktivismus verbanden. Auf Césaire und Senghor geht eine literarisch-politische Bewegung zurück, die sich Négritude nannte. Diese vorwiegend frankophonen Intellektuellen waren bestrebt, ein »schwarzes Bewusstsein« und damit eine Steigerung des eigenen Selbstbewusstseins in Afrika zu wecken und zu fördern. Zugleich kritisierten sie aufs Schärfste den Kolonialismus und die westliche Hegemonie. Bereits damals war die Suche nach Identität und die Unterscheidung vom weißen Europa, dem sie Eurozentrismus vorwarfen, nicht nur in ihren Ursprungsländern, sondern auch in der Diaspora ein zentrales Thema. Gedanklich bewegten sie sich im Marxismus und zugleich in Kreisen der Surrealisten.

Der Psychiater Frantz Fanon hat in seinen Schriften oft auf die Négritude Bezug genommen. Er stammte ebenfalls aus der französischen Kolonie Martinique und arbeitete später als Chefarzt in einer Klinik in Algerien. Fanon spielte während der algerischen Revolution und des Unabhängigkeitskrieges eine wichtige Rolle. Sein Hauptwerk war *Die Verdammten dieser Erde*, Jean-Paul Sartre schrieb das Vorwort. Sie standen bis zu Fanons Tod an Leukämie 1961 im Kontakt miteinander. Intensiv hatte sich Fanon mit Karl Marx, Georg Wilhelm Friedrich Hegel, Friedrich Nietzsche, Sigmund Freud und Carl Gustav Jung beschäftigt. In seinem ersten Buch *Schwarze Haut, weiße Masken* (1952) untersuchte er, in welcher Weise Unterdrückung und Rassismus die Kolonialisierten beeinflusste und welche Folgen dies für ihre Selbstwahrnehmung hatte. Anfangs war er ein Anhänger der Négritude-Bewegung, kritisierte dann aber deren positive Bezugnahme auf eine präkoloniale Vergangenheit der Schwarzen. Seine Erfahrungen im Algerienkrieg radikalisierten ihn zunehmend. Er war davon überzeugt, dass die Befreiung der Kolonialisierten nur in Akten »reinigender Gewalt« gelingen könne. Dies schloss für ihn auch eine radikale Befreiung vom Denken in westlich-europäischen Kategorien und Werten ein. Denn in seinen Augen dienten sie nur dazu, Unterdrückung und Kolonialismus zu legitimieren und festzuschreiben. Er arbeitete eng mit den Vertretern der antikolonialen Bewegungen in verschiedenen Ländern zusammen und besuchte als Repräsentant der Provisorischen Regierung Algeriens Ghana, Liberia und den Senegal. In *Die Verdammten dieser Erde* hat er die Vision einer Art sozialistischen Revolution für ganz Afrika entwickelt. Vom klassischen Marxismus hatte er sich inzwischen entfernt. Deshalb war selbst das städtische Proletariat in der sogenannten Dritten Welt in seinen Augen rückständig. Revolutionäre Tendenzen sah er vor allem in den bäuerlichen Massen, denen sich die solidarischen Intellektuellen anzuschließen hätten. Das neue revolutionäre Subjekt war für ihn die afrikanische Bauernschaft, die sich gewaltsam erheben müsse. In seinen Schriften finden sich widersprüchliche Äußerungen zu kollektiven Identitäten wie etwa zur Nation oder zum Volk. Heute beziehen sich deshalb gleichermaßen Befürworter und Kritiker der Identitätspolitik auf ihn. Fanon markiert in seinem Denken den Übergang vom marxistischen zum post- und neomarxistischen Denken der Linken. Sein Buch wurde in der Studentenbewegung und später in den Neuen Sozialen Bewegungen der 1970er- und 1980er-Jahre regelrecht verschlungen. Er lieferte wichtige Bausteine, die sich die Critical Race Theory aneignete.

Anknüpfen an Fanons Gedanken konnte in jedem Fall der in der Nachfolge einflussreichste Vordenker der postkolonialen Theorie, Edward Said. Der in den USA lebende Literaturwissenschaftler christlich-palästinensischer Herkunft engagierte sich Zeit seines Lebens für die Palästinenser und kritisierte Israel. Sein im Jahr 1978 erschienenes Buch *Orientalismus* zählt zu den einflussreichsten Sachbüchern. Darin kontrastiert er den kolonialen und imperialen Okzident mit dem unterworfenen Orient. Der Westen hätte sich mit seinen Ideen und Ideologien eine Projektion des ganz Anderen von sich selbst geschaffen.

Mit dem Begriff Orientalismus kritisierte Said den vorgeblich eurozentrischen und westlichen Blick auf die arabische Welt und den Nahen Osten. Dieses Denken diene nur der westlichen Herrschaft über den Orient, zeige sein fortgesetztes Überlegenheitsgefühl und seinen strukturellen Rassismus. Die europäische Aufklärung sei ein Diskurs, der diesen Herrschaftsanspruch nur vernebeln würde. In diesem Zusammenhang unterstellte er dem Westen darüber hinaus eine bis heute währende tiefsitzende Islamfeindlichkeit. Diese Erbschaften des Kolonialismus würden weiterhin das westliche Denken und Handeln prägen und antreiben. Said war überzeugt davon, dass die Behandlung der Ureinwohner durch aus Europa nach Amerika eingewanderte Europäer ebenso westlicher Kolonialismus und Rassismus sei wie die Gründung des Staates Israel.

Auffällig ist bei Said und seinen Nachfolgern in den Postcolonial Studies, dass die Einführung der Sklaverei und des Rassismus nur den weißen, europäischen Kolonisatoren zugeschrieben wird. Doch war dies keineswegs ein Spezifikum der europäischen, westlichen Moderne. Zwischen 1530 und 1780 wurde rund eine Million Europäer unter den osmanischen Regentschaften Algier, Tunis, Tripolis und dem Sultanat Marokko versklavt, so der amerikanische Historiker Robert C. Davis. Außerdem gab es die Versklavung von Afrikanern durch Araber, den sogenannten arabo-islamischen Sklavenhandel[3] (nach Tidiane N'Diaye). Damit soll die umfangreiche transatlantische Sklaverei nicht kleingeredet werden. Die Behauptung, der Rassismus sei einzig eine eurozentristisch-westliche Erfindung, entspricht deshalb nicht den historischen Fakten.[4]

Der aus Kamerun stammende Historiker und Politikwissenschaftler Achille Mbembe ist heute einer der führenden Theoretiker des Postkolonialismus. Erzogen von Dominikanern, studierte er an der Pariser Sorbonne und lehrte an unterschiedlichen Universitäten in den USA, inzwischen in Johannisburg. Im Jahr 2000 ist sein Buch *Postkolonie. Zur politischen Vorstellungskraft im zeitgenössischen Afrika* in Frankreich erschienen. In Anknüpfung an Frantz Fanon und Edward Said wirft er Europa und Amerika vor, das westliche Denken über und die Sichtweise auf Afrika sei eine Projektion. Der Westen sei in seine koloniale Schuld verstrickt, versuche dies zu leugnen und sei gleichzeitig in einem Wiederholungszwang gefangen. Er mischt diese Ideen mit Elementen aus Michel Foucaults Macht- und Herrschaftskritik, die er erweitert. Sein nachfolgendes Buch *Kritik der schwarzen Vernunft* wurde in viele Sprachen übersetzt und war ein Bestseller. Darin versucht er den globalen Kapitalismus aus dem transatlantischen Sklavenhandel heraus zu erklären. In seinen Augen führt die neoliberale Globalisierung der Welt diesen Herrschafts- und Ausbeutungszusammenhang fort. Verpönte Begriffe wie »Rasse« und »Neger« benutzt er mutwillig, um darauf hinzuweisen, dass es sich um eine rassistische Konstruktion handelt, die zugleich den strukturellen Rassismus der realen Welt belege.[5]

Er kombiniert in seiner postkolonialen Theorie die alte linke, marxistische, politökonomisch orientierte Kapitalismus- und Imperialismuskritik mit Elementen postmoderner Theorien. Deren Macht- und Diskurskritik ist weniger auf ökonomische Strukturen denn auf die Dekonstruktion des liberal-bürgerlichen Selbstverständnisses der Moderne gerichtet (siehe Kapitel 9).

Achille Mbembe sorgte in den letzten Jahren für einige Erregung im sogenannten Historikerstreit 2.0 – der auch aus den USA geführt wird – über linken Antisemitismus und die Relativierung des Holocaust von links (siehe Kapitel 11). Auch er propagiert wie viele postkoloniale Denker und Denkerinnen, unter anderen auch die Gendertheoretikerin Judith Butler, die Staatsgründung Israels und die daraus folgende Vertreibung der Palästinenser seien ein Höhepunkt in der Geschichte des westlichen Kolonialismus gewesen – eine Einschätzung, die sich inzwischen auch in Deutschland vor allem in Kulturinstitutionen erstaunlich weit verbreitet hat. Die Juden im Staat Israel seien kolonialistisch und rassistisch in ihrer Siedlungspolitik gegenüber den Palästinensern und Bürgern umliegender arabischer Staaten. Sie würden ähnliche Methoden anwenden wie die Nationalsozialisten gegenüber den Juden, Methoden im Übrigen, die allen Kolonisten eigen seien. Doch mit dieser Argumentation wird der westliche Kolonialismus die alles überwölbende Herrschaftsform und die daraus folgenden Gräuel und Verbrechen die höchste Form von Grausamkeit. Damit wird die Singularität der nationalsozialistischen Verbrechen gegenüber den Juden relativiert. Denn sie werden eingereiht und subsumiert unter die weltweiten westlichen Kolonialverbrechen. Der Grund, warum bisher an der Singularität und dem Gedächtnis des Holocausts festgehalten wurde, so die Vorhaltung, sei einzig der Tatsache geschuldet, dass die europäischen Juden Weiße gewesen seien. Anhand dieser Positionen kann man unschwer nachvollziehen, wie der antikoloniale Antirassismus, von dem bisher die Rede war, sich mit linkem Antisemitismus vermählt.

Anschlussfähig ist diese Denkfigur auch für Aktivisten des politischen Islams, die einen strukturellen »antimuslimischen Rassismus« westlicher Gesellschaften beklagen. Sie sind ebenfalls recht aktiv an den Universitäten und besonders in den Postcolonial Studies unterwegs. Ihr Kampf gegen die westlichen Werte und Errungenschaften der Moderne ist schon lange gepaart mit einer militanten Israelfeindlichkeit. In Frankreich, davon war schon die Rede, wird dieses Bündnis mit dem Begriff »Islamogauchisme« bezeichnet. Und die Islamisten selbst wollen bekanntermaßen seit Jahrzehnten den Staat Israel auslöschen.[6]

Die »westlich-eurozentristische« Tätergesellschaft am Pranger

Den Denkern des Postkolonialismus geht es um eine ganz prinzipielle Kritik des Westens, seiner liberalen Werte, seiner ökonomischen und politischen Strukturen, seiner gesellschaftlichen Lebensweisen und seiner Wissenschaftstraditionen. Die ursprünglich stark marxistisch-ökonomisch grundierten Denkansätze dieser Kritik sind mittlerweile verwoben mit vielen Elementen der postmodernen Theorien, aus dem Konstruktivismus ebenso wie aus dem Dekonstruktivismus. Ihnen ist eine radikale Kritik der Denktraditionen der westlichen Moderne eigen. Besonders ausgeprägt findet man dieses postmoderne Denken in der französischen Philosophie. Vor allem Michel Foucault ist bei den postkolonialen Denkern beliebt. Seine Machtkritik und die Ausführungen über Wissen als Machtinstrument sind fragmentarisch immer wieder auszumachen. Sprache konstruiert Wissen und Erkenntnis, aber auch das gesamte soziale Leben. Machtvolle Gruppen in der Gesellschaft führen den Diskurs und definieren, was Erkenntnis und

Wissen zum Gegenstand haben und wie es dann konfiguriert ist. Es hat derjenige die Macht, der die Diskurshoheit innehat. Deshalb ist in neueren wissenschaftlichen und gesellschaftlichen Debatten ständig vom Narrativ die Rede, also eine sprachliche Fassung und Erzählung, die das eigene aktuelle oder historische Selbstverständnis und Selbstbild von Gruppen, Kulturen oder auch Nationen darstellt. Der Begriff ist heute eng verwoben mit der Identitätspolitik, die von diversen Narrativen unterschiedlicher Opfergruppen ausgeht. Ziel ist es, das bisherige Narrativ über die Erfolge und Errungenschaften der westlichen Zivilisation auf dem Weg zu Freiheit und Demokratie der Gesellschaften wie der Individuen zu zerlegen, das heißt zu dekonstruieren. Und in der Folge auch die Machtverhältnisse umzukehren. Deshalb spielt Sprachpolitik und die geforderte Veränderung von Sprachgewohnheiten eine solch große Rolle.

Die postkolonialen Denker werfen der westlichen europäischen Kultur vor, sich mit ihrem eigenen Denken den Osten konstruiert zu haben. Das heißt, der westliche Diskurs habe den Orient erst erschaffen. Deshalb steht die Dekonstruktion des politisch, ökonomisch und ideengeschichtlich hegemonialen Westens auf der Agenda, was eine Neuschreibung der Geschichte aus der Perspektive der Unterdrückten bedeutet. Nur damit würde es letztlich gelingen, den Orient wieder für die ehemals und aktuell Kolonisierten zurückzuerobern. Dabei geht es um die Dekonstruktion bisheriger Herrschaftsverhältnisse und zugleich mittels Politik aktivistischer Gruppen um eine Rekonstruktion des Eigentlichen des Orients, um die westlich überformte ursprüngliche kulturelle Essenz unterdrückter Gruppen. Das ist gemeint mit dem Kulturalismus postkolonialer Theorien und ihrem damit verbundenen Essenzialismus, von dem schon die Rede war.

In der postmodernen und postkolonialen Kritik wird dem Westen unterstellt, er habe die Idee, dass Vernunft und Wissenschaft maßgeblich für den Erfolg und den Fortschritt der Zivilisation seien, nur konstruiert. Dabei diene diese Idee letztlich nur dazu, die eigene Macht zu erhalten und fortzusetzen. Mit dem Beharren auf den universellen Werten der Aufklärung würden alle anderen Weisen der Erkenntnis und Erkenntnisproduktion, die nicht rational und nach diesen Vorgaben nicht wissenschaftlich seien, entwertet. Deshalb, so die Forderung, müsse eine Umwertung stattfinden und das weiße Denken des Westens entwertet werden. Nur so könne überhaupt wieder ein Gleichgewicht hergestellt werden.

Das Paradoxe an diesem ideologischen Angriff auf den Westen ist aber, dass gerade Denker der Aufklärung die Grundlagen für Machtkritik, für die Forderung nach Gleichberechtigung, das Ende traditioneller Herrschaftsstrukturen und die radikale Kritik an der alten Ständegesellschaft gelegt haben. Martin Luther King hat sich zum Beispiel in seinem Kampf für die Bürgerrechte der Schwarzen ausdrücklich auf Hegel und dessen Freiheitsbegriff bezogen. Die Postkolonialisten und heutigen Propagandisten der Critical Social Justice Theory und der Critical Race Theory verwerfen indes auch Hegel und halten ihm Rassismus vor. Doch nutzen sie nach wie vor Ideenfragmente des so heftig angeklagten westlichen Denkens: vulgärmarxistische Splitter, auch wenn die Klassentheorie von Karl Marx und Friedrich Engels verworfen wird, Bruchstücke leninistischer Imperialismustheorien, gepaart mit Elementen der frühen Kolonialismuskritik. Vor allem aber eignen sie sich banalisierte Ideen der postmodernen französischen Denker an und verweben sie in ihren Critical Social Justice Theories. Neben Foucault greifen sie auf Jacques Derrida, Jean-François Lyotard, Jean Baudrillard oder auch den Psychoanalytiker Jacques Lacan zurück. Auch der italienische Philosoph Antonio Gramsci, Mitbegründer der Kommunistischen Partei in seinem Land, spielt in diesem Patchwork der Ideen eine wichtige Rolle. Zum einen eignet er sich als Bezugsgröße wegen seiner frühen Kolonialismuskritik anlässlich der italienischen Politik gegenüber Libyen und Eritrea. Aber viel wichtiger ist in diesem Zusammenhang seine Theorie der kulturellen Hegemonie, die er während seiner Zeit im Gefängnis Ende der 1920er-Jahre entwickelt hat.[7]

Der Staat beziehungsweise die jeweiligen Machthaber könnten eine ideologische und kulturelle Hegemonie nicht einfach verordnen und herstellen. Denn sie sei stetig im Wandel und müsse immer wieder neu errungen und aufrechterhalten werden. Der Kampf um die Hegemonie spielt sich deshalb vor allem in der Zivilgesellschaft ab. Mittels der Institutionen der Zivilgesellschaft ist es erst möglich, eine kulturelle Hegemonie bestimmter Ideen durchzusetzen und zu erhalten. Es ist jener Kitt, der letztendlich der Machterhaltung einer Gruppe im Staat dienlich ist. Gramsci ging es zu seiner Zeit um Strategien, wie mit den Ideen der Kommunistischen Partei die kulturelle Hegemonie und in der Folge die Macht zu erringen sei. Kollektiver Aktivismus zählt zu dieser Strategie ebenso wie gezielte Publikationen und die Kooperation mit etablierten Kultureinrichtungen. Wichtig sei auch die Neuschaffung von Institutionen. Es geht dabei um die Infiltrierung des öffentlichen Diskurses mit den eigenen Ideen und kulturellen Werten, um sie auf diesem Weg in die Gesellschaft hineinzutragen. Wenn es also Schritt für Schritt gelingt, die kulturelle Hegemonie im gesellschaftlichen Diskurs zu erlangen, ist der Weg zur Erringung der Macht, sei es mit Wahlen oder mit einer Revolution, geebnet. Da in den bürgerlichen Gesellschaften des Westens der Staat nicht nur über politische Macht, sondern auch über kulturelle Macht verfügt, ist eine Revolution nicht einfach auf den Weg zu bringen. Deshalb sei der Weg klüger, Zug um Zug mit der Transformation der allgemeinen Vorstellungen der Bürger und Bürgerinnen die Eroberung der kulturellen Hegemonie zu erringen. Es gehe letztlich darum, den Glauben der Mehrheit an den Status quo des gesellschaftlichen Zustands und der Machtverhältnisse zu unterminieren und Alternativen zu verbreiten. Der Weg zur Erringung der politischen Macht gelingt demnach nur, wenn eine soziale Gruppe mit ihren Ideen zunächst die kulturelle Macht und Hegemonie erlangt.

Gramscis Ideen haben später auch maßgeblich Michel Foucault und den Soziologen Pierre Bourdieu beeinflusst. Für linke Bewegungen und Parteien ist sein Konzept der kulturellen Hegemonie immer noch von großer Bedeutung. Es ist unschwer zu erkennen, dass auch in den Strategien der Vertreter des Postkolonialismus und der anderen Critical Social Justice Theories Gramscis Konzepte eine wichtige Rolle spielen, um die Grenzen des Denk- und Sagbaren zu verschieben und neu zu justieren, neue Begriffe einzuführen mit dem Ziel, eine kulturelle Hegemonie zu erlangen. Zugleich ist es nicht verwunderlich, dass auch Gruppen und Parteien der Neuen Rechten sich für ihre politischen Strategien an den Ideen Gramscis bedienen. Da stört es offensichtlich gar nicht, dass er Marxist gewesen ist.

Das Programm der Dekolonialisierung

Die postkolonialen Theorien wollen den Westen dekonstruieren, das heißt eine Dekolonialisierung auf ganzer Linie und vielen Ebenen durchsetzen. Diese Forderung wird seit Jahren nicht nur in der Theorie erhoben, sondern dezidiert mit dem Anspruch verknüpft, in die Gesellschaft hineinwirken und sie transformieren zu wollen. Es geht dabei nicht nur um kleine Reformen, sondern um die Veränderung grundsätzlicher Machtstrukturen: aus der beklagten Ohnmacht soll endlich Macht werden mit der Konsequenz, die Eliten auszuwechseln. Theorie und Aktivismus sind deshalb eng miteinander verwoben. Die Identitätspolitik ist die dezidierte Anwendung der Critical Social Justice Theory und der damit verbundenen Critical Race Theory.

Theorie und wissenschaftliche Praxis sind inzwischen davon derart politisch und moralisch aufgeladen, dass die Freiheit der Wissenschaft ernstlich bedroht ist. In Frankreich wird heftig um die linke kulturelle Hegemonie gerungen. Aber besonders ausgeprägt ist dieser Kulturkampf in den USA und Großbritannien. Er ist längst auch in Deutschland angekommen.

Bereits 2015 gab es eine groß angelegte studentische Kampagne der National Union of Students of the Untied Kingdom (NUS) unter dem Motto »Why is My Curriculum White?« und 2016 die Aktion #LiberateMyDegree.[8] Es ging in diesen Kampagnen darum, weiße Studenten aus Ländern ehemaliger Kolonialmächte in ihrem Selbstverständnis zu verunsichern. Sie sollten sich angesichts der ihnen vorgehaltenen kollektiven kolonialen Schuld persönlich schuldig fühlen für ihre Vorfahren und Abbitte leisten. Ziel war und ist es, den Studentenanteil der People of Color aus ehemals kolonialisierten Ländern zu erhöhen und jenen der Weißen zu verringern.

Die Universität Cambridge hat inzwischen, wie andere Hochschulen auch, eine Untersuchung begonnen, in welcher Weise sie als Institution in den Sklavenhandel oder andere Formen der Zwangsarbeit während der Kolonialzeit verwickelt war. Darüber hinaus soll genauso geprüft werden, ob Wissenschaftler die öffentliche und politische Meinung geprägt haben, indem sie »rassische Einstellungen unterstützt, bekräftigt und gelegentlich angefochten haben«. Zwei Wissenschaftler vom Zentrum für afrikanische Studien sind damit beauftragt, die Archive der Universität und der Fakultäten daraufhin auszuwerten. In Oxford am St. John's College arbeitet man in ähnlicher Manier an diesem Thema. Inzwischen ist die Forderung erhoben geworden, dass alle Hochschulen in dieser Weise ihre Vergangenheit bearbeiten müssten. Auch die Rektoren-Organisation Universities UK fordert die

Entkolonialisierung des Lehrplans, um dezidiert Studenten aller Minderheiten proaktiv zu fördern und Leistungsgefälle zwischen Weißen und People of Color auszugleichen.[9]

Ebenso sind die Altertumswissenschaften von Dekolonialisierungsvorhaben betroffen. Die Vereinigung nordamerikanischer Altertumsforscher in der Society for Classical Studies (SCS) ist seit 2014 mit diesem Thema beschäftigt. Dass man sich kritisch auch mit der eigenen Wissenschaftsgeschichte auseinandersetzt, liegt auf der Hand. Und selbstverständlich muss man sich mit ethnischer Diskriminierung und sozialen Ausschlüssen in der griechisch-römischen Antike beschäftigen. Doch auch in diesem Fach geht es um weit mehr als eine kritische Revision. Die westliche Zivilisation selbst ist Gegenstand der radikalen Kritik. Unter dem Banner »decolonize the Classics« verbreitet sich auch hier die Critical Race Theory in großer Geschwindigkeit. Einer der führenden Köpfe in dieser Kampagne ist Dan-el Padilla Peralta. Er lehrt klassische Altertumswissenschaften in Princeton. Und fordert »Racial equity«, also rassische Gerechtigkeit. 2019 wurde Peralta auf einem Treffen der SCS sehr konkret: »Weiße Männer werden das Privileg aufgeben müssen, dass ihre Worte gedruckt und verbreitet werden.« Sie sollten sich zurücknehmen zugunsten der People of Color, farbigen Frauen und »gender nonconforming scholars«. »Jede farbige Person, die künftig publiziert wird, nimmt dann einem weißen Mann den Platz weg, dessen Worte in dieser Zeitschrift hätten erscheinen können oder auch erschienen sind. Und das wäre eine Zukunft, nach der man streben sollte.« Damit wird aber das bisher in der wissenschaftlichen Publikationspraxis übliche Double-blind-Peer-Review-Verfahren und die Prüfung durch anonyme Gutachter ausgehebelt. Dieses Verfahren sollte Texte, ihre Qualität, Stimmigkeit und Evidenz gerade unabhängig von der Identität des Verfassers prüfen, der währenddessen unbekannt bleiben sollte. Und nun soll gerade das umgekehrte Verfahren eingeführt werden, nämlich ausdrücklich die Auswahl der Autoren nach Ethnie, Hautfarbe, Geschlecht oder Religion stattfinden.[10] Es ist die Abkehr von einem Prinzip der Objektivität und Sachhaltigkeit, das subjektive Faktoren in der Beurteilung von wissenschaftlicher Forschung und Publikation möglichst ausschließen wollte. Im Kampf gegen den strukturellen Rassismus soll nun der Inhalt der Arbeit weniger wichtig sein als die ethnische Herkunft und

Identität der Autoren. Das ist gemeint, wenn vom umgekehrten Rassismus die Rede ist.

Die Debatten über einen angeblich strukturellen Rassismus in den Wissenschaften werden inzwischen auch in den Naturwissenschaften geführt. Attackiert wird die Hegemonie des weißen Mannes in allen Winkeln des Denkens. Sogar in der weltweit angesehenen Zeitschrift *Nature* heißt es im Editorial im Mai 2021: »Rassismus in der Wissenschaft ist endemisch, weil die Systeme, die wissenschaftliches Wissen produzieren und lehren, seit Jahrhunderten Personen anderer Hautfarbe und unterrepräsentierte Gruppen marginalisiert und misshandelt haben.« Deshalb werden wissenschaftliche Organisationen ausdrücklich aufgefordert, den Kampf gegen Rassismus als Ziel in ihre Arbeit zu integrieren.

In den USA ist mittlerweile auch die Dekolonialisierung des musikalischen Kanons gefordert worden. Dass vor allem weiße Männer als Komponisten gefeiert, gespielt und gelehrt werden, sei ein ausdrückliches Zeichen von Rassismus. Dies spiegele sich im gesamten Musikbetrieb wieder. Doch auch die Musikausbildung wird infrage gestellt: Wenn in der Ausbildung das Singen vom Blatt gefordert wird, sei dies Ausdruck der alten »missionarischen und kolonialen Praxis«. Zugunsten der Diversität und im Rahmen der Dekolonialisierung sollte dies besser abgeschafft werden. Die Musiktheorie sei eindeutig weiß, sagte Philipp Ewell, und spricht von »performativem Rassismus«.[11]

Die Kampagnen zur Dekolonialisierung in den angelsächsischen Universitäten und Schulen haben schon erfolgreich neue Fakten geschaffen. In Frankreich geschieht dies ebenso. Und in Deutschland beobachten wir diese Entwicklung nicht nur in den Universitäten und im Kulturbetrieb, sondern mittlerweile auch an Schulen. Ausdrücklich hat die neue Ampelregierung in ihrem Koalitionsvertrag Ende 2021 aufgeführt, einen »Lern- und Erinnerungsort Kolonialismus« zu schaffen. Die Debatte über die Aufarbeitung des Kolonialismus und die Rückgabe geraubter oder zu Unrecht angeeigneter Kunstwerke in deutschen Museen wird seit einigen Jahren rege geführt. Dass man neu über die Darstellung der Länder Afrikas, Asiens oder der arabischen Halbinsel nachdenkt und Ausstellungskonzepte revidiert, gehört zum notwendigen Handwerk im Kunst- und Wissenschaftsbetrieb. Auch über die Rückgabe von Objekten an die Herkunftsländer soll natürlich gestritten werden. Doch wenn diese Debatte ständig überwölbt ist vom moralischen und politischen Vorwurf der westlichen, kolonialen Kollektivschuld und nach Buße und Läuterung verlangt wird, ist dies einer sachlichen Neubetrachtung und Lösung von Konflikten – etwa in Fragen der Entschädigung – kaum dienlich.

Die rot-rot-grüne Koalition in Berlin hat Ende 2021 in ihrem Koalitionsvertrag beschlossen, Berliner Schulen diskriminierungsfrei zu gestalten. Das ist sehr löblich, auch die Absicht, das Personal diverser aufzustellen. Doch darüber hinaus sollen auch die »Rahmenlehrpläne und Lehr- und Lernmaterialien Rassismus- und kolonialkritisch überarbeitet« werden. Außerdem sollen »Diversity- und Queer-Kompetenzen in allen pädagogischen Berufen und das Themenfeld der sexuellen Vielfalt und Identität« gestärkt werden. Spätestens hier wird klar, dass die Critical Social Justice Theory und die Critical Race Theory auch bei uns nicht nur in der Theorie, sondern in handfester Praxis angekommen ist.

6. Die großen Übel der Welt: Kolonialismus, Kapitalismus, Patriarchat

Postcolonial Studies und Gender Studies als Speerspitze der Transformation

Gayatri Chakravorty Spivak ist eine der wichtigsten Theoretikerinnen des Postkolonialismus. Sie lehrt an der New Yorker Columbia University Literaturwissenschaft. 1988 erschien ihr viel beachtetes Essay *Can the subaltern speak?* und 1999 auf Deutsch ihre *Kritik der postkolonialen Vernunft*.[1] Sie ist für unseren Zusammenhang besonders interessant, weil sie Postkolonialismus und Feminismus, also die Postcolonial Studies und Critical Race Theory mit den Gender Studies kombiniert. In ihren philosophisch-theoretischen Texten greift sie auf Ideen von Karl Marx ebenso zurück wie auf Antonio Gramsci. Sie sieht sich als Mittlerin zwischen neomarxistischen Positionen aus der Kritischen Theorie der Frankfurter Schule und postmodernen Ansätzen des Dekonstruktivismus. Ihr Augenmerk gilt den Überschneidungen von Unterdrückung und Diskriminierung aufgrund der Zugehörigkeit zu einer Kultur, einem Geschlecht oder einer sozialen Klasse. Sie teilt mit anderen postkolonialen Denkern den Vorwurf, Europa setze über die Definition der Kolonien als das ganz Andere des europäischen Kontinents und dessen Selbstverständnis auch in postkolonialen Zeiten die Unterdrückung fort. Damit würde das tatsächlich Andere der ehemals kolonisierten Länder verschleiert. Ein Beispiel ist für sie der Umgang mit den Witwenverbrennungen in Indien. Die englischen Kolonialherren hatten zwar diesen grauenhaften Brauch unterbunden. Spivak wirft ihnen jedoch vor, dies für eigene Zwecke missbraucht zu haben. Der Vorwurf an die Kolonisierten, sich barbarisch verhalten zu haben, diene letztlich dazu, ihre eigene koloniale Mission besser darstellen und rechtfertigen zu können. Weißen Männern wirft sie auch heute noch vor, immer nur vorgeblich die Unterdrückung der »Dritte-Welt-Frau« zu kritisieren. Weiße Männer retteten »farbige Frauen vor farbigen Männern«. Doch damit würden Frauen in doppelter Weise in den Schatten gerückt, in der eigenen Kultur ebenso wie in der Sichtweise der Kolonialherren. Vor allem seien sie im dominanten Diskurs als »Subalterne« (eine Kategorisierung, die sie von Antonio Gramsci übernimmt) als die ganz »Anderen«, Nicht-Weißen immer unterlegen. Sie würden in den vorherrschenden Machtstrukturen nicht gehört werden. Im Rückgriff auf Edward Said und Michel Foucault entwickelt sie das Konzept der »epistemischen Gewalt«. Im Diskurs der herrschenden Sprache würden auch sogenannte Native Informants immer wieder vereinnahmt werden, ihr Wissen von weißem Wissen kolonialisiert werden. Selbst authentische Sprecher seien also eine kulturelle Konstruktion der Mächtigen und ihrer übermächtigen Narrative.

Die Intersektionalität auf dem Vormarsch

Auch in den deutschen Debatten tauchen diese Denkfiguren von Spivak immer wieder auf, in den Gender Studies, den Postcolonial Studies und der sogenannten Intersektionalität – und durchdringen inzwischen die Kultur- und Sozialwissenschaften insgesamt. Diesen Begriff hatte die Juristin Kimberlé Crenshaw bereits 1989 geprägt. Er hat inzwischen eine große Karriere an den Hochschulen jenseits und diesseits des Atlantiks gemacht.[2] Damit sollen sich überschneidende Weisen gesellschaftlicher Diskriminierung in den Fokus gerückt werden – sie wählt das Bild einer Straßenkreuzung. Die Verschränkung diverser Unterdrückungsweisen soll damit analysiert werden. Dies schafft zwar einen Zusammenhang, zugleich jedoch unter der Hand eine Hierarchisierung der Opfergruppen nach Herkunft, also Geschlecht, ethnischer Zugehörigkeit, Hautfarbe oder Religion und sozialer Klasse. Wer ist aufgrund welcher Herkunft das am meisten betroffene Opfer patriarchaler, kapitalistischer und kolonialistischer Herrschaft und Gewalt? Eine bisexuelle schwarze Transfrau liegt im Ranking dann weit über einer weißen Lesbe aus der Mittelschicht. Aufgrund dieser Zuordnung darf dann auch nicht jeder oder jede über die Diskriminierungserfahrungen anderer Gruppen forschen oder reden. Wissenschaftliche Erkenntnis und Teilnahme am Diskurs werden an die aktuelle oder historische Erfahrung von Diskriminierung gekoppelt, weniger als individuelle Erfahrung denn als Geschichte des Opferkollektivs. Das ist die Konsequenz aus einer Identitätspolitik, die nicht Individuen im Blick hat, sondern ausschließlich Gruppenzugehörigkeiten, aus denen eine kollektive Identität abgeleitet wird.

An den Universitäten in Deutschland setzt sich dieser Ansatz der Intersektionalität seit einigen Jahren beharrlich durch. Doch auch in der allgemeinen Debatte gibt es bei uns den Versuch, mithilfe dieser Ausrichtung Sprechverbote zu verhängen und Argumente zu delegitimieren, weil sie vom unkorrekten Sprecher oder der unkorrekten Sprecherin vorgetragen werden, die ihrer Herkunft gemäß nicht das Recht und nicht das Wissen hätten, über Leiderfahrungen anderer Gruppen zu sprechen. Wenn beispielsweise ein weißer Mann den islamischen Zwang zum Kopftuchtragen, die Genitalverstümmelung und die Ungleichbehandlung von Frauen unter dem Religionsdiktat kritisiert, wird ihm von Aktivisten und Aktivistinnen »antimuslimischer Rassismus« vorgeworfen.[3] Dies kann man auch regelmäßig an der Universität in den Gender Studies beobachten. Der Gegenvorwurf trifft »privilegierte, weiße Frauen«, die weniger diskriminiert seien als muslimische und einem anderen Kulturkreis angehörten. Damit wird die Kritik an Frauenverachtung und -unterdrückung in anderen Religionen und Kulturen abgewehrt. In diesem Zusammenhang wird dann häufig noch das oben beschriebene »Othering«, also eine weiße Projektion auf die Anderen, kritisiert.

In den Gender Studies hat sich längst ein Kulturrelativismus durchgesetzt. Beobachten kann man dies unter anderem in den Debatten um die islamische Verschleierung. Das muslimische Kopftuch wird hier nicht als Symbol der Unterdrückung angesehen, sondern als Zeichen der Würde und des Selbstbewusstseins junger Musliminnen. Schon früher konnte man erstaunt beobachten, dass westliche Feministinnen das Kopftuch oder andere Formen der Verhüllung als Aufbegehren gegen den sogenannten männlich-kapitalistischen Blick auf den weiblichen Körper interpretierten. Denn dieser Blick würde Frauen zum Sexualobjekt und zur Ware degradieren. Umso erfreulicher ist es, dass die kampferprobte Feministin Alice Schwarzer seit Jahren eine klare Haltung dazu einnimmt. Angesichts des Siegeszuges des politisierten Islams müssten wir dieser falschen Toleranz deutlich begegnen. Für Schwarzer ist das Kopftuch die »Flagge« des politischen Islams.

Wenn in den Gender Studies Safe Spaces separiert nach Geschlecht oder Hautfarbe gefordert werden, ist dies zynisch angesichts der Geschlechterapartheid und Frauenunterdrückung in anderen Teilen der nicht westlichen Welt. Nach der Machtübernahme der Taliban in Afghanistan verschwinden die Frauen wieder aus den Hochschulen und unter dem Schleier. Dort beobachten wir die Rückabwicklung westlicher Freiheiten, gerade an den Universitäten. Der afghanische Bildungsminister hat die Geschlechtertrennung wieder eingeführt. Mädchen werden aus den höheren Schulen erneut verbannt.

Der Kulturrelativismus, wonach jede Kultur ihre eigene Geschichte, ihre eigenen Werte und Gebräuche hat, die jeweils zu tolerieren seien, zeichnet den Postkolonialismus ebenso wie den Postfeminismus aus. Beide bedienen sich einzelner Denkbausteine aus der postmodernen französischen Philosophie, denen wir immer wieder begegnen. In der Summe handelt es sich bei beiden Theorien um eine radikale Kritik an den universalistischen Prinzipien der Aufklärung und an den Denktraditionen der westlichen Moderne. Vernunft, Wahrheit, Wissen und Fortschritt als relevante Bezugsgrößen und Denkhorizonte werden radikal infrage gestellt und aufgekündigt. Auch die Kritische Theorie der Frankfurter Schule, besonders die von Theodor W. Adorno und Max Horkheimer verfasste *Dialektik der Aufklärung*, hatte grundlegende Selbstzweifel an den Errungenschaften der westlichen Zivilisation formuliert – vor dem Hintergrund des Zivilisationsbruchs der Ermordung der europäischen Juden. Ideengeschichtlich radikalisierten die postmodernen Denker diese Kritik. Die Fortsetzung, Zuspitzung und zugleich Vulgarisierung beziehungsweise Banalisierung dieser radikalen Kritik westlicher Werte sehen wir heute in den Critical Social Justice Theories aus den USA und ihren Ausläufern in Theorien des Postkolonialismus und Postfeminismus, die bei uns angelangt sind.

Von der Frauenforschung zu den Gender Studies

Frauen, die in den 1960er- und 1970er-Jahren auf die Straße gingen und für die Gleichberechtigung von Mann und Frau und für mehr Selbstbestimmung stritten, wundern sich immer mehr darüber, was aus der einstigen Frauenbewegung geworden ist. Erst recht sorgt für Stirnrunzeln, welch seltsame Wege die ehemalige Frauenforschung und der Feminismus genommen haben. Beide waren in den 1980er-Jahren keineswegs homogen. Es gab unterschiedliche Strömungen in der Bewegung und diverse Stränge in der feministischen Theorieentwicklung. Es wurde gerungen und heftig gestritten. Was macht das Geschlecht aus, welchen Anteil hat die Natur und welchen die Kultur, was unterscheidet Frauen und Männer? Parallel dazu war die Schwulen- und Lesbenbewegung aktiv, Letztere verstand sich als Teil der Frauenbewegung. Dass es heute die gesetzlich verankerte Ehe für alle gibt und das Adoptionsrecht für gleichgeschlechtliche Paare, ist über lange Zeit erkämpft worden. Das Recht auf Abtreibung und die Fortschritte in der Reproduktionsmedizin haben den Frauen über die Jahrzehnte mehr Selbstbestimmung gebracht. Ihre Freiheit, zwischen verschiedenen Optionen und Tätigkeitsphasen in ihrer individuellen Biografie wählen zu können, ist immens gewachsen. Ob Hausfrau, Mutter oder Berufstätige – keine ist heute verdammt dazu, sich für einen ausschließlichen Weg entscheiden zu müssen. Die Frauenbewegung und die daraus entstandene Frauenforschung waren also ungeheuer erfolgreich. Auch wenn es immer noch Unterschiede zwischen Männern und Frauen in der Bezahlung für gleiche Arbeit und in der Einstellungspraxis gibt, weil sie potenziell schwanger werden könnten. Auch Kinderbetreuung und Hausarbeit liegen noch überwiegend und oft unfreiwillig als sogenannte geschlechtsspezifische Arbeitsteilung bei den Frauen – ein Zustand, der ebenfalls Veränderung verlangt. Nicht mithilfe von Quoten einer Gleichstellungspolitik, sondern der Bereitstellung von mehr Kinderbetreuungsmöglichkeiten und flexibleren Arbeitszeiten für beide Geschlechter. Das erhöht die Wahlfreiheit und die Karrierechancen von Frauen, wie wir es etwa aus Frankreich wissen. Die rot-grün-gelbe Regierung ist identitätspolitisch vorgeprescht und ist fast paritätisch von Frauen und Männern besetzt – und will dies in ihrer Gesellschaftspolitik noch verstärken.

Besonders Gewalt gegenüber Frauen und Sexismus waren zentrale Themen der Frauenbewegung. Die Gewalt gibt es leider immer noch – auch in migrantischen Parallelgesellschaften –, ihr muss man scharf begegnen. Und der Sexismus gegenüber Frauen – gerade auch am Arbeitsplatz – ist zwar nicht verschwunden, doch die Lage hat sich zugunsten des Respekts gegenüber dem ehemals »schwachen Geschlecht« erheblich verbessert. Das ist der kraftvollen über zwei Jahrhunderte währenden Emanzipationsbewegung und dem Wunsch nach Selbstermächtigung der Frauen zu verdanken. Auch wenn es bis heute noch Gerechtigkeitslücken und Ungleichbehandlungen gibt. Eine Sensibilisierung für sexuellen Missbrauch und Sexismus innerhalb von Machtverhältnissen ist mit der weltweiten #metoo-Bewegung sicherlich verstärkt worden. Doch schoss die Kampagne der postfeministischen Aktivistinnen mit ihrem moralischen Furor und ihrer Lust, die »patriarchalen Täter« an den Pranger zu stellen und zu canceln, über das Ziel hinaus. Französische Künstlerinnen, Schauspielerinnen und Schriftstellerinnen – die teils selbst aktiv gewesen waren in der »alten« Frauenbewegung der 1970er- und 1980er-Jahre – kritisierten diesen moralischen Feldzug und pochten in einer Petition auf ihr »Recht zum Flirten«. Die stupide Aufteilung der Gesellschaft in Opfer und Täter, die keinerlei Ambivalenz und Grauzone übriglässt, ist der postfeministischen Identitätspolitik ebenso eigen wie anderen Spielarten der Identitätspolitik. In Analogie zur Rede vom »strukturellen Rassismus« sprechen die Postfeministinnen vom »strukturellen Sexismus«. Einher geht diese Politik mit einem neuen Puritanismus, der die über Jahrhunderte gewonnenen Freiheiten im gegenseitigen Umgang der Geschlechter miteinander plötzlich wieder einschränken und reglementieren will. Tugendwächter und Tugendwächterinnen können wir dabei heute auf recht unterschiedlichen Seiten beobachten, bei religiösen Eiferern – von Evangelikalen bis zu konservativen Muslimen und Islamisten – ebenso wie bei Postfeministinnen und Anhängerinnen des Postkolonialismus und der Intersektionalität.

Aber gerade in den so scharf kritisierten westlich-liberalen Demokratien sind die Rechte und Freiheiten der Frauen in den letzten zwei Jahrhunderten gestärkt worden. Gleichberechtigung steht nicht nur in der Verfassung, sondern ist in vielen gesellschaftlichen Feldern realisiert worden, ob mit oder ohne Quotierung. Angesichts dieser realen Erfolge – im öffentlichen wie im privaten Leben – ist es umso rückwärtsgewandter, wenn sich feministische Aktivistinnen ständig nur als Opfer sehen. In ihren Augen sind die Männer aktuelle wie historische Täter und potenzielle Vergewaltiger im fortbestehenden Geflecht patriarchaler Strukturen. Über die Sprache und den Diskurs würden sie weiterhin ihre hegemoniale Macht ausüben. Diese schlichte Sichtweise übersieht jedoch, dass die Geschlechterverhältnisse bis heute etwas komplizierter sind – und über Spracherziehung wie das Gendern und Canceln von politisch unkorrekten Wörtern vor allem Symbolpolitik betrieben wird.

Wie konnte es so weit kommen? Um zu verstehen, wie die ehemalige Emanzipationsbewegung und feministische Theorie sich derart gewandelt hat und in das rigide Fahrwasser der Identitätspolitik geraten ist, lohnt sich ein Blick in diese Entwicklungsgeschichte.

Kampf für Gleichberechtigung

Der Frauenbewegung des 19. Jahrhunderts ging es um die Gleichberechtigung von Frauen und Männern. Bereits Olympe de Gouges hatte die Forderungen in ihrer *Erklärung der Rechte der Frau und Bürgerin* 1791 in der Französischen Revolution verfasst. Zwei Jahre später wurde sie von den Jakobinern geköpft. Ihre Nachfolgerinnen im Kampf für gleiche Rechte waren im bürgerlichen oder proletarischen Flügel der Bewegung aktiv. Es ging ihnen um den Zugang zu Bildung, zu Berufen und natürlich um die politische Partizipation, das Wahlrecht. Die erste Welle der Frauenbewegung reichte bis in die 1930er-Jahre. Die zweite Welle umfasste die Studenten- und Bürgerrechtsbewegungen bis in die 1990er-Jahre. Und die dritte Welle, so die Zeitrechnung in der Forschung, reicht bis heute.[4] In der ersten und zweiten Frauenbewegung war die Forderung nach gleichen Rechten, die für alle gelten sollen, dominant. Es war der universalistische Anspruch in der Tradition der Aufklärung und Moderne und das einigende Motto: Global Sisterhood. Die jeweiligen Phasen dieser Bewegung spiegeln sich in der Frauenforschung und der feministischen Theorieentwicklung wider. In den 1970er- und 1980er-Jahren wurde in der Frauenforschung heftig über unterschiedliche Strategien gestritten.

Die Vorreiterin war Simone de Beauvoir mit ihrem opulenten Werk *Das andere Geschlecht. Sitte und Sexus der Frau*, das 1949 erschien und später zum Bestseller wurde.[5] Darin prangerte die Lebensgefährtin von Jean-Paul Sartre, selbst Schriftstellerin, die doppelte Ausbeutung der Frau in Ehe- und Arbeitsfunktionen an, kritisierte die Hörigkeit und das »falsche« Bewusstsein, das daraus entstanden sei. Im Schlusskapitel forderte sie die Selbstbefreiung in der Unabhängigkeit. Einige Jahre später, in den 1960er-Jahren machte Betty Friedan mit ihrem Buch über den »Weiblichkeitswahn« Furore. Sie ging hart ins Gericht mit dem gängigen Bild von Weiblichkeit, das sie als Mythos entlarven wollte.[6] Auch das Werk der amerikanischen Literaturwissenschaftlerin Kate Millett *Sexus und Herrschaft*, erschienen 1969, zählt zu den Klassikern des Feminismus und der Frauenbewegung. Darin fordert sie nichts anderes als eine Kulturrevolution, die »notwendigerweise eine politische und wirtschaftliche Umorganisierung mit sich bringen muss« und die Umerziehung der Gesellschaft erfordere. Die Neue Frauenbewegung sah sie als treibende Kraft, vereint mit der schwarzen Bürgerrechtsbewegung, den Jugend- und Studentenbewegungen und den Protesten gegen den Vietnamkrieg. »Die Frauen sind in unserer Gesellschaft das am meisten entfremdete Element. Sie bilden aufgrund ihrer großen Zahl, ihrer Leidenschaftlichkeit und ihrer langen Jahre der Unterdrückung die breiteste revolutionäre Basis. … Die Umwertung von Grundwerten, die solch eine Koalition enteigneter Gruppen (die Schwarzen, die Jungen, die Frauen, die Armen) suchen würde«, habe nicht nur Bedeutung für die »Sexualrevolution«, sondern sei eine soziale Revolution insgesamt.[7]

Die Debatten kreisten in der Folge immer wieder um Gleichheit oder Differenz. Reichten die Forderungen nach Gleichberechtigung aus oder war es nötig, sich dezidiert eigene Räume, auch als Denkräume, in Abgrenzung zu den Männern und dem Patriarchat zu schaffen? Die Neue Frauenbewegung nach 1968 und in den 1970ern, auch autonome Frauenbewegung genannt, und einige Radikalfeministinnen noch vor ihr betonten im Gegensatz zu den Gleichheitsverfechterinnen die Differenz. Sie gingen davon aus, dass Frauen aufgrund ihrer Situation und ihres Lebens unter jahrhundertelangen patriarchalen Machtverhältnissen ganz besondere Erfahrungen machten, die sie mit allen Frauen teilen und die sich von jenen der Männer grundsätzlich unterscheiden. Die besondere weibliche Erfahrung sollte Gegenstand der Frauenforschung sein, die deshalb auch ausschließlich von Frauen durchgeführt werden sollte – eine Blaupause für die Identitätspolitik, wie sie sich später allenthalben etablierte.

Gleichheit versus Differenz

Um die Herrschaftsverhältnisse zu analysieren und die Mechanismen männlicher Herrschaft zu begreifen, sei es notwendig, sich zu separieren und autonome Räume zu schaffen. Es waren nicht nur die Frauenhäuser, die Frauen Schutz vor gewalttätigen Männern bieten sollten. Die autonome Frauenbewegung und daraus entstandene feministische Konzeptionen – aus der linken 1968er-Protestbewegung und deren Gesellschaftskritik entstanden – waren eine dezidierte, nicht nur räumliche Absetzung und Separierung von männlichen Denktraditionen und Politikformen. Es waren die Vorläufer der heutigen Safe Spaces, in denen man sich von der patriarchal strukturierten Gesellschaft absetzte: auf der Suche nach weiblicher Subjektivität, die dann nicht mehr patriarchal überformt und fremdbestimmt wäre. Bereits damals gab es Strömungen, die eine besondere Essenz des Weiblichen, eine spezifische weibliche Identität hervorhoben. Diese Feministinnen argumentierten, dass Frauen aufgrund ihres Körpers ganz andere Erfahrungen machten als Männer. Die Tatsache, dass sie Kinder gebären, mache sie sensitiver, fürsorglicher und friedfertiger. Auch ihr Denken unterscheide sich vom männlichen. Dem widersprachen die Gleichheitsfeministinnen und warfen ihren Kolleginnen Biologismus vor. Denn diese Eigenschaften wurden Frauen ja schon über Jahrhunderte von männlicher Seite zugeschrieben. Sie dienten gerade dazu, Frauen aus bestimmten gesellschaftlichen Bereichen außen vor zu lassen und die Sorge um Kinder und Familie in der Jahrhunderte währenden geschlechtsspezifischen Arbeitsteilung den Frauen zu überantworten. All diese Diskussionen wurden in der Frauenforschung, die sich seit Anfang der 1980er-Jahre an den Universitäten etablierte, fortgeführt.[8] Der erste Lehrstuhl für Frauenforschung in Deutschland, für den die Bewegung und die feministischen Theoretikerinnen jahrelang gekämpft hatten, wurde 1987 an der Frankfurter Goethe-Universität von der Historikerin Ute Gerhardt besetzt.

Die Frauenforschung Ende der 1970er- und 1980er-Jahre kritisierte ganz ausdrücklich den bisherigen Kanon der Wissenschaften, der männlich zentriert sei. Über Jahrhunderte sei in Lehre und Forschung der Blick auf Frauen ausgespart worden, Frauen seien eine Leerstelle in der Geschichtsschreibung, in den Sozialwissenschaften ebenso wie in den Kunst- und Literaturwissenschaften. Es ging also um die Rekonstruktion der Geschichte der Frauen und ihrer Emanzipationsbewegungen über die Jahrhunderte. Einige wenige Stimmen, darunter die Sozialwissenschaftlerin Christina Thürmer-Rohr, warnten bereits damals, dass die Vermengung von feministischer Wissenschaft mit politisch-moralischen Imperativen schädlich sei. Selbst betriebene Wissenschaft müsse von feministischer Politik und Moral getrennt bleiben.[9]

Jenseits der Wissenschaft war auch viel in Bewegung geraten, Frauengruppen, Frauenhäuser und Zeitschriften wurden gegründet. 1977 kam das erste Exemplar der von Alice Schwarzer gegründeten *Emma* heraus, deren Chefredakteurin sie bis heute ist. Ein Jahr zuvor gab es schon die Zeitschrift *Courage*, die sich dann als linke Alternative zu *Emma* verstand. Eigene Verlage wurden gegründet, wie die Frauenoffensive, zahlreiche Frauenbuchhandlung entstanden, zu denen Männer keinen Zutritt hatten. Und das weibliche Schreiben stand auf der Agenda. In der Folge der Anti-Baby-Pille und der sexuellen Revolution seit der 1968er-Bewegung forderten die engagierten Frauen die Straffreiheit für Abtreibung. Sexuelle Selbstbestimmung und weibliche Sexualität wurden große Themen in der Frauenforschung. Es ging nicht nur um Gewalt in der Ehe, sondern um ein neues Selbst- und Körperbewusstsein – unter dem Motto »Das Private ist politisch«. »Neue Männer braucht das Land« oder »Frauen kommen langsam – aber gewaltig« intonierte die Sängerin Ina Deter Mitte der 1980er-Jahre. In Wohngemeinschaften und Ehen fanden vielerorts sogenannte Beziehungsdebatten statt, heftig, quälend und zuweilen befreiend. An Tabus wurde gerüttelt, Konventionen zerpflückt und Lebensexperimente gewagt. Es war ein wildes Aufbegehren und ein lustvoller Aufbruch zu neuen Ufern. Jede wollte auf ihre Fasson glücklich werden. Es ging um die kollektiv angestrebte, aber ebenso um die individuelle Emanzipation. Der Streit über die richtigen Wege, Strategien und theoretischen Schlussfolgerungen wurde hart, aber im Unterschied zu heute ohne Redeverbote und Diskurspolizei geführt. Die in der heutigen Genderforschung verwendeten Begriffe »epistemische Gewalt« und »Mikroaggressionen« flogen noch nicht ständig durch den Raum, um andere zum Schweigen zu bringen.

Institutionalisierung der Frauenforschung

Die Institutionalisierung der Frauenforschung schritt voran. Sehr erkenntnisreich waren die neuen Forschungsansätze einer feministischen Psychoanalyse. Sigmund Freud hatte zwar Bahnbrechendes geleistet. Doch blieb ihm in seinen Analysen und seiner Kulturtheorie die weibliche Sexualität ein »dunkler Kontinent«. Da haben die Arbeiten der feministischen Psychoanalyse korrigierend und erweiternd neue kluge Maßstäbe gesetzt. Der Verwerfung des lange Zeit unterstellten weiblichen Penisneids folgten Untersuchungen über den männlichen Gebärneid. Männliche Fantasien und Ängste, vom weiblichen Körper verschlungen und im Sexualakt wieder eins zu werden wie mit der Mutter oder das Wunschbild von der Frau als »Madonna und Hure« waren Gegenstand der Analysen. Diese Forscherinnen verwarfen nicht alle bisherige Erkenntnis, sondern revidierten, wenn nötig, und erweiterten sie.[10] Über viele Jahre kamen wichtige Impulse und neue Denkansätze aus der Frauenbewegung und der Frauenforschung, um Leerstellen auszufüllen und die Gründe für den jahrhundertelangen Ausschluss der Frauen zu untersuchen.

Dezidierte Subkulturen, bewusst gewählte und gestaltete Schutzräume können der Selbstermächtigung und Emanzipation aus alten Zwängen durchaus dienlich sein, womöglich sind sie auch nötig. Doch wenn die Separation auf Dauer gestellt und institutionalisiert wird, entstehen Parallelgesellschaften und in sich abgeschottete Denkräume von Kollektiven, denen pluralistische Ideen und Debatten abhandenkommen. Es gab Diskussionen, ob es klug sei, sich selbst in eine Art abgeschottetes »Gehege« oder Reservat zu begeben, selbst wenn es erkämpft und erwünscht war. Denn die Festlegung auf das Frauenthema bedeutet ja auch eine Selbstbeschränkung und Absetzung vom Allgemeinen, jenseits von Geschlechtskategorien. Als die Sektion Frauenforschung in der Deutschen Gesellschaft für Soziologie gegründet wurde, beobachtete ich dies mit einiger Skepsis. Mir schien es wichtiger, dass Frauen gerade in der allgemeinen Soziologie oder Politikwissenschaft präsent sein sollten, um damit an der Forschung, selbst wenn sie männlich dominiert war, teilhaben, sie beeinflussen und verändern zu können. Nach einer Phase der Ergänzung, Revision und Vervollständigung des wissenschaftlichen Kanons wäre es sinnvoll gewesen, zum Allgemeinen zurückkehren. Diese Separierung vom allgemeinen Wissenschaftsbetrieb sorgte über die vielen Jahre letztlich für eine Verengung der Perspektiven innerhalb der Frauenforschung; ideologische Enklaven und abgeschottete Denkräume entstanden. Denn der eigene Standpunkt, nämlich Frausein und Weiblichkeit, Opfer und Unterdrückte unter patriarchal-kapitalistisch-kolonialistischer Herrschaft zu sein, war der ultimative Ausgangspunkt und Maßstab für Erkenntnis – und wurde zum Dogma.

Die sogenannte Standpunkttheorie erfuhr in der postmodernen Philosophie eine maßgebliche Bedeutung. Vor allem in der feministischen Theorie und im Entwurf einer alternativen Wissenschaftstheorie spielte dieser Ansatz eine herausragende Rolle. Natürlich beeinflusst der Platz, den Menschen in der sozialen Hierarchie einer Gesellschaft haben, ihren Blick auf die Gesellschaft und ihren Standpunkt. Das ist lapidar. Laut dieser Theorie ist aber vor allem die Zugehörigkeit zu einer sozialen Gruppe ausschlaggebend für den Standpunkt eines Individuums. Die These ist, dass Standpunkte prinzipiell auch Vorurteile und Voreingenommenheiten enthalten. Doch treffe dies auf den Standpunkt einer in der Gesellschaft untergeordneten Gruppe aufgrund der Subalternität weniger zu. Denn unterdrückte beziehungsweise untergeordnete Gruppen hätten kein Interesse, den alten Zustand der Gesellschaft, der ihre Unterordnung festschreibt, aufrechtzuerhalten. Aus diesem Grunde seien ihre Beobachtungen der sie dominierenden Gruppe vollständiger und objektiver. Bei Karl Marx ist deshalb die Rede vom Standpunkt der herrschenden Kapitalistenklasse einerseits und dem Standpunkt der Proletarier andererseits. Ein Klassenbewusstsein und Klassenstandpunkt sei Voraussetzung für den Befreiungskampf und die Revolutionierung der Gesellschaft. In den nachfolgenden marxistischen Theorien wird die Standpunkttheorie aufgegriffen und auf andere subalterne gesellschaftliche Gruppen übertragen.

Besonders in den feministischen Standpunkttheorien geht es um die radikale Kritik sogenannter androzentrischer Weltanschauungen. Im Patriarchat als fundamentaler Herrschaftsform setzten Männer und ihre Vorstellungen von Männlichkeit die normative Ordnung in Gesellschaft, Politik und Wissenschaft. Eine wichtige Vordenkerin war die amerikanische Philosophin Sandra Harding. Sie hat diese Theorie in eine feministische Wissenschaftstheorie eingebettet. Gerade aufgrund der unterlegenen Position in den patriarchalischen Herrschaftsstrukturen hätten Frauen einen objektiveren Zugang zu Erkenntnis. Denn sie seien sich ihrer Rolle als dominierter Gruppe bewusst. In ihrem 1986 erschienenen Grundlagenwerk *Feministische Wissenschaftstheorie. Zum Verhältnis von Wissenschaft und sozialem Geschlecht* hebt sie hervor, dass sich seit Mitte der 1970er-Jahre die feministische

Wissenschaftskritik von einem reformistischen zu einem revolutionären Ansatz entwickelt hätte. Harding begrüßt diese radikalfeministische Position. In ihr zeige sich, »dass dem in der westlichen Kultur tief verwurzelten Glauben an die Fortschrittlichkeit der Wissenschaft zum Trotz diese heute vor allem rückschrittliche gesellschaftliche Tendenzen befördert; und dass die gesellschaftliche Struktur der Wissenschaft nicht nur sexistisch, sondern auch rassistisch, kulturfeindlich und von der herrschenden Klasse bestimmt ist«. Sie kritisiert, dass die bisherige Wissenschafts- und Erkenntnistheorie von einem Vorrang moralischer und politischer Theorien geprägt war, die vornehmlich das Machtgefüge spiegelten und fern von Objektivität gewesen seien. Sie schließt in ihrem Buch: »Auch hier leistet der Feminismus seinen eigenen, wichtigen Beitrag zur Postmoderne – er trägt in diesem Falle dazu bei, dass wir die erkenntnistheoretisch fixierte Philosophie (und, wie wir hinzufügen können, die wissenschaftsfixierte Rationalität) als eine drei Jahrhunderte währende Episode in der Geschichte des westlichen Denkens begreifen können.«[11]

Dies ist eine klare Absage an den Universalismus der Aufklärung und deren Verständnis von allgemeiner Vernunft und Wahrheit. Und es ist die erkenntnistheoretische Blaupause für die Entfaltung des intersektionalen Feminismus, der sich überkreuzende Formen von sozialer Unterdrückung, neben Geschlecht auch die Klasse und Rasse, miteinander verschränkt. In den 1990er-Jahren gab es zwar Streit zwischen feministischen Vertreterinnen der Kritischen Theorie der Frankfurter Schule und ihren poststrukturalistisch orientierten Kolleginnen und ihrer Identitätspolitik.[12] Doch markierte auch dies keinen Bruch mit marxistischen und neomarxistischen Ideenkonzepten, sondern eine variierte Kontinuität linker Denktraditionen, auch wenn sich die Perspektive auf Macht- und Herrschaftsstrukturen etwas änderte.

In der dritten Welle der Frauenbewegung und des Feminismus fand ein weiterer entscheidender Paradigmenwechsel statt: nicht mehr das biologische Geschlecht sei relevant in Bezug auf Herrschaft und Unterdrückung, sondern Geschlecht einzig als etwas sozial Hergestelltes und Konstruiertes. Damit werden in Anlehnung an Michel Foucault Geschlecht und Sexualität ausschließlich als soziale Strukturen behandelt. Aus der Frauenforschung wurde Zug um Zug die Geschlechterforschung, anfangs noch begleitet vom Streit, ob dies tatsächlich der richtige Weg sei und womöglich Errungenschaften und Fortschritte eingeebnet würden. Doch die Ideen der postmodernen Philosophie wurden auch in den feministischen Theorien dominant. Der Postfeminismus entfernte sich immer mehr von realen und materiellen Benachteiligungen. Ökonomische Aspekte der Ungleichheit blieben relevant, wichen jedoch zunehmend der Fokussierung auf kulturelle Unterschiede. Der ehemalige Anspruch und die Utopie von der Global Sisterhood der Frauen verblassten. Die Bewegung zersplitterte in immer weitere diverse Gruppen, die ihre eigenen Theorien entwickelten und partikulare Identitäten pflegten. Den weißen Frauen wurden ihre Dominanz in der Frauenbewegung und feministischen Theorieentwicklung und ihre Privilegien vorgeworfen. Und die schwarzen Feministinnen separierten sich.[13] Der Partikularismus setzte sich zunehmend gegen ehemals universalistische Ansätze im frühen Feminismus durch. Auch wenn sich im Ansatz der Intersektionalität Opfergruppen und -identitäten überkreuzen können.

Bereits Mitte der 1980er-Jahre gab es Bestrebungen in den USA und Europa, die Frauenforschung in die Geschlechterforschung zu überführen, um sich breiter aufstellen zu können und die Perspektiven über das Frauen-Männer-Verhältnis hinaus zu erweitern. 1997/98 wurden die ersten Studiengänge für Gender Studies an der Humboldt-Universität zu Berlin eingeführt. Inzwischen gibt es in Deutschland über 250 Lehrstühle für Gender Studies in unterschiedlichen Fachbereichen. Männliche Professoren findet man dabei kaum.

Der Paradigmenwechsel in der feministischen Sozialwissenschaft beginnt mit dem Gender-Konzept als »übergreifendes Organisationsprinzip der sozialen Ordnung moderner Gesellschaften und aller gesellschaftlichen Institutionen, einschließlich der Ökonomie, Politik, Religion, Militär, Erziehung, Medizin, nicht nur der Familie. In dieser Konzeption ist Geschlecht nicht nur Teil von Persönlichkeitsstrukturen und Identität, sondern ein formaler, bürokratischer Status, ebenso wie ein Status in den multidimensionalen Stratifikationssystemen, in der politischen Ökonomie und in Machthierarchien.«[14]

Ursprünglich umfasste der Begriff geschlechtsspezifische Typisierungen, Rollenbilder und Erwartungen, die über Jahrhunderte aus der männlich dominierten sozialen Ordnung der Geschlechter entstanden waren und bis in die Gegenwart reichen.

Geschlecht als soziale und kulturelle Konstruktion

»Die Emanzipation der Frauen und die Zusammenarbeit der Geschlechter sind die zwei großen Veränderungen, die die Gesellschaft erneuern werden«, schrieb John Stuart Mill im Jahr 1869.[15] Der liberale Philosoph und Ökonom und seine Frau Harriet Taylor hatten mit ihren Schriften zur Frauenemanzipation Mitte des 19. Jahrhunderts über England hinaus Furore gemacht. Sie konnten in ihrem Kampf für Gleichberechtigung und politische Partizipation an die Feministin Mary Wollstonecraft anknüpfen, die 1792 in ihrer Verteidigung der Frauenrechte die Gleichheit für Frauen forderte. Mill focht als Abgeordneter der Liberalen Partei im Parlament für das Frauenwahlrecht. Doch nicht nur die Gleichberechtigung trieb das Paar um. Sondern auch, was die Jahrhunderte währende Unterwerfung der Frauen mit ihnen angestellt hatte. Welchen Anteil an der Geschlechtsidentität und den Geschlechterrollen hatte die Biologie, die Kultur und die gesellschaftliche Sozialisation?

Mill und Taylor führten in ihren Essays *Über Frauenemanzipation* (1851) und *Die Unterwerfung der Frauen* (1869) implizit bereits eine Unterscheidung zwischen dem biologischen (sex) und dem sozialen Geschlecht (gender) ein. Die rein körperlich-biologischen Unterschiede zwischen Männern und Frauen waren für sie keine Grundlage, daraus spezifisch maskuline oder feminine Eigenschaften abzuleiten. Diese, so ihre Überzeugung, waren kulturelle und soziale Produkte. Sie hielten es für vermessen, »bestimmen zu wollen, was Frauen ihrer natürlichen Veranlagung nach sein oder nicht sein, tun oder nicht tun können«. Da für Frauen in der Vergangenheit nie die gleichen Ausgangsbedingungen und Handlungsoptionen wie für Männer bestanden hätten, die Herausbildung von Fähigkeiten aber an Erfahrung, das heißt an die Möglichkeit zu wachsen und sich weiterzuentwickeln, gebunden sei, könne eine haltbare Aussage über Frauen dazu auch nicht getroffen werden.[16]

Sie machten sich deshalb für den Pluralismus der menschlichen Potenziale stark, die nicht geschlechtsspezifisch zugeordnet werden können. Denn die verschiedenen Komponenten des individuellen Charakters machen eine Person aus, unabhängig von ihrem biologischen Geschlecht. Genau diese »Individualität« ist es, von der Mill und Taylor in ihrer berühmten, gemeinsam verfassten Schrift *Über die*

Freiheit (1859) sprechen. Die Gleichberechtigung der Geschlechter war für sie die Vorbedingung der individuellen Wahlfreiheit und Selbstbestimmung aller. Für Mill und Taylor waren Freiheit, Gleichberechtigung und die Emanzipation der Geschlechter unlösbar miteinander verbunden: Das eine bedingt das andere und umgekehrt. Freiheit war für sie kein statischer Wert, sondern ein dynamischer Prozess, der die Individuen und die Gesellschaft fortschreiten lässt hin zu größerem Glück. Gegen die Macht der Gewohnheit und die Vorurteile gegenüber Unbekanntem und Neuem, gegen die soziale Tyrannei setzten sie die Freiheit individueller Lebensexperimente.

Dieser Feminismus forderte legale Reformen für die Gleichberechtigung in einer liberalen Demokratie, die die Individuen schützt und sich an den universellen Menschenrechten orientiert. Er sah sich in der Tradition der Aufklärung, der Vernunft und der Wissenschaft.

Doch ein liberaler Feminismus hatte es – wie im Übrigen der Liberalismus insgesamt – in Deutschland besonders seit der Studentenbewegung 1968 schwer. Er blieb, so er überhaupt sichtbar wurde, in der Frauenbewegung ebenso minoritär wie in der akademischen Frauenforschung und später erst recht in den Gender Studies. Die Verabschiedung des Subjekts zugunsten von Gruppenidentitäten – der Klasse, der Rasse, des Geschlechts, später in umgekehrter Rangfolge – war von Anfang an antiliberal. Das bürgerliche Individuum und die bürgerliche Gesellschaft waren den dominanten feministischen Theorien ebenso wie vorher den marxistischen und neomarxistischen kritischen Gesellschaftstheorien mindestens suspekt, wenn nicht gar anachronistisch.

Die heutige Kritik der Gender Studies gilt längst nicht mehr nur der traditionellen Geschlechterordnung und geschlechtsspezifischen Arbeitsteilung. Sie richtet sich gegen die sogenannte Heteronormativität insgesamt, die immer noch von Frauen und Männern mit unterschiedlichem biologischem Geschlecht ausgeht. Dieser »binären« Geschlechterordnung soll das Ende beschert werden. Anfangs ging es um den Kampf gegen die Diskriminierung sexueller Minderheiten, die zu Recht verlangten, ebenso wie die heterosexuelle Mehrheit ihre Sexualität frei leben zu können. Doch mittlerweile ist daraus vonseiten aktivistischer Lobbygruppen der Queer Community eine politische Agenda gegen die »strukturelle Herrschaft der Heteronormativität« geworden. Eigentlich zählte die Sexualität einmal zur Privatsphäre des Individuums. Sie unterlag aber in den letzten Jahrzehnten einer immensen Politisierung – und, so scheint es, Kollektivierung.

Die Verabschiedung des biologischen Geschlechts

Die US-amerikanische Philosophin Judith Butler, Professorin an der Berkley University, ist die Wegbereiterin der Queer Theory gewesen. In der Tradition des Postfeminismus hat sie mit ihrer Schrift *Das Unbehagen der Geschlechter* von 1990 dem biologischen Geschlecht eine endgültige Absage erteilt.[17] Die Kategorien männlich und weiblich seien einzig und allein eine soziokulturelle Konstruktion, die sich immer wieder in Sprache perpetuiere und ewig fortsetze. Dadurch würden die bestehenden unterdrückenden Machtstrukturen fortgeschrieben. Man könne diesen Kategorisierungen beziehungsweise dieser Geschlechterordnung nur entgehen, indem man ihr als politisches Projekt das fluide Geschlecht, das keine Grenzen kennt, entgegengesetzt. Früheren Emanzipationsbewegungen, angefangen bei den Frauen, den Lesben und Schwulen, später den Bisexuellen und Transsexuellen, ging es vor allem um den Kampf gegen Vorurteile. Ihr Emanzipationsbestreben galt vornehmlich der eigenen Lebensweise und dem Wunsch, die eigene Sexualität ohne Diskriminierung zu leben und glücklich sein zu können. Die Queer-Bewegung und erst recht die Queer Theory verwerfen nun gänzlich die bisherigen Konzepte von Sexualität, biologischem und soziokulturellem Geschlecht. Sie haben der Heteronormativität, die als Unterdrückungskonstruktion gegeißelt wird, den Kampf angesagt. Neu hinzugekommen ist nun das Postulat, das Geschlecht – unabhängig vom biologischen Körper, je nach subjektivem Gefühl – frei wählen und damit die eigene Geschlechtsidentität selbst bestimmen zu können. An den Universitäten haben sich die Queer Studies inzwischen etabliert und betreiben diese neue Variante von Identitätspolitik über Aktivisten in die Gesellschaft hinein. Dahinter verbirgt sich ein sehr fragwürdiges Verständnis von Sexualität und Geschlecht, das den Körper negiert und letztlich leibfeindlich ist.

Womöglich rührt daher auch der neue puritanische Reinigungsfuror und Tugendterror, der von den Aktivisten dieser teils militanten Bewegungen ausgeht. Die LGBTQI-Community hat Zug um Zug immer weiteren Gruppenzuwachs erhalten: Lesbians, Gay People, Bisexuals, Transsexuals, Queer People und Intersexuals. Frappierend ist, wie einflussreich diese zahlenmäßig kleinen Gruppen von Menschen in der Gesellschaft geworden sind. Und wie selbstbewusst bis militant sie ihre Anliegen als Minderheit durchsetzen, auch wenn die Gender Studies und gesellschaftlichen Communities der an Gender orientierten Identitätspolitiker und -politikerinnen in immer kleinere, partikulare Kollektive zersplittern. Längst ist auch zwischen ihnen ein Kampf um die Deutungshoheit und um Ressourcen entbrannt. Das kann man nicht nur in der Debatte um geschlechtergerechte Sprache und Sternchenschreibweisen oder Änderungen der öffentlichen Toilettenordnung beobachten. Ursprünglich war Sexualität einmal Privatsache. Von der Frauenbewegung wurde sie politisiert unter dem Slogan »Das Private ist politisch«. Doch was inzwischen daraus geworden ist, erschreckt auch die früheren Vorkämpferinnen für sexuelle Selbstbestimmung und lässt sie das Wort ergreifen.

Spektakulär waren der Sturm der Entrüstung und die Cancel Culture gegen die Schriftstellerin Joanne K. Rowling, die mit ihren *Harry-Potter*-Romanen weltberühmt wurde. Im Herbst 2020 erschien ihr neuer Kriminalroman *Trouble Blood*, der ihr mehrere Shitstorms bescherte. Ihr wurde Transphobie und Rassismus vorgeworfen, weil sie es gewagt hatte, am biologischen Geschlecht als einer Tatsache festzuhalten. Ein paar Wochen früher hatte sie sich auf Twitter über eine Bildunterschrift auf einem Entwicklungshilfe-Portal ironisch geäußert, in der von »Menschen, die menstruieren« die Rede war. Sie twitterte daraufhin: »Ich bin sicher, da gibt es ein Wort für solche Leute, kann mir jemand helfen?« Es folgten ein paar Worte als komische Varianten für das englische »women«. Dass sie darauf bestand, am Begriff Frau festzuhalten und es nun einmal Frauen sind, die menstruieren, bescherte ihr heftigste Attacken vonseiten der transsexuellen und queeren Community. Rowling antwortete ausführlich mit einem Essay. Darin heißt es: »… ich möchte also, dass Transfrauen sicher sind. Gleichzeitig möchte ich aber nicht, dass gebürtige Mädchen und Frauen weniger sicher sind. Wenn man die Türen von Badezimmern und Umkleidekabinen für jeden Mann öffnet, der sich für eine Frau hält oder fühlt – und, wie ich schon sagte, kann eine Bescheinigung über die Geschlechtszugehörigkeit jetzt auch ohne Operation oder Hormone ausgestellt werden –, dann öffnet man die Tür für alle Männer, die hereinkommen wollen, das ist die einfache Wahrheit.« Sie hat sich damit bei jenen Feministinnen eingereiht, die aus der zweiten Frauenbewegung kamen und diese neuen Entwicklungen in den Gender Studies und ihren Aktivistengruppen kritisieren. Sechzig britische Kolleginnen und Kollegen aus dem Kulturbetrieb haben Rowling in einem offenen Brief ihre Solidarität ausgesprochen. Auch Alice Schwarzer sieht diese Veränderungen mit großer Sorge.

Ein weiterer Fall ist die britische Philosophin Kathleen Stock. Auch sie zählt zu den Feministinnen, die dem neuen Gender-Verständnis, dass sich immer mehr verbreitet und zum Mainstream an den Universitäten und bei den »Aktivist***Innen« wird, widerspicht. Längst zählt sie zur Minderheit. Da sie am biologischen Geschlecht festhält, wurde eine große Kampagne von studentischer, aber auch von Kollegenseite an ihrer Universität in Sussex gestartet, um sie von der Hochschule zu entfernen. An anderen Universitäten wurde sie ausgeladen. Daran beteiligten sich auch deutsche Philosophinnen und Philosophen, in Berlin wurde sie von einer Tagung wieder ausgeladen. Sie erhielt allerdings auch Solidaritätsbekundungen aus dem Wissenschaftsbetrieb. Der Druck wurde so enorm, dass sie mittlerweile selbst ihre Professur in Sussex niederlegte. Nach ihrem Rücktritt jubelten vermummte Studenten auf dem Campus und sangen aus dem Film *Der Zauberer von Oz* das Lied »Ding Dong, die Hex' ist tot«. Vermutlich ist den Aktivisten gar nicht klar, dass sie sich Methoden bedienen, die beim KuKlux-Klan üblich sind.

Die britische Hochschulaufsichtsbehörde, das Office for Students, untersucht inzwischen, ob die Universitätsleitung tatsächlich ihrer Pflicht zum Schutz der Wissenschaft und Meinungsfreiheit nachgekommen ist. Mittlerweile wurde Kathleen Stocks Fall auch im House of Lords debattiert. Besonders militant treten in den letzten Jahren die Transaktivisten aus der LGBTQI-Community auf und propagieren immer wieder neben der Homophobie den Vorwurf der Transphobie – und zwar hauptsächlich gegenüber Professorinnen, die sich als Feministinnen verstehen.[18] Das Wort hat inzwischen ähnlich Karriere gemacht wie der Begriff der Islamophobie, der ins Feld geführt wird gegenüber Kritikern islamistischer Identitätspolitik. Als transphob gelten nun jene, die sexuelle Identitätspolitiken kritisieren und an biologischen Geschlechtsunterschieden festhalten.

7. Politisierung der Sozial- und Geisteswissenschaften

Die große inhaltliche Klammer an den Universitäten ist seit Anfang der 2000er-Jahre in den Sozial-, Geistes- und Kulturwissenschaften das Konzept der Intersektionalität. Damit wird versucht, die Ideen des Postfeminismus, Postkolonialismus, der Gender Studies und nun der Queer und Trans Studies miteinander zu verzahnen. Intersektionalität ist auch zum neuen identitätspolitischen Dogma der Aktivistengruppen geworden. Auch wenn sie untereinander als Opfergruppen konkurrieren.

Bereits der Postfeminismus wurde schrittweise abgehobener und erratischer. Er entfernte sich über die Jahre immer weiter von realer Diskriminierung, der empirischen Lage und den Interessen von Frauen. Die Situation ist paradox: Je besser die Lage der Frauen, Queeren, Schwulen, Lesben, Trans- und Bisexuellen wurde, desto dogmatischer und weltfremder wurden die Theorien des Postfeminismus, der intersektionalen Gender Studies und des Postkolonialismus. Gemeinsam ist ihnen allen, dass sie – wie auch schon die Frauenforschung – die Prämisse von wissenschaftlicher Objektivität verwerfen. Stattdessen hat sich die schon erörterte Standpunktheorie ausgebreitet, die Erkenntnis an Gruppenzugehörigkeit (Klasse, Rasse, Geschlecht) koppelt. Daraus wird dann abgeleitet, wer über was forschen und sprechen darf. Es gibt demnach eine weibliche, eine schwule, eine lesbische, eine schwarze, eine transsexuelle oder queere Wahrheit.

Beschleuniger in diesem Prozess waren postmoderne Theorien, die die Analyse von Machtstrukturen mit Machtkritik in eins setzten. Damit konnten sie an zentrale Gedanken der Kritischen Theorie der Frankfurter Schule andocken, die seit den 1960er-Jahren eine neomarxistische Variante der Gesellschaftskritik mit wissenschaftlicher Forschung und Theorie verknüpft hatte und die Denktraditionen der Aufklärung infrage stellte (siehe Kapitel 8 und 9).

So gesehen markieren die postmodernen Paradigmenwechsel (Cultural Turn und Racial Turn) weniger einen Bruch und etwas ganz Neues als vielmehr eine Fortsetzung linker Gesellschaftskritik und -theorie. Die hegemonial gewordene Critical Social Justice Theory samt der Critical Race Theory setzt sich – bunt gemischt und teils widersprüchlich – aus diesen verschiedenen Theoriebruchstücken zusammen. Damit können sie jedem und jeder etwas anbieten und sind weit über den akademischen Rand hinaus anschlussfähig geworden.

Wissenschaft ist schon viel länger von links moralisch aufgeladen und politisiert worden, besonders während der Studentenbewegung und den Folgejahren. Doch der Politisierungsschub seit den 1990er-Jahren hat eine neue Qualität. Es ist nicht nur eine Abrechnung mit der Aufklärung, wissenschaftlicher Vernunft und universalistischen, menschenrechtlichen Prinzipien. Die heutigen Protagonisten wollen ihre politische Agenda mit aller Macht, vor allem Diskursmacht und Sprache, unerbittlich in kulturrevolutionärer Manier durchsetzen, auf dem Campus wie in der Gesellschaft. Die Grenze zwischen Theorie und Aktivismus ist längst aufgehoben. Es geht um die »Umerziehung« der Gesellschaft, die Eroberung der Macht und den Austausch der Eliten. Aus Emanzipationsbewegungen, die zu Recht nach Teilhabe und Gleichberechtigung für alle verlangten, sind partikularistische Bewegungen geworden, die ihren Gruppeninteressen folgen und rigide Identitätspolitik betreiben. Aus der Suche nach Erkenntnis und Wahrheit in pluralistischen Debatten, aus konstruktiver Kritik an bisherigen wissenschaftlichen Traditionen ist ein Kampf um Macht und Ressourcen – begleitet von Rede- und Denkverboten – geworden, der beunruhigend totalitäre Züge angenommen hat und der Herrschaft neuer Dogmen den Weg bereitet. Die Sprache und Sprachpolitik ist dabei eine wesentliche Strategie und das Werkzeug, um die kulturelle Hegemonie und Diskurshoheit zu gewinnen (siehe Kapitel 11).

Dass es sich nicht nur um abstrakte Ideen und Theorien handelt, kann man in der Politik der Gleichstellungsbeauftragten an den Hochschulen und im Öffentlichen Dienst insgesamt sehen. Sie sind ein wichtiges Scharnier zwischen Theorie und praktischer Umsetzung. Das beginnt mit der Sprache bei Stellenausschreibungen, zum Beispiel an der Universität in Tübingen: »ein*e gut ausgebildete*r Jurist*in ist gefragt« und der Neuschöpfung des Wortes »Gästin«. Und reicht bis zur Tilgung der Ahnengalerie im Historischen Seminar der Universität Kiel. Die Bilder der ehemaligen Geschichtsprofessoren werden im Rahmen einer Flurgestaltung abgehängt. Es handelt sich um lauter Herren. Die Quotierung von Literaturlisten nach bisher zu wenig oder gar nicht berücksichtigten Opfergruppen macht ebenfalls Schule. Auch die bereits erwähnten Weiterbildungskurse mit den erfahrenen Trainerinnen Peggy Piesche und Katja Kinder für die »Dekan:innen, Prodekan:innen sowie Institutsdirektor:innen und wissenschaftlichen Führungskräfte« an der Humboldt-Universität in Berlin in Sachen Critical Race Theory 2021 zählen zu dieser neuen Praxis im Öffentlichen Dienst. Das Büro der zentralen Frauenbeauftragten möchte den »besonderen Schwerpunkt auf Projekte im Bereich Diversität und Antidiskriminierung auch in diesem Herbst fortführen«. Weiter heißt es: »Die Humboldt-Universität hat sich angesichts der Black-Lives-Matter-Proteste und der daraus resultierenden Debatte über strukturellen Rassismus und Diskriminierungen klar zu Meinungspluralität, Offenheit und Respekt bekannt. Weiterhin hat sie sich in den aktuellen Hochschulverträgen zur Umsetzung nachhaltiger Diversity-Maßnahmen verpflichtet. Vor diesem Hintergrund begrüßt die Präsidentin die Idee dieses zielgruppenspezifischen Angebots, um sich gemeinsam dem Ziel einer diskriminierungsfreien Universität anzunähern.«

Wie normativ darf Wissenschaft sein?

Es geht um die Durchsetzung von Werten, ganz besonders um Diversität, Gerechtigkeit, Inklusion. Damit ist auch eine nachholende Gerechtigkeit gemeint, die Unrecht und Diskriminierung aus der Vergangenheit kompensieren will. Wissenschaft entfernt sich dann jedoch immer weiter von ihrem ursprünglichen Sinn und Zweck. Stattdessen gerät sie zum »Wiedergutmachungsprojekt«.[1] Die Standpunkttheorie hat dieser Entwicklung Vorschub geleistet und die Moralisierung vorangetrieben. Auch die Verwendung des Begriffs Diversität hat sich dabei in den letzten 20 Jahren völlig verändert. Früher war damit die Vielfältigkeit von unterschiedlichen Ideen, wissenschaftlichen Herangehensweisen und Forschungsperspektiven gemeint. Heute geht es um die Herkunft und Identität der Beteiligten. Die Konkurrenz und die Konflikte zwischen diversen identitären Gruppen an den Universitäten wie in der Gesellschaft nehmen zu. Die Wahrheitssuche wird auf dem Campus zunehmend Opfer eines Kulturkampfs.

Zurück zu den Anfängen: Max Weber und die Freiheit der Wissenschaft

Eigentlich sollte im Zentrum von Wissenschaft und Universität die Suche nach Erkenntnis, unvoreingenommene Neugierde, Skepsis und Zweifel, intellektuelle Zumutungen, Multiperspektivität, produktiver Austausch und der Wettstreit der besten Argumente und Ideen stehen. Der US-amerikanische Soziologe Robert K. Merton hat in einem berühmten Vortrag 1937 das Ethos der Wissenschaft, das ständig bedroht werde – zu seiner Zeit besonders von den Nationalsozialisten und ihren Verheerungen im Wissenschaftsbetrieb –, folgendermaßen gefasst: Wahrheitsannäherung unter den Bedingungen von Universalismus, Kommunitarismus im Sinne von kollektiver Kooperation der Wissenschaftler, Uneigennützigkeit und organisierte Skepsis.[2] Was ist davon noch übrig geblieben?

Gerade den Sozialwissenschaften haben das Wechselspiel zwischen gesellschaftlichen Debatten, sozialem Wandel, wissenschaftlichen Erkenntnisprozessen und dem Erkenntnistransfer zurück in die Gesellschaft im Blick. Die Soziologie ist eine Erfahrungswissenschaft, die soziale Realität und Erfahrungen empirisch untersucht und reflektiert. Selbstreflexion und Ungewissheit stehen dabei im besten Falle Pate. Als Wissenschaft von der Gesellschaft geht es ihr von Beginn an nicht nur um die Analyse und Erforschung der Gegenwart und um Zeitdiagnosen. Sie liefert auch das empirische Material und Deutungen gesellschaftlicher Konflikte, damit die Gesellschaft sich über sich selbst verständigen kann. Bereits in den allerersten Anfängen der deutschen Soziologie wurde die Frage von Werten und Werturteilen debattiert. Der Streit reicht zurück bis zu den Anfängen des 20. Jahrhunderts in der Deutschen Gesellschaft für Soziologie.

Im sogenannten Positivismusstreit der 1960er-Jahre zwischen dem kritischen Rationalisten Karl R. Popper und Theodor W. Adorno als Vertreter der »Kritischen Theorie« flammte der Streit wieder auf.[3] »Welches ist der legitime Ort praktischer Werturteile in der soziologischen Wissenschaft?«[4], fragte Ralf Dahrendorf im Rekurs auf Max Webers Gutachten zur leidenschaftlichen Werturteilsdiskussion, die bereits die Gründung der Deutschen Gesellschaft für Soziologie 1914 begleitet hatte.

Max Weber, der große Soziologe der Moderne, führt völlig zu Unrecht ein Schattendasein im heutigen Lehrbetrieb. Sind doch seine scharfsinnigen Analysen der Gesellschaft, der Wirtschaft und des Staates, ihrer Zwänge und Herrschaftsformen immer noch hochaktuell. Umgetrieben haben ihn Fragen nach den Chancen und Bedingungen einer freiheitlichen Lebensführung in der Moderne. Furchtlos kritisierte er Absolutheitsansprüche und Hierarchien. Siegfried Kracauer schätzte ihn als nonkonformistischen »intellektuellen Desperado«. Seine Frau Marianne, die selbst wissenschaftlich publizierte, aber damals als Frau an der Universität nur als Gasthörerin geduldet war, war führend in der bürgerlichen Frauenbewegung aktiv. 1919 ging sie für die Deutsche Demokratische Partei (DDP), in der sich beide engagierten, als Abgeordnete in die Badische Verfassungsgebende Nationalversammlung und hielt als erste Frau eine Rede vor einem deutschen Parlament. Leidenschaftlich setzte sie sich für die politische Partizipation der Frauen ein. Bildung und geistige Selbstständigkeit für die Töchter forderte sie. Damit sie später »ihren Söhnen nicht nur Pflegerinnen, sondern geistige Kameradinnen« seien. Denn jede »Steigerung der Achtung vor der Frau, nicht als Geschlechtswesen, sondern als Mensch«, steigere auch die sittliche Kultur des Mannes, schrieb sie 1909.[5]

Den Kampf gegen Vorurteile hatte sich auch Max Weber auf die Fahnen geschrieben. Als Lehrender wetterte er gegen die »Professoren-Prophetie«, die Studenten daran hindere, eigene Antworten und Erkenntnisse zu gewinnen. Seine Ausführungen über die Objektivität wissenschaftlicher Erkenntnis in seinem Werk *Wissenschaft als Beruf* von 1918 sind besonders erhellend für heutige Debatten.

Der Zuwachs an Wissen, an Intellektualisierung und Rationalisierung hat über Jahrtausende im Westen die Welt entzaubert. Nicht mehr Magie regiert die Welt, sondern wissenschaftlicher und technischer Fortschritt treibt diesen Entzauberungsprozess voran. »Was ist unter diesen inneren Voraussetzungen der Sinn der Wissenschaft als Beruf, da alle diese früheren Illusionen: ›Weg zum wahren Sein‹, ›Weg zur wahren Kunst‹, ›Weg zur wahren Natur‹, ›Weg zum wahren Gott‹, ›Weg zum wahren Glück‹, versunken sind?«[6] Sie ist gewissermaßen sinnlos, weil sie auf solch wichtige Fragen wie ›was sollen wir tun‹ und ›wie sollen wir leben‹ gerade keine Antwort geben kann. Auch seine Bemerkungen über Sinn und Unsinn der historischen Kulturwissenschaften ist erhellend. »Sie lehren politische, künstlerische, literarische und soziale Kulturerscheinungen aus den Bedingungen ihres Entstehens verstehen. Weder aber geben sie von sich aus Antwort auf die Frage: ob diese Kulturerscheinungen es *wert* waren und sind, zu bestehen, noch antworten sie auf die andere Frage: ob es der Mühe wert ist, sie zu kennen. Sie setzen voraus, dass es ein Interesse habe, durch dies Verfahren teilzuhaben an der Gemeinschaft der ›Kulturmenschen‹.«[7] Es ist ein gewichtiges Argument gegen den Reinigungswahn, den wir zurzeit beobachten, wenn Autoren, Schriften, Aussagen getilgt werden sollen, weil sie heutigen wissenschaftlichen und moralischen Kriterien nicht mehr entsprächen.

Ganz vehement vertrat er, Politik gehöre nicht in den Hörsaal, weder vonseiten der Studenten noch vonseiten der Dozenten. Die wissenschaftliche Analyse sei nicht vereinbar mit der praktisch-politischen Stellungnahme oder Parteinahme im Hörsaal. Ein »echter Lehrer« sollte sich hüten, vom Katheder herunter irgendeine ausdrückliche oder suggestive Stellungnahme abzugeben. Weber pochte auf die intellektuelle Rechtschaffenheit, die in der Einsicht gründet, dass »Tatsachenfeststellung, Feststellung mathematischer oder logischer Sachverhalte oder die Analyse innerer Strukturen von Kulturgütern« klar getrennt werden müssen von der »Frage nach dem Wert der Kultur und ihrer einzelnen Inhalte oder wie man innerhalb der Kulturgemeinschaft und der politischen Verbände handeln solle«. Denn der »Prophet und der Demagoge« gehörten nicht auf das Katheder eines Hörsaals. Wissenschaftler sind der Wahrheitssuche verpflichtet. Die Aufgabe eines guten Lehrers sei es, »seine Schüler unbequeme Tatsachen anerkennen zu lehren«, gerade auch solche, die der eigenen parteilichen Meinung unbequem seien. Die einzige Tugend, die in den Hörsaal gehöre, sei eben die schlichte intellektuelle Rechtschaffenheit.

»Daß Wissenschaft heute ein *fachlich* betriebener ›Beruf‹ ist im Dienst der Selbstbesinnung und der Erkenntnis tatsächlicher Zusammenhänge, und nicht eine Heilsgüter und Offenbarungen spendende Gnadengabe von Sehern [und] Propheten oder ein Bestandteil des Nachdenkens von Weisen und Philosophen über den *Sinn* der Welt, – das freilich ist eine unentrinnbare Gegebenheit unserer historischen Situation, aus der wir, wenn wir uns selbst treu bleiben, nicht herauskommen können.«[8]

Seine sachlich-kühle Schlussfolgerung sorgte in der Folgezeit für reichliche Debatten über Werte, implizite und explizite Werteurteile, Parteilichkeit und Moral in den Wissenschaften, besonders aber den Gesellschaftswissenschaften. Lag Weber womöglich falsch mit seinem Neutralitätsgebot, wie ihm Kritiker im Werturteilstreit vorwarfen und es bis heute tun?

Nein, ganz und gar nicht. Weber begriff die Soziologie als Erfahrungswissenschaft, die auf die Gesellschaft blickt. Doch auch der forschende, analysierende und deutende Blick ist von dieser Erfahrung berührt. Daher schloss Weber Parteinahme und moralische Urteile aufseiten des Wissenschaftlers keineswegs aus, zog jedoch deutlich eine Grenze zwischen politisch-moralischer Wertung, Parteinahme und Engagement auf der einen Seite und Forschung, wissenschaftlicher Analyse, Deutung und Lehre auf der anderen Seite. Er problematisierte damit sehr frühzeitig eine Vermischung von beidem. Bekanntermaßen war er selbst nicht nur Wissenschaftler, sondern Teilnehmer in politischen Debatten und zeitweise sogar als Mitglied in der Deutschen Demokratischen Partei aktiv. Aus gutem Grunde hat er beides klar unterschieden in seinen Essays *Wissenschaft als Beruf* und *Politik als Beruf*.[9] Umso wichtiger ist deshalb die Selbstbeobachtung in der Wissenschaft und natürlich die Selbstkritik beziehungsweise die gegenseitige Kritik innerhalb der Scientific Community. Wenn es in der Wissenschaft um Werte geht, verlangt es die Redlichkeit, diese auch explizit zu machen. Schaut man sich die nachfolgende Geschichte der Gesellschafts-, Geistes- und Kulturwissenschaften bis heute an, ist nicht nur der Blick auf eine explizite Politisierung der Wissenschaften wichtig, sondern auch die Aufdeckung latenter Normen und Werturteile.

Der Sozialphilosoph Karl Popper betonte deshalb in seiner berühmten Schrift über die *Offene Gesellschaft und ihre Feinde*: Ein Standpunkt sei natürlich unvermeidlich, und der naive Versuch, ihn zu vermeiden, könne nur zur Selbsttäuschung und zur unkritischen Anwendung eines unbewussten Standpunkts führen. Wissenschaftliche Objektivität könne nur entstehen in der Zusammenarbeit vieler Wissenschaftler, der »Intersubjektivität der Wissenschaftler«, der Suche nach Erkenntnis in Versuch und Irrtum und der Fallibilität von Analysen, Deutung und Urteilen.[10] Zugleich betonte er die moralische Verantwortung des Wissenschaftlers: »Da sich der Wissenschaftler nun einmal unentwirrbar in die Anwendung seiner Wissenschaft verwickelt hat, so sollte er darin eine seiner besonderen Verpflichtungen sehen, die ungewollten Folgen seiner Tätigkeit soweit als möglich vorauszusehen. Dann kann er, bevor es zu spät ist, die Aufmerksamkeit auf jene ungewollten Folgen lenken, die wir vermeiden müssen.«[11] Dies gelte besonders für die Sozialwissenschaften. Umso ärgerlicher ist es heute, dass die Selbstreflexion im Hinblick auf die Folgen der Identitätspolitik in den Sozial- und Geistwissenschaften kaum noch einen angemessenen Stellenwert hat.

Der Streit um Werturteile: Der Positivismusstreit der 1960er-Jahre. Karl R. Popper versus Theodor W. Adorno

Der sogenannte Positivismusstreit[12] nahm seinen Ausgang auf einer Tagung 1961 zum Thema »Die Logik der Sozialwissenschaften«. Hauptkontrahenten waren Karl R. Popper als Vertreter des Kritischen Rationalismus und der Soziologe und Sozialphilosoph Theodor W. Adorno, der für die Kritische Theorie stand. Gestritten wurde, auch in den Folgejahren, um Methoden und Werturteile in den Sozialwissenschaften. Popper hatte eine überaus plausible Definition parat: »Der Kritische Rationalismus ist eine Lebenseinstellung, die zugibt, dass ich mich irren kann, dass du Recht haben kannst und dass wir zusammen vielleicht der Wahrheit auf die Spur kommen können.«[13] Poppers Ausgangspunkt war die unüberwindliche Spannung zwischen Wissen und Nichtwissen, die zum Problem und zu dessen Lösungsversuchen führt. Denn unser Wissen ist immer nur vorläufig, Lösungsvorschläge gibt es nur versuchsweise. Das schließt die prinzipielle Möglichkeit ein, dass die Versuche zur Lösung sich als irrtümlich herausstellen. Wissen ist dann gerechtfertigt, wenn es der scharfsinnigen Kritik standhält und nicht falsifiziert wurde. Dieser wissenschaftstheoretischen Position des Falsifikationismus hielt Adorno entgegen, dass die Fakten für die empirische Sozialforschung immer schon in den Zusammenhang der gesellschaftlichen Totalität eingebettet und von ihr strukturiert seien. Adorno sah die Aufgabe der Soziologie in der Kritik der Gesellschaft und der Anmahnung einer richtigen Gesellschaft – auch wenn dies nur negativ möglich sei. Er und Max Horkheimer waren die hauptsächlichen Protagonisten der Kritischen Theorie, die sie am Frankfurter Institut für Sozialforschung entwickelten. Das 1923 gegründete Institut leitete ab 1931 Horkheimer. Seine Mitarbeiter und mit ihm verbundene Wissenschaftler wurden von den Nationalsozialisten zur Emigration in die USA gezwungen. Furore machte Adorno 1950 mit den *Studien zum autoritären Charakter*, die in Zusammenarbeit mit amerikanischen Sozialpsychologen entstanden waren. Bei der Wiedereröffnung des Instituts 1951 übernahm nach seiner Rückkehr aus dem Exil erneut Horkheimer die Leitung, später Theodor W Adorno. Es ging ihnen in ihrer Arbeit ausdrücklich nicht nur um eine Analyse der »bürgerlich-kapitalistischen Gesellschaft«, die sie kritisierten, sondern um deren Veränderung.

Der Soziologe Ralf Dahrendorf hatte als Assistent ein kurzes Stelldichein am Frankfurter Institut, an dem auch bereits Jürgen Habermas verkehrte. Dahrendorf hatte über den Gerechtigkeitsbegriff bei Karl Marx promoviert und war als Student angetan von Adornos und Horkheimers berühmter Schrift über die *Dialektik der Aufklärung*. Im Positivismusstreit war er längst auf Distanz zu den Kritischen Theoretikern gegangen und stand aufseiten Karl Poppers. Dieser war selbst einmal ein Linker gewesen und hatte – auch mit Blick auf die Sowjetunion – den Marxismus in seiner Schrift über *Die offene Gesellschaft und ihre Feinde* akribisch auseinandergenommen.

Der liberale Ralf Dahrendorf sah sich Zeit seines Lebens als »Grenzgänger zwischen Sozialwissenschaften und Politik, zwischen Analyse und Aktion«,[14] pochte aber gerade deshalb immer wieder auf die notwendige Selbstreflexion und -kritik des Wissenschaftlers. Und begab sich gerne in die politische Debatte – besonders in Zeiten der Studentenbewegung, war also durchaus erfahrungsgesättigt. Gegen Konsenstheorien setzte er seine soziologische Konflikttheorie, die in der Geschichtlichkeit, der Explosivität, der Dysfunktionalität und dem Zwangscharakter menschlicher Gesellschaften gründet. Das heißt, Konflikte sind notwendige Faktoren in allen Prozessen sozialen Wandels und Fortschritts. Sie gehören zur Normalität einer Gesellschaft. Er widerspricht Vorstellungen von gesellschaftlicher Harmonie, vom gleichgewichtig funktionierenden, stabilen Sozialsystem und Utopien von der klassenlosen Gesellschaft als Paradies auf Erden. Im Konflikt liegt für ihn der »schöpferische Kern aller Gesellschaft und die Chance der Freiheit«[15] samt der Herausforderung zur rationalen Bewältigung und Kontrolle der gesellschaftlichen Dinge, die die Konkurrenz der gegensätzlichen Interessen einschließt. In den politischen Institutionen der repräsentativ-parlamentarischen Demokratie und der sozialen Marktwirtschaft sah Dahrendorf die notwendigen Bedingungen der Möglichkeit von Freiheit. Als erfolgreiche soziale und politische Organisationsform gründet sie in der Erfahrung, dass Menschen nicht vollkommen und allwissend, sondern fehlbar sind, dass die einmal Gewählten im Turnus wieder abgewählt werden können.

Das sah der legendäre Studentenführer Rudi Dutschke, dem Marxismus verpflichtet, natürlich ganz anders. Er galt bis dahin rhetorisch als unschlagbar. Aufsehen erregte deshalb das berühmte Rededuell 1968 in Freiburg auf einem Lautsprecherwagen, das Dahrendorf am Rande eines FDP-Parteitags mit Dutschke führte. Dahrendorfs rhetorischer Sieg darin brachte ihm Respekt von allen politischen Seiten ein. Seine Forderungen nach »Bürgerteilhabe«, fairen »Lebenschancen« und »Bildung ist Bürgerrecht« fanden schnell Eingang in den allgemeinen politischen Diskurs. Den Streit mit den Studenten führte Dahrendorf fort.

8. Studentenbewegung und die Folgen

Berlin und Frankfurt waren Zentren der Studentenbewegung. Es gärte schon länger. Die in den 40er-Jahren Geborenen hatten begonnen, sich mit der Vergangenheit ihrer Eltern im Nationalsozialismus, ihren Verstrickungen und ihrem Schweigen darüber auseinanderzusetzen. Das betraf ihre Lehrer und Professoren ebenso wie Politiker. Der seit 1963 in Frankfurt statthabende Auschwitz-Prozess spielte dabei eine wichtige Rolle. Doch besonders die von der regierenden Großen Koalition aus SPD und CDU 1968 verabschiedeten Notstandsgesetze waren Anlass der Studentenrevolte. Der Tod Benno Ohnesorgs 1967 auf einer Demonstration hatte die Proteste bereits radikalisiert. Parlamentarische Demokratie, bürgerlicher Rechtsstaat, bürgerliche Gesellschaft und Kapitalismus standen fortan am Pranger – an den Universitäten in der antiautoritären Studentenbewegung und der Außerparlamentarischen Opposition. Der antitotalitäre Konsens der Nachkriegsgesellschaft hingegen, der Nationalsozialismus, Faschismus, Kommunismus und Stalinismus gleichermaßen kritisierte, zerbrach. Die Renaissance des Marxismus und die Ausbreitung des Neomarxismus der Kritischen Theorie sorgten dafür, dass an den Universitäten liberalem oder gar konservativem Denken immer militanter begegnet wurde – bis es in der Folgezeit dort kaum noch einen Ort hatte. Dieses Schicksal ereilte auch die Totalitarismustheorie, die totalitäre Diktaturen vergleichend in den Blick nahm; sie wurde abgelöst von linken Faschismustheorien. Die krudeste und langlebigste stammte übrigens von Georgi Dimitroff, Generalsekretär der Kommunistischen Internationale und rechte Hand Josef Stalins, in der bürgerliche Demokratie und Faschismus politisch gleichgesetzt werden, da beide Ausgeburten des Kapitalismus und Imperialismus seien.[1] Der Preis für die Übernahme dieser Ideologie war die Weichzeichnung der kommunistischen Verbrechen und eine weitreichende Toleranz gegenüber den kommunistischen Diktaturen samt der DDR.

Die Rede von friedlicher Koexistenz zwischen den Ländern diesseits und jenseits des Eisernen Vorhangs, allenfalls von Systemkonkurrenz, setzte sich in den folgenden Jahrzehnten auch in der Politischen Wissenschaft durch. Der Rekurs der studentischen 68er-Generation auf den traditionsreichen kommunistischen Antifaschismus hatte entlastenden Charakter. Er war eine Art nachholender Widerstand gegenüber dem Hitler-Regime, der die Scham über Täterschaft, Mitläufertum und Verstrickung der Elterngeneration mildern sollte. Allerdings wurde dieser Widerstand immer ideologischer und militanter und überzog alsbald den deutschen Nachkriegsstaat und seine Bürger mit einem generalisierten Faschismusverdacht.[2] Aufgegriffen wird dies heute wieder von Aktivisten der Identitätspolitik, die von »Menschen mit Nazivergangenheit« reden und damit die »Mehrheitsgesellschaft« in die kollektive Schuld-Ecke drängen wollen (siehe Kapitel 11).

Tumulte auf dem Deutschen Soziologentag 1968 in Frankfurt

Auf dem Deutschen Soziologentag im April 1968 in Frankfurt kam es zu regelrechten Tumulten aufgrund der Studentenproteste. Der SDS (Sozialistischer Deutscher Studentenbund) mobilisierte in Flugblattaktionen und Teach-ins gegen die Professorenschaft und den Zustand der Universität. Der Muff aus den Talaren sollte verschwinden. Auch Ralf Dahrendorf, der im gleichen Jahr zum Vorsitzenden der Deutschen Gesellschaft für Soziologie gewählt worden war, wurde heftig attackiert. Obwohl er mit seiner Kritik an der Praxisferne der Lehre an der Universität durchaus die Sympathien der Studenten traf. Das Hauptreferat hielt Theodor W. Adorno zur Frage der Aktualität der Marx'schen Kapitalismustheorie im Rahmen seiner Analyse des Spätkapitalismus. Dahrendorf widersprach ihm nicht mit einem Gegenvortrag, sondern einem umfangreichen Fragenkatalog. In dieser gewählten Rhetorik kritisierte er Adorno gleichwohl ganz grundsätzlich. Es änderte allerdings nichts daran, dass in der nachfolgenden Zeit die Frankfurter Schule mit ihrer neomarxistischen Kulturkritik und ihren Einschätzungen des Spätkapitalismus an den Universitäten dominant wurde, ganz im Sinne einer kulturellen Hegemonie – auch wenn der klassische Marxismus an den Hochschulen keineswegs verschwand. Die »blauen Bände« der Marx-Engels-Gesamtausgabe, die günstig in Ost-Berlin zu erstehen waren, fanden sich in zahlreichen studentischen Bücherregalen. Doch da die Arbeiterklasse als revolutionäres Subjekt des klassischen Marxismus nicht bereit war, sich zu erheben, weil sie ganz zufrieden war in der sozialen Marktwirtschaft, gewannen an den Universitäten die Vertreter des Neomarxismus an Einfluss.

Der Soziologe René König äußerte sich unmittelbar nach dem Soziologentag 1968 in einem Brief gegenüber Ralf Dahrendorf äußerst besorgt über den »eingeschlagenen Weg der Politisierung«. Obwohl Dahrendorf selbst parteipolitisch aktiv war, war er über diese Entwicklung in seinem Fach sehr beunruhigt. Er fürchtete, wenn die Politisierung in dieser Weise voranschreite, würde kein vernünftiger Mensch mehr Soziologie studieren. Darin täuschte sich der Liberale allerdings gewaltig. Auf König antwortete Dahrendorf: »Wenn irgendetwas mich in der Zukunft leiten wird, dann der Versuch, nicht der Politisierung, sondern der Entpolitisierung.«[3]

Der Siegeszug der Frankfurter Schule

»Noch der Baum, der blüht, lügt in dem Augenblick, in welchem man sein Blühen ohne den Schatten des Entsetzens wahrnimmt; noch das unschuldige Wie schön wird zur Ausrede für die Schmach des Daseins, das anders ist, und es ist keine Schönheit und kein Trost mehr außer in dem Blick, der aufs Grauen geht, ihm standhält und im ungeminderten Bewusstsein der Negativität die Möglichkeit des Besseren festhält.«[4]

Dies ist wohl der am häufigsten zitierte Satz von Theodor W. Adorno aus den *Minima Moralia,* geschrieben 1944 im US-amerikanischen Exil mit Blick auf den Zivilisationsbruch der nationalsozialistischen Verbrechen. Die Aphorismen-Sammlung mit dem Untertitel »Reflexionen aus dem beschädigten Leben« erschien nach seiner Rückkehr nach Deutschland Anfang der 1950er-Jahre und wurde später zu einem Bestseller. In den beginnenden Auseinandersetzungen über kollektive Schuld und persönliche Verantwortung wurde der jüdische Soziologe und Philosoph als öffentlicher Intellektueller für die Studenten der Nachkriegsgeneration und im geistigen Leben der Republik eine große moralische Instanz – gerade weil ihre Väter häufig verstrickt gewesen waren in die Verbrechen der Nazis. Die aus den USA zurückgekehrten jüdischen Intellektuellen beziehungsweise die dort gebliebenen im Umfeld des Frankfurter Instituts für Sozialforschung prägten die nachfolgenden Studentengenerationen und die geistige Kultur der Bundesrepublik bis weit in die 1980er-Jahre hinein. Sätze aus dem Büchlein wie »Es gibt kein richtiges Leben im falschen« oder »Das Ganze ist das Unwahre«[5] gerieten vielen geradezu zum Motto. In ihrer 1947 erschienenen berühmten Schrift über die *Dialektik der Aufklärung* kritisieren Adorno und Horkheimer den unentrinnbaren »Verblendungszusammenhang« in der bürgerlichen Gesellschaft.[6]

Hart ins Gericht gehen sie darin mit der westlichen Aufklärung. Sie verhalte sich zu den Dingen wie der Diktator zu den Menschen. »Aufklärung ist totalitär wie nur irgendein System. ... für sie ist der Prozess von vornherein entschieden.«[7] Die Vernunft sei zum bloßen Hilfsmittel der allumfassenden bürgerlichen Wirtschaftsapparatur verkommen. Sie versachliche und verdingliche die Menschen. Gnadenlose Naturbeherrschung, Fortschrittsgläubigkeit und Kapitalismus als Abkömmlinge des westlichen Zivilisationsprozesses hätten ins Verderben geführt. Verdienstvoll an ihrer *Dialektik der Aufklärung* ist ihr Blick auf die Fallstricke einer Rationalität, die ihre irrationale Grundlage vergessen hat. Doch verstellt ihnen ihre apokalyptisch gefärbte Vernunftkritik und ihr maßloses antikapitalistisches Ressentiment den Blick auf die freiheitlichen Errungenschaften der Zivilisationsgeschichte. Schon 1939 griff Horkheimer auf die auf Stalin beziehungsweise Dimitroff zurückgehende sogenannte Kontinuitätsthese zurück, wonach der Faschismus die höchste und entwickeltste Form des Kapitalismus und Imperialismus sei. »Wer aber vom Kapitalismus nicht reden will, sollte auch vom Faschismus schweigen.«[8]

Trotz einiger Revisionen sahen Adorno und Horkheimer – ganz wie Karl Marx – in den errungenen politischen und individuellen Freiheiten der Aufklärung nur die »bürgerliche Freiheit«, die dem verhassten Kapitalismus diene. Der Bürger in den sukzessiven Gestalten des Sklavenhalters, des freien Unternehmers und Administrators sei das logische Subjekt der Aufklärung und müsse als bürgerliches scheitern. Mit einem Liberalismus, der die freie Wirtschaft propagiere, würde sich die Vernunft selbst zerstören. Auch Walter Benjamin, Leo Löwenthal, Erich Fromm und Herbert Marcuse zählten zu den Köpfen der Frankfurter Schule. Marcuse brachte die neue Lehre deutlich auf den Punkt: »Die Wendung vom liberalistischen zum total-autoritären Staat vollzieht sich auf dem Boden derselben Gesellschaftsordnung. Im Hinblick auf diese Einheit der ökonomischen Basis lässt sich sagen: es ist der Liberalismus selbst, der den total-autoritären Staat aus sich erzeugt.«[9] Die Vertreter der Kritischen Theorie, später ihre Schüler wie Jürgen Habermas, wurden zu Ikonen der Studenten und prägten seit 1968 maßgeblich den intellektuellen Zeitgeist, weit über die Universität hinaus.[10] Doch auch andere Vertreter des Neomarxismus wie Antonio Gramsci, Georg Lukács, Henri Lefebvre, Ernst Bloch, Wolfgang Abendroth oder Oskar Negt waren einflussreich.

Diese neomarxistische Sozialphilosophie mit Elementen Marx'scher Ideologiekritik, verknüpft mit einer Kulturkritik der Moderne, dem Thema der Entfremdung und Bruchstücken der Psychoanalyse, fand immense Ausbreitung. Gefasst in einer Sprache, die weitaus attraktiver war als jene des klassischen Historischen Materialismus mit seinem politökonomischen Haupt- und Nebenwiderspruch. Ihre Kritik am Spätkapitalismus und der »universal das Bewusstsein manipulierenden Kulturindustrie« verknüpften sie mit dem Idiom vom autoritären Staat. Doch so ebneten sie den fundamentalen Unterschied zwischen bürgerlicher Demokratie und totalitärer Herrschaft ein.

Die Neue Linke

Die Neue Linke ließ sich von den Ideen der neomarxistischen Intellektuellen inspirieren und verabschiedete sich vom sowjetisch geprägten Marxismus. Ihr Antikapitalismus und ihre antibürgerliche Gesellschaftskritik gingen über den klassischen Widerspruch von Lohnarbeit und Kapital hinaus. Aktivisten waren nicht nur an der Universität unterwegs, sondern trugen die Ideen in die Gesellschaft hinein. Dritte-Welt-Gruppen konstituierten sich, antiimperialistische Kämpfer gegen Imperialismus und globalen Kapitalismus verbündeten sich. Die sogenannten K-Gruppen schossen wie Pilze aus dem Boden und folgten maoistischen Lehren, trotzkistische Sekten waren emsig unterwegs. Die sogenannten Spontis bestimmten maßgeblich das Geschehen in der Hausbesetzerszene. Es ging ihnen in ihrem antiautoritären Kampf gegen Kapitalismus und die bürgerliche Gesellschaft auch um neue Lebensformen – »Fantasie an die Macht«; »Unter dem Pflaster liegt der Strand«. Die Ökologiebewegung als Vorläufer der Partei der Grünen betrat ebenfalls die gesellschaftliche Bühne. Die Neue Frauenbewegung, von der schon die Rede war, trat selbstbewusst zwischen diesen Neuen Sozialen Bewegungen auf, die allesamt außerparlamentarisch waren. In den wilden 1970er-Jahren wurde bereits lautstark der Kapitalismus, der Kolonialismus und das Patriarchat kritisiert – noch nicht in der intersektionalen Version heutiger Identitätspolitik, aber die Themen waren schon vielfältig präsent. Trotz Kritik am »faschistischen Staat« und einer »unterdrückenden Gesellschaft« begann ein langfristig sehr erfolgreicher Marsch durch die Institutionen beziehungsweise die Institutionalisierung der zivilgesellschaftlichen Initiativen. Sie mauserten sich über die Jahrzehnte zu Lobby-Gruppen, die heute, staatlich subventioniert, sehr erfolgreich agieren.

Es gab in den 1970/1980er-Jahren breite politische Bündnisse in politischen Aktionen – streitlustig ging es zu –, aber auch Absatzbewegungen von diesem Konglomerat linker Initiativen und Ideen. Die neue, autonome Frauenbewegung separierte sich dezidiert von den männlich dominierten Gruppen und machte sich auf die Suche nach weiblicher Identität, jenseits patriarchalischer Machtstrukturen. Frauenbewegung und feministische Theorie waren gewissermaßen das Flaggschiff der Neuen Sozialen Bewegung. Sie wollten kein »Nebenwiderspruch« in alter marxistischer Manier neben dem Hauptwiderspruch sein und organisierten sich selbst in eigenen Gruppen, Häusern und Denkräumen. Und kreierten die ersten Safe Spaces für sich. Diese Politik der Differenz, die sich absetzte von der patriarchalen »allgemeinen« Gesellschaft, war in gewisser Weise eine Blaupause für die spätere Identitätspolitik.

9. Die Geister, die ich rief …

Die Politik der Differenz hat in unterschiedlichen sozialphilosophischen Strömungen ihren Ursprung: zum einen in den postmodernen Theorien des Dekonstruktivismus und zum anderen im multikulturellen Kommunitarismus. Schon die Kritische Theorie sah das Projekt der Moderne gescheitert und formulierte ihre Kritik an der westlichen Aufklärung, der Vernunft, den Fortschrittskonzeptionen im Zuge der Naturbeherrschung. Diese Kritik an der Moderne setzten die französischen Dekonstruktivisten noch radikaler fort.

Vernahm man bei den Vertretern der Frankfurter Schule eher einen melancholischen Abgesang auf das bürgerliche Subjekt, so bleibt bei den Postmodernen einzig noch eine Konstruktion des Subjekts übrig, zugerichtet von diversen gesellschaftlichen Machtstrukturen. Von beiden Seiten wird der Liberalismus und seine ausdrückliche Wertschätzung des Individuums – wie wir sie spätestens seit der Aufklärung im Westen kennen – kritisiert. Obendrein werden dessen Freiheiten in der Nachfolge von Karl Marx als nur »bürgerliche« diskreditiert. Diese linke Kritik ist im Übrigen auch dem multikulturellen Kommunitarismus eigen. In den 1970er- und 1980er-Jahren entwickelte sich eine Debatte darüber im angelsächsischen Raum, die auch nach Europa ausstrahlte. Die Kommunitaristen kritisierten den Kapitalismus ebenso sehr wie den Individualismus und arbeiteten sich ab an der universalistisch ausgerichteten, liberalen *Theorie der Gerechtigkeit* von John Rawls. Dem Individualismus und der »Entsolidarisierung in Zeiten des Neoliberalismus« setzten sie den Wert der Gemeinschaft entgegen. Als soziales Wesen sei der einzelne Mensch vor allem eingebettet in seine Kultur und deren Traditionen, die die eigentliche Bindekraft bedeute und Identität stifte. Der kanadische Sozialphilosoph Charles Taylor ist neben Michael Walzer und Michael Sandel einer der wichtigsten Vertreter dieser Richtung. Er geht davon aus, dass alle Kulturen im Prinzip gleichwertig seien und sich als eigene Kulturen im Nebeneinander selbst zu behaupten hätten. Folgerichtig war er einer der wichtigsten Unterstützer der aktiven Förderpolitik ethnischer, religiöser und sexueller Minderheiten an den Hochschulen und in der Gesellschaft, die dann in eine Identitätspolitik mündete, die den Universalismus verabschiedet. Dem kritisierten westlichen Individualismus begegneten die Kommunitaristen mit einem Kollektivismus, der in Gruppenidentitäten gründet und das Kollektiv und dessen Rechte höher schätzt als die Autonomie des Individuums und dessen individuelle Rechte. Der im Multikulturalismus geforderte gleichwertige Respekt gegenüber allen Kulturen schließt dann auch ein, dass die Einschränkung oder Aussetzung individueller Rechte und Freiheiten zugunsten des Kollektivs und seiner kulturellen Gewohnheiten (wie zum Beispiel die Unterdrückung von Frauen in muslimischen Parallelgesellschaften) toleriert werden – auch wenn sie unserem Rechtsverständnis zuwiderlaufen.[1]

Von der Kritischen Theorie zum Postmodernismus

In dieser kleinen Rekapitulation linker Gesellschaftskritik und -theorie offenbaren sich die Brüche und Kontinuitäten, die zu der heute sich ausbreitenden Critical Social Justice Theory geführt haben. Seit den 1970er-Jahren waren der sogenannte Cultural Turn und der Racial Turn zu beobachten. Auch wenn es immer noch Vertreter der klassisch-marxistischen Linken an den Hochschulen und in der öffentlichen Debatte gab und gibt, ist eine deutliche Akzentverschiebung zu beobachten, weg von der Fokussierung auf ökonomische Ausbeutung und soziale Ungleichheit hin zu den Themen Diskriminierung, Ausgrenzung und Anerkennung auf kulturell-gesellschaftlicher Ebene. Nicht mehr das Proletariat und seine Befreiung stand auf der Agenda, sondern die Kritik des Kolonialismus und Imperialismus, die Aufwertung »ursprünglicher« Kulturen der Dritten Welt, das »Andere« der westlichen Kultur, Rassismus- und Patriarchatskritik. Deshalb spricht man im Unterschied zur klassischen von der kulturalistischen Linken. Dem Marxismus war noch die Vernunfts- und Fortschrittsidee der Aufklärung und westlichen Moderne eigen. Er trat mit einem universalistischen Anspruch auf, auch wenn die Klassenstandpunkte entgegengesetzten Interessen folgten. Die Neomarxisten und Vertreter der Kritischen Theorie sprachen immerhin noch vom »Doppelgesicht der Aufklärung« und wollten trotz Kritik an der bürgerlichen Zweckrationalität die Vernunft nicht völlig verwerfen. Aber ihre umfassende

Kritik an der westlichen Moderne war dennoch eine hervorragende Vorlage für die weit radikalere Herrschaftskritik der Postmodernisten, vor allem der französischen Poststrukturalisten und Konstruktivisten. Jean-François Lyotard und Michel Foucault verwarfen die großen »Metaerzählungen«[2] der Aufklärung und verabschiedeten die Vernunft als Herrschaftsinstrument.

Die Moderne steht für eine grundlegende kulturelle Transformation in der westlichen Zivilisationsgeschichte. Es war das Zeitalter des Wissens, der Sieg der Vernunft über den Glauben, die Etablierung der Wissenschaften, die Durchsetzung der repräsentativen Demokratie, die Wertschätzung des Individuums und die Herausbildung der individuellen Freiheit: Freiheit, Gleichheit, Brüderlichkeit, die Würde des Einzelnen und sein Recht auf die Suche nach seinem individuellen Glück, ohne anderen zu schaden. Es war die Befreiung aus kollektiven Zwängen, der Sippe, der Stände, der Religion und Kirche. Die erkämpfte Gleichheit vor dem Recht zählt ebenso dazu wie Wahlfreiheit und Chancengerechtigkeit. Diese demokratisch-liberale Ordnung der Moderne wird heute von Rechten, Islamisten und Evangelikalen ebenso angegriffen wie von linker Seite.

»French Theory«: Foucault in Amerika

Die postmodernen Denker radikalisierten die bisherige linke Kritik an der westlichen bürgerlich-kapitalistischen Gesellschaft. Mit der postmodernen Wende in den 1960er- und 1970er-Jahren gerieten die Ideen über Wissen und Macht ins Zentrum. Es ging den Sozialphilosophen um eine radikale Dekonstruktion des Modernismus, nicht nur in der Theorie, sondern auch in der Gesellschaft. Die der Moderne zugeschriebenen Begriffe von Wissen, Vernunft, Geschichte und Fortschritt, von Subjekt und Individuum seien Konstruktionen von Herrschaft, die dekonstruiert werden müssten. Scharf attackierte Jean-François Lyotard den sogenannten Logozentrismus der Aufklärung. Die Rationalität sei der »Imperialismus des Logos«, konstatierte Jacques Derrida.[3] Das Subjekt existiere nur als fragmentiertes, es sei fremdbestimmt und unterworfen durch Sprache und Macht. Auch Wahrheit gäbe es nur in kleinen, fragmentierten Formen.

Einzig die Sprache konstruiere Wissen, Erkenntnis und Wirklichkeit. Auch das bürgerliche Individuum sei eine Konstruktion. In all diesen Feldern ging es um die Demaskierung von Machtstrukturen. Die wichtigsten postmodernen Protagonisten waren französische Poststrukturalisten: Michel Foucault, Jacques Derrida, Luce Irigaray, Julia Kristeva, Jean François Lyotard, Jean Baudrillard, Gilles Deleuze, Felix Guattari, Jacques Lacan. Skepsis, die ja ein wichtiger Antrieb für die Aufklärung und wissenschaftliche Revolution gewesen ist, gefolgt vom Prinzip der Falsifikation, geriet den Postmodernisten zu einem geradezu zynischen Skeptizismus, der Vernunft, Wissen und Wahrheit grundsätzlich verwirft. Die in der Moderne entwickelte Aufteilung eines objektiven Universellen und eines subjektiven Individuellen wird bei ihnen aufgehoben. Universelle Wahrheiten und Erkenntnisse seien kulturelle Konstruktionen. Die Gesellschaft sei geprägt von Hierarchien, die letztlich entscheidend dafür seien, was man überhaupt wie erkennen und wissen könne. Uns ist diese Idee bereits in der Standpunkttheorie begegnet (siehe Kapitel 6). Die zentralen Themen des Postmodernismus sind die Macht der Sprache, der Kulturrelativismus, die Verwerfung des Universalen und das Verschwinden des Individuums. Macht ist die wichtigste Kategorie. Sie durchdringt alle gesellschaftlichen Bereiche und reicht bis in den letzten Winkel.

In den 1970er-Jahren war der Philosoph, Soziologe und Historiker Michel Foucault häufig und zum Teil länger in den USA und hatte später Gastprofessuren an den kalifornischen Elite-Universitäten Berkeley und Stanford. Seine Schriften über Sexualität und seine Diskurstheorie wurden rasch ins Amerikanische übersetzt und viele Bücher zur Einführung in die Foucault-Lektüre erschienen.

Foucaults Diskurs- und Machtkritik[4] hatte in den USA eine immense Bedeutung für die Critical Social Justice Theories. Judith Butler bezieht sich in ihren Theorien zum konstruierten Geschlecht immer wieder auf Foucault ebenso wie Edward Said in seinen grundlegenden postkolonialen Schriften.

Critical Social Justice Theories: Die neuen Wissenschaften von der kulturellen, ethnischen, sexuellen und religiösen Identität

Der Postmodernismus prägt seit Anfang der 1990er-Jahre die Critical Social Justice Theories: Gender Studies, Postcolonial Studies, Critical Whiteness Studies, Critical Race Theory oder Queer Theory. Es ist gewissermaßen der »angewandte Postmodernismus«.[5] Aus der Bürgerrechtsbewegung haben ihre Vertreter die Bezeichnung Social Justice Scholarship übernommen. Die sogenannte French Theory findet allerdings in sehr vulgarisierter und fragmentierter Weise Eingang in die neuen, kritischen Theorien in den USA, die nun wiederum in einer Art »Reimport«[6] nach Europa zurückkehren.

Wollten die französischen postmodernen Sozialphilosophen damals vornehmlich beobachten, waren ihnen Ironie und Sprachspiele eigen, so geht es den Vertretern der Critical Social Justice Theories heute ausdrücklich um eine Verbindung von Theorie und Aktivismus – und dies in rigider, militanter und gänzlich unironischer Weise. Identitätspolitik ist die daraus abgeleitete Praxis. An Bedeutung gewinnen die neuen Critical Theories paradoxerweise seit den 1990er-Jahren, gerade zu einem Zeitpunkt, als die Frauenbewegung und andere soziale Bewegungen sehr erfolgreich waren und viele Gesetze zur Gleichstellung bereits auf den Weg gebracht waren. Vor diesem Hintergrund versteht sich, dass sich die identitätspolitischen Forderungen von der sozialen Realität immer weiter entfernen und Diskurse Gegenstand sind, in denen die vermeintliche Unterdrückung zum Ausdruck käme. Deshalb geht es ihnen besonders um die Kontrolle von Sprache und offensive Sprachpolitik in der Gesellschaft und an den Hochschulen. Darüber hinaus steht »Forschungsgerechtigkeit« auf ihrer Agenda, das heißt die dezidierte Bevorzugung von Frauen, ethnischen, sexuellen oder religiösen Minderheiten und die Abschaffung des Wissenskanons der weißen, westlichen Männer. Bisherige Wissensproduktion gründete in der Evidenz und in vernünftigen Argumenten, doch dies seien unfaire privilegierte Konstruktionen weißer Westler – so der Vorwurf der Social Justice Scholarship. Deshalb wird die Möglichkeit und die Förderung eines anderen Wissens verlangt. Alternative Forschungsmethoden sollen auch Aberglauben, spirituellen Glauben, kulturelle Traditionen und emotionale Erfahrungen einbinden. Vor diesem Hintergrund erklärt sich der um sich greifende Begriff der epistemic injustice beziehungsweise der epistemischen Gewalt, gegen die an den Universitäten und in der Gesellschaft gekämpft wird.[7]

Ungefähr seit 2010 haben sich diese Ideen an den Hochschulen im angelsächsischen Raum und über die Aktivisten auch in der Gesellschaft ausgebreitet und fest etabliert. Doch auch bei uns werden sie inzwischen zum Mainstream in den Sozial-, Kultur- und Geisteswissenschaften. Die Infragestellung des bisherigen wissenschaftlichen Kanons geht einher mit Machtkritik. Demnach funktionierten Herrschaft und Unterdrückung über routinisierte Interaktionen, Erwartungshaltungen und soziale Konditionierungen der Menschen. Alle Diskurse seien sozial-kulturell konstruiert und Ausdruck davon, auf welcher gesellschaftlichen Hierarchiestufe sich die Sprecher befinden. Das Individuum existiert nicht für sich, sondern ist nur noch Träger von Machtdiskursen, je nachdem, wo und wie es in die Machtstrukturen eingebettet ist.

Für die Critical Social Justice Theories ist deshalb die Vorstellung von einem Individuum mit gleichen Rechten, gerade unabhängig von Klasse, Rasse, Geschlecht, Religion und Sexualität, falsch, weil sie die dominanten Diskurse der weißen »Mehrheitsgesellschaft« und damit deren Herrschaft nur fortsetzte. Ein Individuum ebenso wie eine universelle Menschheit sei eine westlich-männliche Konstruktion. Stattdessen bestehe die Gesellschaft aus diversen Gruppen, die ihr je eigenes Wissen, ihre eigenen Werte und Diskurse in ihrer Gruppenidentität entwickelten. Im Kollektiv teilten sie ihre Wahrnehmungen und Erfahrungen ihrer gesellschaftlichen Positionierung, die sie sich in den Safe Spaces bewusst machten.

Doch aus den sozio-kulturellen Herrschaftsstrukturen insgesamt gäbe es kein Entrinnen. Eine unhintergehbare koloniale Totalität überwölbe Vergangenheit und Gegenwart, so das Verdikt. Nicht mehr die Emanzipation steht damit auf der Agenda, sondern die »Identifizierung mit dem Leiden selbst«, das aus Unterdrückung und Diskriminierung erwachsen sei, wie es Judith Butler propagiert. Da Menschen immer wieder von Gewalt unterjocht würden, läge in der Anerkennung des eigenen Leids die einzige Möglichkeit einer Beendigung des Schmerzes. Das Selbstverständnis und Bewusstsein, Opfer einer unterdrückten oder diskriminierten Minderheit zu sein, die leidet oder in der Vergangenheit gelitten hat, stifte Identität und Sinn und wird zum kollektiven Merkmal. In dieser offensiven Identitätspolitik werden dann für die diversen Opferkollektive besondere Ansprüche formuliert und neue kollektive Rechte eingefordert.

Inzwischen sind die Aktivisten an den Universitäten und in der Gesellschaft immer militanter geworden. Die Ideen der Critical Social

Justice Theories in Gestalt der Identitätspolitik haben sich zum »dominanten Metanarrativ«[8] entwickelt. Wer widerspricht, wird gecancelt. Debatten, in denen die besten Argumente zählen und Analysen entstehen, die evidenzbasiert sind, sind mit den Anhängern all dieser Critical Theories, zusammengefasst unter dem Singular Critical Social Justice Theory, kaum noch möglich. Doch wenn die gelebte Erfahrung höherwertig ist als die gemeinsame Suche nach Erkenntnis, verschwindet ein gemeinsamer Bezugsrahmen, Konflikte werden unlösbar. Die »Social Justice Warriors«, wie sie inzwischen genannt werden, immunisieren sich gerne gegenüber der Kritik der Vertreter der sogenannten Mehrheitsgesellschaft mit dem Verweis: Diese Kritik sei ja verwoben mit dem existierenden Privilegiensystem der herrschenden politischen und sozialen Machtbeziehungen und verstelle systematisch den Blick auf Unterdrückung und Diskriminierung von Minderheiten. Deshalb gäbe es auch keine Meinungsfreiheit, da sich in den Diskursen immer nur die Meinung der Privilegierten und Herrschenden widerspiegele. Die praktische Umsetzung der Critical Social Justice Theory ist, verknüpt mit der Identitätspoltik, die Woke Culture, die längst aus den Universitäten in die Gesellschaft eingedrungen ist. Gleich einer Erweckungsbewegung will sie für die Wahrnehmung von Unterdrückung und Diskriminierung in der »patriarchalisch-heteronormativen-kapitalistisch-rassistischen« Gesellschaft sensibilisieren und Wachsamkeit lehren. Und die Cancel Culture ist gewissermaßen die Stufe der Exekution, wenn nämlich Täter ausgemacht und zum Verschwinden gebracht werden. Es trifft Menschen ebenso wie Ideen, Bilder, Lieder, Bücher, Wörter und Namen.

Sozialphilosophische Flankierung der Identitätspolitik

Bei den Anhängern und Schülern der Critical Social Justice Theory hat sich ein ganz eigenes Vokabular breitgemacht – das Eingang in die allgemeine Sprache findet. Zum Teil sind es eigene Kreationen, zum Teil inhaltlich neu aufgeladene Begriffe aus dem Sammelsurium der unterschiedlichen Ideenfragmente. Denn in sich konsistent ist die Theory keineswegs, stattdessen in seltsame Widersprüche verwickelt. Einerseits soll alles konstruiert sein, wie das Geschlecht oder die Rasse. Anderseits werden identitäre Wesenskerne unterstellt, das Essenzielle einer Kultur oder einer ethnischen Gruppe und die Essenz einer bestimmten kollektiven Leiderfahrung, die ganz strategisch eingesetzt wird. Wiederzufinden sind Elemente der marxistischen Kapitalismuskritik, Bruchstücke fragwürdiger Imperialismustheorien und Ideen der Kritischen Theorie und der Neomarxisten. Adornos Rede von der »Totalität der Gesellschaft« und der Satz »Das Ganze ist das Unwahre« klingeln in den Ohren. Herbert Marcuse meint man zu vernehmen, in jedem Fall Antonio Gramsci und natürlich stark präsent die Denkfragmente der französischen Postmodernisten und ihre vulgarisierte Diskurs- und Machttheorie. Die Critical Social Justice Theory ist so anschlussfähig, weil sich jeder aus diesem Ideensammelsurium etwas Passendes herauspicken kann und niemand es wagt, etwas gegen die vermeintlich für alle geforderte soziale Gerechtigkeit vorzubringen.

Bereits 2018 haben die Historikerin Helen Pluckrose, der Mathematiker James Lindsay und der Philosoph Peter Boghossian ein Experiment gestartet, das unter dem Namen »Grievance Studies Affair« bekannt wurde. Zur Vorbereitung hatten sie eine akribische Analyse des Diskursvokabulars der Critical Social Justice Theory vorgenommen.[9] Sie schrieben 20 Essays in dieser Sprache und reichten sie bei renommierten sozial- und kulturwissenschaftlichen Fachzeitschriften ein. Die drei wollten unter Pseudonym testen, ob absurde und wissenschaftlich untragbare Inhalte, verpackt in den Jargon der Critical Social Justice Theory und der Woke Culture, dennoch angenommen würden. Und siehe da, tatsächlich wurden sieben Aufsätze akzeptiert. Berühmt geworden ist ihre Abhandlung über die Vergewaltigungskultur und queere Performativität von Hunden in städtischen Parks in Portland und die menschlichen Reaktionen darauf. Das Essay wurde in der Jubiläumsausgabe von *Gender, place and culture* veröffentlicht.[10] Die *Financial Times* erklärte die zusammenfassenden Studien der drei linksliberalen Wissenschaftler mit dem Titel *Cynical Theories* zum Buch des Jahres 2021.[11]

Peter Boghossian hat 2021 nach zehn Jahren seine Philosophieprofessur an der Portland State University gekündigt, weil ihm das illiberale Klima und der wachsende ideologische Konformitätsdruck unerträglich geworden waren. Er ist, wie man sich denken kann, mit seinen Positionen und seiner Kritik am Mainstream der Critical Theories zunehmend drangsaliert und ins Abseits gedrängt worden. Offene Debatten waren nicht mehr möglich. Inzwischen ist er an einer neu gegründeten Universität in Austin, Texas, die sich der Freiheit der Wissenschaft verschrieben hat.

Nach dieser kleinen ideengeschichtlichen Tour d'Horizon erschließt sich allmählich, warum die Critical Social Justice Theory mit all ihren Verästelungen und die daraus folgende Woke Culture und Identitätspolitik auf so wenig Widerstand in den Sozial-, Geistes- und Kulturwissenschaften auch in Deutschland stößt. Obwohl sie ausgesprochen antiliberal und letztlich antiintellektuell ist. Sie kann jedoch anschließen an eine seit 1968 währende linke Hegemonie in diesen Fächern, auch wenn diese sich vom klassischen Marxismus über den Neomarxismus, den multikulturellen Kommunitarismus, die Kritische Theorie der Frankfurter Schule und dem auch zeitweise bei uns verbreiteten französischen Poststrukturalismus weiterentwickelte.

Die transatlantische Tradition der Frankfurter Schule in der Nachfolge von Theodor W. Adorno und Max Horkheimer haben auch Jürgen Habermas und seine Schüler fortgesetzt. Sie waren und sind in regem Austausch mit den Elite-Universitäten Berkeley, Stanford, Yale oder Harvard. Der Begriff der Anerkennung, den die Frankfurter kritischen Theoretiker seit 1990 stark machten, hatte gewissermaßen eine Brückenfunktion zwischen der alten Kritischen Theorie und den neuen Schöpfungen der Critical Social Justice Theory.

Der Sozialphilosoph Axel Honneth, Schüler von Jürgen Habermas und 17 Jahre Direktor des Frankfurter Instituts für Sozialforschung bis 2018, sieht sich bis heute in der Tradition der Kritischen Theorie, nämlich die »kapitalistische Gesellschaft als Totalität zu begreifen«.[12] Es gäbe zwar Fehler und Vereinseitigungen auf beiden Seiten, doch zwischen sozialer Gerechtigkeit und daraus abgeleiteten Forderungen nach Umverteilung und Identitätspolitik, die sich vornehmlich an kultureller Anerkennung orientiert, bestünde kein prinzipieller Gegensatz. Wir hätten alle verschiedene Identitäten. Deshalb ginge es immer um Anerkennung spezifischer, für die einzelne Person wichtiger Identitäten in einem politischen Gemeinwesen. »Ob diese Identität nun aus der Arbeitswelt, der kulturellen Herkunft oder dem Geschlecht geschöpft wird, ist dann letztlich sekundär.«[13] Honneth-Schüler Martin Saar, Professor für Sozialphilosophie in Frankfurt, steht der Critical Social Justice Theory noch näher. In Sexismus, Rassismus und Kolonialismus sieht er fortbestehende strukturelle Phänomene. Die Sensibilisierung für derartige Missstände lasse sich in den »meisten Fällen als gesellschaftlicher Lernfortschritt bewerten«.[14] Und ausdrücklich greifen auch feministische Theoretikerinnen auf Theoreme der Kritischen Theorie zurück. Die Soziologin Karin Stögner von der Universität Passau verknüpft sie mit der postmodern orientierten Intersektionalität in den Gender Studies: damit im »gesamtgesellschaftlichen Verstrickungszusammenhang unterschiedliche Herrschaftsmechanismen und -techniken in ihrer besonderen Qualität nicht isoliert, sondern aufeinander bezogen und ineinander verflochten« begreifbar würden.[15]

10. Was läuft falsch an den Universitäten?

Die Folgen dieser »Lernfortschritte« an den Universitäten sind gravierend. Wenn Lehrende eine bestimmte politische Agenda verfolgen, zum Beispiel Lehre und Forschung nach den Prinzipien der Diversity, Equity, Inclusion ausrichten, und mit ihrer Gesellschaftskritik identitätspolitische Ziele verfolgen, werden die Grenzen des Sagbaren immer enger gezogen. Ergebnisoffenes Forschen, die freie Rede und der sachliche Umgang mit Argumenten im Disput, kann dann nicht mehr vorbehaltlos und ungezwungen stattfinden. Der Konformitätsdruck wächst und die Pluralität der Perspektiven schwindet. Sukzessive untergraben dann Moralisierung und ideologische Dogmen die Wissenschaftsfreiheit.

Das zeigt sich bereits in den favorisierten Fragestellungen und Prämissen in Forschung und Lehre und dem daraus abgeleiteten Forschungsdesign. Folgen die Wissenschaftler dabei offen oder verdeckt oder gar nicht der oben beschriebenen Standpunkttheorie? Mit welcher Perspektive gehen sie in ihrer Forschung an die Gesellschaft heran? Sehen sie einen Kapitalismus walten, der die gesellschaftliche Ungleichheit befördert? Oder sehen sie in der sozialen Marktwirtschaft die Möglichkeit von Chancengerechtigkeit? Gehen sie von einer Aufteilung der Gesellschaft in Privilegierte und Diskriminierte aus, die dann in einer Gegenüberstellung von Tätern und Opfern mündet? Unterstellen sie einen strukturellen Rassismus oder beobachten Rassismus in konkret-empirischen Handlungen? Gehen sie von abnehmender oder zunehmender Diskriminierung gesellschaftlicher Minderheiten aus? Auffällig ist, dass in den letzten Jahren immer mehr Gelder des Bundesministeriums für Bildung und Forschung in die Neuschaffung von Professuren für die systemische Rassismusforschung geflossen sind, insbesondere im Sektor der Migrations- und Integrationsforschung. Dies spiegelt sich bereits in der Auswahl der Wissenschaftler für die vorab stattfindenden Anhörungen des Ministeriums wider. Immer häufiger finden sich in der Drittmittelförderung zudem forschungsfremde Vorgaben, angelehnt an die amerikanische

DEI-Klausel, den Prinzipien der Diversität, Gerechtigkeit und Inklusion zu folgen. Es handelt sich dabei, wie wir gesehen haben, nicht um neutrale Begriffe, sondern um ein politisches Programm, das inzwischen auch viele deutsche Universitäten zu ihrem Leitbild gemacht haben.[1] Flankiert wird dies durch die institutionelle Verankerung von Diversitätsbeauftragten und die Einführung interdisziplinärer Diversity-Studiengänge.

Im Streit um die Deutungshoheit an den Hochschulen ist eine Stellungnahme der Forschungsstelle für interkulturelle Studien der Universität Köln bemerkenswert. Darin heißt es, Aussagen wie »der Islam gehört nicht zu Deutschland« oder »das Kopftuch ist ein Zeichen der Unterdrückung« seien menschenverachtend. Als Begründung heißt es, damit würden »soziale Gruppen und Mitglieder der Universität diskriminiert und zu Opfern alltäglich stattfindender rassistischer und menschenfeindlicher Diskriminierung«. Mit dem Instrumentarium einer »kritischen Rassismus- und Diskriminierungsforschung« müsste dies »als rassistisch, rechtsextrem und menschenverachtend eingeordnet« und klar verurteilt werden.[2]

All dies hat natürlich großen Einfluss auf die Studierenden. An der Frankfurter Goethe-Universität gab es in den letzten Jahren einige Debatten über Wissenschafts- und Meinungsfreiheit, Ausladungen und Boykottversuche von Veranstaltungen zum Thema Migration, Islam und Rassismus. Das nahmen die Sozialwissenschaftler Matthias Revers und Richard Traunmüller zum Anlass für eine empirische Studie über Redefreiheit bei den Studierenden.[3] Sie waren besonders daran interessiert, wie es um die Meinungsvielfalt im linken Spektrum steht. Dazu befragten sie 1000 Studierende. Ein Drittel bis die Hälfte der Befragten war dagegen, Redner mit abweichenden Meinungen zu besonders umstrittenen Themen wie Geschlecht, Zuwanderung oder Islam anzuhören und an der Universität zu akzeptieren. Noch mehr forderten, derartigen Personen keine Lehrbefugnis zu erteilen. Ein Drittel verlangte, deren Bücher, die als politisch unkorrekt empfunden wurden, aus den Bibliotheken zu verbannen. Die Forscher fanden heraus, dass die Toleranz für andere Positionen im konservativen Spektrum größer war als auf der Seite der Studierenden, die sich als links bezeichnen. Ein Drittel insgesamt beklagte den gestiegenen Konformitätsdruck bei Themen, die politisch umstritten sind. Deshalb seien sie sehr vorsichtig und würden ihre eigene Meinung zurückhaltend oder nur mit großem Unbehagen äußern. Das sind alarmierende Befunde. Die Forscher gehen davon aus, dass diese Stichprobe nur die Spitze des Eisbergs ist.

In den Sozialwissenschaften ringen seit Jahrzehnten Verfechter quantitativer Methoden der Sozialforschung mit Vertretern qualitativ hermeneutischer Verfahren. Ist das Messen gesellschaftlicher Entwicklungen relevanter oder ihre Deutung? Quer dazu liegt die Kontroverse zwischen der Forschung zur sozialen Gleichheit beziehungsweise Ungleichheit auf der einen Seite und einer Forschung, die sich der Herausarbeitung der kulturellen, sexuellen oder religiösen Diversität verschrieben hat und Identitätspolitik betreibt. Der kulturalistische Ansatz stößt auf Kritik vonseiten der marxistisch grundierten linken Ungleichheitsforschung. Die auf dem Campus dominante Sprache und die Ideen der Critical Social Justice Theory haben sich weit von tatsächlicher gesellschaftlicher Diskriminierung und Ungleichbehandlung entfernt. Deshalb wird den »Kulturalisten« zuweilen auch Neoliberalismus vorgeworfen. Doch handelt es sich bei diesen Kontroversen nicht um unüberbrückbare Gegensätze.[4] Sie sind vielmehr komplementär und erweitern die linke Hegemonie in den Sozial-, Kultur- und Geisteswissenschaften, auch wenn es durchaus Gerangel zwischen den verschiedenen linken Strömungen gibt.[5]

Mainstreaming von Forschung und Lehre

Vor allem die moralisch-politisch aufgeladene Woke Culture prägt den Umgang miteinander auf dem Campus. Auch im institutionellen Gefüge des Universitätsbetriebs wird der Konformitätsdruck stärker. Ein Geflecht von Abhängigkeiten und Einflussnahmen durchzieht alle Hierarchieebenen. Vorsicht und Selbstzensur machen sich breit. Dann haben aktivistische Studierende, die gegen unliebsame oder als politisch unkorrekt empfundene Professoren mobilisieren, leichtes Spiel. Der soziale Druck kann aber auch aus dem Mittelbau und dem Professorenkollegium selbst kommen. Häufig lassen Universitätsleitungen derartiges Mobbing einfach laufen. Wenn immer mehr politisch-moralische Kriterien in die Wissenschaft und ihren Betrieb eindringen und festlegen, wer was wie sagen, denken und forschen darf, ist es um die Freiheit schlecht bestellt.

Wilhelm von Humboldt warnte Anfang des 19. Jahrhunderts in seiner berühmten *Denkschrift über die äußere und innere Organisation der höheren wissenschaftlichen Anstalten in Berlin*: »Der Freiheit droht aber nicht bloß Gefahr von ihm (dem Staat, UA), sondern auch von den Anstalten selbst, die, wie sie beginnen, einen gewissen Geist annehmen und gern das Aufkommen eines anderen ersticken.«[6]

Dieser neue Geist wird nicht nur über Leitbilder der Universitäten gestiftet. Auch die Sprachpolitik, die im Rahmen von Diversität, Gerechtigkeit und Inklusion gefördert und gefordert wird, prägt ihn. Inzwischen ist es immer üblicher geworden, bei Qualifikationsarbeiten Punkte in der Bewertung abzuziehen, wenn zum Beispiel die angesagte »geschlechtergerechte Sprache« nicht verwendet wird. Nicht alle Fälle geraten an die Öffentlichkeit. Breiter debattiert wurde die Situation an der Universität Kassel im April 2021. Auf der Homepage wurde den Lehrenden freigestellt, nach eigenem Ermessen Studierende zu reglementieren, »die Verwendung geschlechtergerechter Sprache als Kriterium bei der Bewertung von Prüfungsleistungen heranzuziehen«[7]. Auch hört man immer häufiger von Studierenden, dass sie vorsichtig seien bei der Themenwahl ihrer Examens- oder Seminararbeiten, um dem Mainstream nicht zuwiderzulaufen. »Ich bin nicht links genug« befürchten viele. Diese Vorsicht, wenn nicht gar Feigheit, bestimmt natürlich auch das Klima in den Seminaren, so es dort überhaupt Debatten gibt. Der Konformitätsdruck ist besonders im Mittelbau gewachsen. Denn über 80 Prozent der beschäftigten Wissenschaftlerinnen und Wissenschaftler, besonders im aufgeblähten Mittelbau, verfügen nur über befristete Verträge. Aus Angst, keine Verlängerung oder Entfristung ihrer Verträge zu erhalten, schweigen sie eher, als sich kontrovers zu exponieren. Diese Vorsicht begleitet den weiteren Weg auf der Karriereleiter nach oben. Will man eine der wenigen Professuren ergattern, erfordert dies in der Regel, sich den inhaltlichen Vorstellungen der Berufungskommissionen anzupassen. Bereits im Vorfeld ist entscheidend, wie man sich in den renommierten Fachzeitschriften, den Peer-Reviews in englischer Sprache, mit eigenen Artikeln positioniert. Auch hier beobachten wir ein Mainstreaming. All dies setzt sich fort, wenn es um die Beantragung von Forschungsmitteln geht. Opportunismus, der bis zur Selbstzensur reicht, nimmt auf allen Ebenen zu.

Die Wissenschaftsfreiheit gerät schon länger unter Druck, da die staatliche Förderung dazu neigt, den Mainstream und zeitaktuelle Forschungstrends zu unterstützen, und da in den entscheidenden Gremien des Wissenschaftsbetriebs die renommierten Gutachter vornehmlich die herrschende Lehrmeinung vertreten und wenig Außergewöhnliches zulassen. Schon im Herbst 2018 forderte der Wissenschaftsrat in seinen Empfehlungen zur Hochschul-Governance mehr Freiheit und Autonomie und kritisierte die indirekten Steuerungsmethoden des Staates, die die Qualität von Wissenschaft gefährdeten. Doch besonders problematisch ist die weitere Ausdehnung der Drittmittelforschung und zugleich die Verringerung universitärer Grundfinanzierung. In dieser Umschichtung setzt sich immer mehr die Projekt-Forschung durch. Im Kampf um Ressourcen werden dann just jene Anträge bewilligt, die in ihren Forschungsdesigns den politisch-moralischen Leitbildern der Förderinstitutionen entsprechen. Die Tendenz weg vom Individuum hin zum Kollektiv beobachten wir nicht nur in den sozial- und geisteswissenschaftlichen Trends der Critical Social Justice Theories. Auch in der Forschungsförderung werden Einzelanträge einer Person kaum mehr angenommen, sondern vornehmlich Kollektivanträge. Auch dies verstärkt das Mainstreaming. Solches Vorgehen fördert gerade nicht die Pluralität der Forschungsansätze, Ideen und Methoden, sondern deren Vereinheitlichung.

Die Ökonomisierung des akademischen Betriebs und die Spätfolgen der Bologna-Reformen sorgen darüber hinaus für Bedingungen an den Universitäten, die der Wissenschaftsfreiheit abträglich sind.[8] Seit zwei Jahrzehnten nimmt die Zahl der Studierenden zu, im Mittelbau wird zwar das wissenschaftliche Personal aufgestockt, doch nicht die Professorenstellen. Im Jahr 2021 kamen laut der Erhebung des Hochschulverbands auf einen Hochschullehrer 65 Studierende. Seit der Bologna-Reform 1999 wurde das Studium in einer Weise verschult, dass die Räume für die Entwicklung eigenen Denkens und der Herausbildung von Urteilskraft immer enger wurden. Die Jagd nach den begehrten Credit Points im Qualifizierungsprozess ist wichtiger geworden als ausführliche Lektüre und Debattenkultur. Es bleibt im engen Zeittakt der Prüfungen kaum Raum, ganze Bücher zu lesen. Stattdessen werden Fragmente und Kurzzusammenfassungen nach dem Prinzip ›Copy and Paste‹ verarbeitet. Intellektuelle Aneignung und Auseinandersetzung bleiben so auf der Strecke. Obendrein schützen die ausgerufenen Safe Spaces vor unbequemen Argumenten und Positionen, die den eigenen fremd sind, und befördern eine antiplurale Blasenbildung. Der im Zuge der Corona-Krise eingeschlagene Weg zu mehr digitalen Formaten könnte in Zukunft einen schleichenden Abschied von der Präsenzuniversität bedeuten, denn viel Geld würde gespart. Der ideelle Preis wäre allerdings sehr hoch: Studierende hätten noch weniger Möglichkeiten, im lebendigen Lehrbetrieb Ambivalenzen zu erkennen und zu ertragen, Toleranz dafür zu entwickeln und daraus die Kompetenz zu erwerben, als zukünftige Leistungsträger in der Gesellschaft Konflikte wahrnehmen und lösen zu können. Denn sie hätten keinerlei Übung in Debatten, in denen man sich von Angesicht zu Angesicht gegenübersteht, kompetent und sachhaltig argumentiert und mutig streitet, wenn nötig.

Empirische Studie zur Wissenschaftsfreiheit

Vierzig Prozent der Hochschullehrer fühlen sich in ihrer Lehrfreiheit eingeschränkt, hat das Institut für Demoskopie Allensbach in einer Studie 2021 ermittelt. Es hatte schon 2020 eine große Erhebung zum Thema Forschungsfreiheit an deutschen Universitäten vorgelegt, beauftragt vom Deutschen Hochschulverband und der Konrad-Adenauer-Stiftung.[9] Die meisten Hochschullehrer sahen in organisatorischen Problemen noch größere Forschungshindernisse als etwa in der Atmosphäre der Intoleranz. Besonders der bürokratische Aufwand wurde von den Hochschullehrern beklagt. Nur noch etwas mehr als die Hälfte ihrer Arbeitszeit verwendeten sie auf Forschung und Lehre. Der Rest der Zeit ging in die akademische Selbstverwaltung, in die Erstellung von Gutachten und Anträgen oder sonstige Tätigkeiten. Vierzig Jahre zuvor entfielen noch 72 Prozent der Arbeitszeit der Professoren auf Forschung, Lehre und Prüfungen. Vor allem die Lehre litt unter dieser neuen Zeitaufteilung. Insofern stellt sich die Frage, inwieweit die Reformen der letzten Jahrzehnte tatsächlich der universitären Ausbildung in der Forschung und besonders auch in der Lehre zugutegekommen sind. Die Zahlen sagen das Gegenteil. Drittmittelbeantragung, Gremienarbeit, Gutachtertätigkeiten, die Vorbereitungen auf umfangreiche Evaluationen nehmen immer mehr Zeit in Anspruch, die von der Vorbereitungszeit der Lehre abgehen. Zudem beklagen

38 Prozent, es gäbe häufig zu enge inhaltliche Vorgaben von Projektförderern. Fast zwei Drittel der Hochschullehrer geben an, dass ihre Forschungsmittel nicht ausreichten und sie Drittmittel einwerben müssen. Auch zum geistigen Klima an den Universitäten wurden die Hochschullehrer vom Allensbacher Institut befragt. Es fühlten sich 40 Prozent durch Vorgaben zur Political Correctness in der Forschung behindert.

All diese Faktoren sorgen dafür, dass die Rahmenbedingungen für die Wissenschaftsfreiheit schwieriger geworden sind. Der Konformitätsdruck wächst aus ökonomischen Gründen und internen institutionellen Zwängen. In der Lehre schrumpft der Debattenraum durch Verschulung und digitale Formate. Aktivistische Minderheiten haben es mithilfe der sozialen Medien dann viel leichter, zu intervenieren und ihre Forderungen zu platzieren. Wenn sie darüber hinaus auf eine intellektuelle Landschaft treffen, in der sie ihre Ideen und Anliegen gut platzieren können, ist ihnen der Erfolg sicher. Umgekehrt freuen sich Professoren, wenn sie mit ihrer politischen Agenda ihre Schüler motivieren können, die erworbenen Ideen aus der Universität in die Gesellschaft hineinzutragen. Aus Theorie wird Praxis. Diese fand bis dato im Schonraum der Hochschule statt, der zugleich als eine Art soziales Laboratorium fungiert, in dem neue moralisch-politische Maßstäbe und soziale Praktiken ausprobiert werden, fernab der Realitätszwänge der außerakademischen Welt. Als zukünftige Funktionselite tragen die Studienabgänger diese Ideen mit neuen Maximen und einer transformierten Sprache in alle gesellschaftlichen Felder hinein. Sie begreifen sich als Avantgarde der sozialen Transformation.

11. Wie die identitätspolitische Agenda in die Gesellschaft eindringt

Sprachpolitik: Antidiskriminierungsprogramm oder »Umerziehung« der Bevölkerung?

Aus den vorangegangenen Kapiteln erschließt sich, welch zentrale Rolle die Sprache in der Durchsetzung der Identitätspolitik spielt. Mit der Sprache als mächtigem Instrument soll die Diskurshoheit und in der Folge die kulturelle Hegemonie gewonnen werden. Getreu den Prinzipien der Diversität, Gerechtigkeit und Inklusion wird seit geraumer Zeit versucht, auf allen gesellschaftlichen und politischen Feldern »gerechte Sprache« durchzusetzen. Es begann in guter emanzipatorischer Absicht mit der feministischen Sprachkritik in den 1980er-Jahren. Bereits damals stand das generische Maskulinum am Pranger.[1] Dessen Etablierung verdanke sich der jahrhundertlangen männlichen Dominanz im gesellschaftlichen Leben und meine Frauen nur ›mit‹. Damit seien sie unsichtbar und machtlos. Das generische Maskulinum versteht sich hingegen als grammatikalisches Geschlecht, das gerade nicht mit dem biologischen identisch ist.

In den letzten 40 Jahren hat sich erfreulicherweise an der Sichtbarkeit und Gleichberechtigung der Frauen viel verbessert – ohne Genderzwang. Die männliche und weibliche Anrede in Kombination zu verwenden, wenn es sich um ein gemischtes Publikum handelt, war ein gesellschaftlicher Fortschritt und fand Eingang in den allgemeinen Sprachgebrauch. Ebenso wie das Wort ›Präsidentin‹, weil es inzwischen mehr Frauen in solchen Führungspositionen gibt, auch wenn es noch eine überschaubare Minderheit ist. Dafür verschwand das Wort ›Fräulein‹. Umso paradoxer ist es, dass heute mit einer staatlichen und gesellschaftlichen Politik im Zuge des Gendermainstreamings eine Sprache durchgesetzt werden soll, die zwei Drittel der Bevölkerung ablehnen, die Mehrheit der Frauen ebenso. Diese Sprachpolitik wurde zudem nie auf breiter Ebene demokratisch beschlossen. Sie hatte sich, wen wundert es, zuerst an den Hochschulen etabliert.

Im Deutschen Bundestag wie insgesamt in den Institutionen des Öffentlichen Dienstes ist das Gendern inzwischen entweder vorgeschrieben oder zumindest üblich geworden. Handreichungen für geschlechtergerechte Sprache sind überall im Umlauf. Es geht zwar noch ein bisschen durcheinander zu, vor allem bei der Inklusion des nicht-binären, dritten Geschlechts. Das fühlt sich diskriminiert, wenn nur von Bäckern und Bäckerinnen oder ÄrztInnen die Rede ist. Deshalb hat sich der Genderstern neben Gendergap (Unterstrich) oder Doppelpunkt verbreitet. Politisch korrekt sind dann sprachliche Ungeheuer wie »Bürger*innenmeister*innen«. Auch das Wort »Gästin« taucht inzwischen häufiger auf. Mit »Jüd*innen«, schrieb eine Autorin in der *Jüdischen Allgemeinen,* würde ihr auf neue Weise ein Stern verpasst.

Die Mehrheit der Bevölkerung fühlt sich vom generischen Maskulinum nicht diskriminiert und wird nun zu einer »gerechten Sprache« genötigt, die politisch-moralisch aufgeladen ist. Die ausdrückliche Nennung der diversen Geschlechtsidentitäten sexualisiert die Alltagssprache. Zu glauben, mit dieser Pädagogisierung durch Sprache würde reale Diskriminierung verschwinden, ist eine postmoderne Idee der Diskurstheorie. Denn Sprache verändert sich entsprechend der tatsächlichen Veränderungen in der Gesellschaft. Wörter oder Anreden, die altmodisch oder diskriminierend waren, sind über die Zeit von alleine aus der Alltagssprache verschwunden.

Die gerechte Sprache bestimmt inzwischen auch den öffentlich-rechtlichen Rundfunk, den Glottischlag, das kurze Stocken vor dem -Innen, hört man fast überall. Als im Sommer 2021 nach dem überstürzten Abzug der Amerikaner und Europäer aus Afghanistan die Taliban in Windeseile wieder die Macht übernahmen, zeigte die heute-Redaktion des ZDF auf einem Instagram-Tweet ein Video (17. 8. 2021) mit einem schwer bewaffneten Kämpfer. Eingeblendet wurde die Textzeile: »Die Islamist*innen ziehen in immer mehr afghanische Städte ein«. Dass diese ultraradikalen Islamisten Frauen verachten, sie zur Burka zwingen, aus der Öffentlichkeit vertreiben und steinigen, schien der Redaktion nicht präsent zu sein.

Ausgegangen ist die geschlechtergerechte Sprachpolitik von aktivistischen Minderheiten aus den Universitäten, die damit ihre identitätspolitische Agenda durchsetzen wollen. An immer mehr Hochschulen wird sie Pflicht, ob als Bitte oder Anordnung formuliert. Erstaunlich ist, wie erfolgreich diese politische Agenda ist. Auch die Dudenredaktion hat sich dem »Neusprech« (George Orwell) angeschlossen. Die Deutsche Gesellschaft für Sprachwissenschaft verabschiedete 2021 eine neue Satzung für die gendergerechte Sprache, Massenaustritte der unterlegenen Minderheit waren die Folge. Der Rat für deutsche Rechtschreibung blieb bisher standhaft. Er fordert zwar die geschlechtergerechte Sprache, betont aber, dass es sich um eine gesellschaftliche Aufgabe handele, die nicht allein mit orthografischen Regeln und Änderungen der Rechtschreibung zu lösen sei. Er empfahl deshalb, Unterstich, Sternchen usf. nicht ins amtliche Regelwerk der deutschen Rechtschreibung zu übernehmen.

Die inzwischen nicht nur gendergerechte, sondern auch »diversitysensible Sprache« ist in ihrer Anwendung so kompliziert, dass sie gehöriges gesellschaftliches Spaltungspotenzial in sich birgt, just in einer Gesellschaft, die sich als »multikulturelles« Einwanderungsland begreifen möchte. Denn die neue Sprachnorm ist zum sozialen Distinktionsmerkmal geworden, wer zum Justemilieu gehört und wer nicht.

Reinigung der Sprache vom Bösen

Doch es regt sich auch Widerspruch gegen diese Verunstaltung der Sprache. Sie ist weder flüssig zu lesen noch zu schreiben, wenden Sprachwissenschaftler zu Recht ein. Auch Schriftsteller und Schriftstellerinnen wollen sich nicht zum Neusprech zwingen lassen. Dennoch setzt er sich in Redaktionen und Buchverlagen immer mehr durch. Viele Fach- und Sachbücher erscheinen inzwischen gegendert, selbst vor der Belletristik wird nicht haltgemacht. Auch andere Elemente der Identitätspolitik haben Einzug gefunden in die Verlagsbranche. Bei der Vergabe von Übersetzungen wird inzwischen darauf geachtet, ob die ethnische oder sexuelle Zugehörigkeit der Übersetzer zu den Autoren passt. Die Herkunft kann dann wichtiger sein als die Qualifikation.[2] Trigger-Warnungen, wie wir sie aus den Hochschulen kennen, sind inzwischen nicht nur Spielfilmen vorgeschaltet. Auch deutsche Verlage haben begonnen, sogenannte Inhaltswarnungen an den Anfang eines Buches zu stellen. Denn Szenen über Gewalt, Tod oder Trauer könnten traumatisierend wirken. Das Ganze nennt sich »Sensitivity Reading«, das gefördert und gefordert wird. Es folgt einem Druck aus den Kulturredaktionen und Verlagen, der die Autorinnen und Autoren letztlich in die Selbstzensur drängt. Zugleich erscheinen »Romane in einfacher Sprache«, um dem Gebot der Inklusion Folge zu leisten. Werden hier Erwachsene infantilisiert, so sollen erst recht Kinder geschützt werden. Deshalb werden Märchen und alte Kinderbücher sorgsam nach aus heutiger Sicht anstößigen Wörtern durchforstet und Schulbücher umgeschrieben.

Das Tilgen von »bösen« Wörtern durch die Verlage hat sich inzwischen auch in der Literatur für Erwachsene eingebürgert. In der Neuauflage von Stefanie Schusters Bestseller *Die Wunderfrauen* im S. Fischer Verlag 2021 wird zum Beispiel eingangs eine Inhaltswarnung eingestellt: »Im historischen Kontext der ›Wunderfrauen‹-Trilogie verwenden die Figuren auch zum Teil antisemitische, rassistische, sexistische und ableistische Wörter und Konzepte, die in den drei Jahrzehnten, über die sich die Handlung der Romane erstreckt, von der Mehrheitsgesellschaft größtenteils unreflektiert genutzt wurden. Daneben enthält der Roman Szenen sexualisierter Gewalt (Vergewaltigung und sexuelle Nötigung).« In der bereinigten Fassung sprechen die Figuren aus der Zeit der 1950er-Jahre dann nicht mehr von »Amihuren« oder »Dorftrotteln«. Dabei ist es doch historisch gerade erhellend, dass damals im Unterschied zu heute so gesprochen wurde.[3]

Die deutsche Taschenbuch-Edition der Donald-Duck-Comics wurde inzwischen ebenfalls politisch korrekt zurechtgebürstet. Der Verlag warnte die Leserschaft bereits in früheren Bänden, dass der Nachdruck nicht »den heutigen Zeitgeist widerspiegele«. Die Carl-Barks-Edition legt direkt Hand an: Aus »Indianer« wird »ein Angreifer«, »rote Brüder«, »Bleichgesicht«, »Wilde« oder »Eingeborene« sind ganz verschwunden, wie etwa auch die »Zwerge«. Ironische Sprachspiele, die die früheren Übersetzungen von Erika Fuchs auszeichneten, sind getilgt.[4] In der Neuproduktion des Walt-Disney-Films *Schneewittchen und die sieben Zwerge* dürfen nach heftigem Protest des kleinwüchsigen Schauspielers Peter Dinklage die Zwerge nicht mehr mitspielen, weil dies diskriminierend sei. Das Märchen spielte jedoch gerade auf Kinder an, die in Bergwerken arbeiten mussten, gebückt und schlecht ernährt, und tatsächlich kleinwüchsig blieben.

Identitätspolitik in der Kultur

So wie die Wissenschaft nicht vor Politisierung gefeit ist, so auch nicht die Kunst und Kultur. Die linke Identitätspolitik im kulturellen Sektor ist da recht fantasievoll. Unmittelbar vor Weihnachten 2021 konnte man zur besten Sendezeit die vom ZDF produzierte mehrteilige Serie *In 80 Tagen um die Welt* anschauen. Die bisherigen Verfilmungen des 1873 entstandenen Romans von Jules Verne hielten sich noch weitgehend an die historischen Fakten. Die deutsche Produktion wollte den Stoff modernisieren und zeitgemäß divers besetzen. Der Geschäftsmann Sir Phileas Fogg reist in dieser Version nicht nur mit seinem schwarzen Diener Passepartout, der ihm darin zum kameradschaftlichen Freund wird. Sondern auch eine junge, kesse Journalistin begleitet die beiden. Gesprochen wird äußerst respektvoll miteinander, soziale Hierarchien sind aufgehoben. Im Gespräch und in der Beobachtung der drei Reisenden findet sich ausreichend postkoloniale Kritik und antikapitalistische Selbstkritik der aus London Aufgebrochenen. Denn diese Romanverfilmung ist zum postkolonialen Märchen geworden und tilgt die historische Wahrheit. In ähnlicher Manier wurde Ende Dezember 2021 Geschichtsklitterung betrieben in der mehrteiligen deutschen Fernsehproduktion *Eldorado KaDeWe – Jetzt ist unsere Zeit*, ebenfalls zur besten Sendezeit. Gender und Diversität waren darin das eigentliche Thema. Laienschauspieler aus der Berliner Queer Community spielten mit. Heutiges Selbstverständnis wurde auf die wilden Zwanzigerjahre in Berlin projiziert. Leider ging es damals nicht so frei zu wie in unseren Tagen, wie wir aus den Geschichtsbüchern wissen. Anfang 2021 waren 180 nicht heterosexuelle Schauspieler mit ihrer Initiative #actout in die Öffentlichkeit getreten. Sie forderten, dass Filme die Wirklichkeit nicht nur »in ihrer Vielfalt«, sondern auch ausdrücklich in ihrer »sexuellen Diversität« abbilden sollen. Läuft auch hier in Zukunft die Quotierung der Kunstfreiheit den Rang ab?

Im Kulturbetrieb stößt aber besonders der Kampf der Identitätslinken gegen Rassismus und gegen rechts auf große Resonanz. Alle Jahre wieder gibt es deshalb Streit um die Meinungsfreiheit und Möglichkeit rechter Verlage, auf der Frankfurter Buchmesse auszustellen. Zuweilen musste die Polizei in den Messehallen randalierende Rechts- und Linksextremisten voneinander trennen, um den laufenden Betrieb wieder zu ermöglichen. Einige Autoren und Aktivisten hatten angesichts der

Duldung rechter Verlage vonseiten der Messeleitung 2021 zum Boykott der Buchmesse aufgerufen. Die schwarze Autorin und Aktivistin Jasmina Kuhnke hatte bereits früher Drohungen erhalten und immer wieder auf das Problem rassistischer Gewalt hingewiesen. Die Anwesenheit rechter Verlage, besonders des Jungeuropa Verlags, war Anlass für sie, die geplante Vorstellung ihres Debütromans auf der Messe abzusagen, weil sie sich nicht sicher fühlen könne. Ihre Absage löste eine Kettenreaktion aus und weitere AutorInnen boykottierten die Messe. Das bescherte nun den geächteten Verlagen, befeuert von den sozialen Medien, große Aufmerksamkeit. Der besonders in der Kritik stehende Jungeuropa Verlag bedankte sich auf Twitter für die »kostenfreie Werbung«. Auch diesmal blieb Buchmesse-Direktor Jürgen Boos konsequent bei seiner Verteidigung der Meinungsfreiheit. Wir müssten Meinungen aushalten, die wir nicht teilen. Der Börsenverein des Deutschen Buchhandels müsse für die Veröffentlichungsfreiheit eintreten, dazu habe er sich verpflichtet. Die Buchmesse dürfe nicht zum Zensor werden. Die Grenze der Meinungsfreiheit ist demnach das Gesetz. Gerichte hätten bei dessen Verletzung zu entscheiden.

Anlässlich der Verleihung des Friedenpreises des Deutschen Buchhandels am 24. 10. 2021 in der Frankfurter Paulskirche kam es zum Eklat. Die Jury will üblicherweise mit der Vergabe dieses Preises einen dezidiert politischen Akzent setzen. Mit ihrer Entscheidung für die schwarze Autorin Tsitsi Dangarembga hatten die Juroren des Friedenspreises ein klares Votum für Diversität, People of Color und Frauen gegeben. Auma Obama, die Halbschwester des ehemaligen amerikanischen Präsidenten, hob dies in ihrer Laudatio auf die Preisträgerin hervor. Während der Rede des Frankfurter Oberbürgermeisters betrat dann forschen Schrittes die schwarze Stadtverordnete der Grünen und Kulturausschussvorsitzende Mirrianne Mahn das Podium und ergriff das Wort. Der sozialdemokratische Oberbürgermeister ließ sie gewähren. Er hatte sich bereits vorher positioniert, indem er die Argumentation der Messeleitung für die Meinungsfreiheit relativierte: »Im kommenden Jahr will ich, dass alle diese Autorinnen ohne Angst nach Frankfurt kommen können.« Aufgebracht knüpfte Mirrianne Mahn in ihrer Zwischenrede an den Boykottaufruf der Aktivistin Jasmina Kuhnke an: Es sei paradox, »dass wir hier in der Paulskirche einer schwarzen Frau den Friedenspreis verleihen und schwarze Frauen auf der Messe nicht willkommen waren«. Eine dreiste Behauptung, die über die Aktivistenkreise hinaus nicht geteilt wurde, im Übrigen auch nicht von der Preisträgerin. Mahns Nachsatz gibt allerdings noch mehr zu denken: »Wenn wir dulden, dass rechtsradikale Menschen mit genau diesen menschenverachtenden Ideologien hier in Frankfurt ... eine Plattform bekommen, dann beteiligen wir uns aktiv am nächsten Hanau.« Sie spielte damit auf den grauenhaften Amoklauf eines 43-jährigen Deutschen am 19. Februar 2020 an, der neun Menschen mit Migrationshintergrund erschoss, seine Mutter und sich selbst. Dieses Datum ist in der antirassistischen linken Szene zum Sinnbild für den »strukturellen« und »systemischen« Rassismus in Deutschland geworden. Mirrianne Mahn suggerierte damit, dass alle, die sich für die Meinungsfreiheit einsetzen, Mittäter sind an künftigen rassistischen Gewaltverbrechen wie in Hanau. Das war starker Tobak. Diese alarmistische Verwendung des Begriffs ›rechts‹ pflügt alle Unterschiede zwischen rechter Gesinnung, Rechtsextremismus und rechtsextremistischer Gewalt zugunsten der aktivistischen Agenda unter. Einher geht dies mit einer haltlosen Überdehnung des Begriffs des Rassismus. Doch die geladenen Gäste aus Kultur und Gesellschaft in der Paulskirche applaudierten zerknirscht bis begeistert und fanden diese Unterstellung offenbar politisch völlig korrekt und verdient. Sie schienen verinnerlicht zu haben: Wenn der versammelte männlich-weiß dominierte Kulturbetrieb Forderungen »strukturell diskriminierter« schwarz-weiblicher Opfergruppen nicht nachkäme, würde er sich schämen müssen. Bei Nichterfüllung der Forderung würde die weiße »Mehrheitsgesellschaft« nur wieder aufs Neue beweisen, dass sie aufgrund ihres Weißseins, obendrein noch patriarchalisch organisiert, rassistisch sei. Ein Zirkelschluss, aus dem es kein Entrinnen gibt. Dieses Denkmodell aus der Critical Social Justice Theory hat im Kulturbetrieb mächtig Karriere gemacht. Der Vorfall zeigt, wie AktivistInnen Gefahrenlagen und Bedrohungen übertreiben und damit auf zunehmende Resonanz besonders im Kulturbetrieb stoßen. Erinnert sei daran, dass es den Mitarbeitern der Buchmesse und umsichtiger Polizeipräsenz 2015 erfolgreich gelungen war, den unter Todesdrohung stehenden Salman Rushdie zu beschützen. Er bewegte sich frei auf der Messe und focht mit anderen für die Meinungsfreiheit.

Identitätspolitik in der politischen Arena

Außenministerin Annalena Baerbock, damals noch Vorsitzende der Grünen, hatte sich im Herbst 2021 in einem Gespräch über Rassismus erlaubt, das Wort »Neger« auszusprechen. Es brach ein Sturm der Entrüstung los. Langatmig entschuldigte sie sich in einer Twitter-Botschaft. Der Berliner Grünen-Politikerin Bettina Jarasch war Ähnliches widerfahren. Sie hatte auf einem Parteitag die Frage nach ihrem Berufswunsch aus Kindertagen zu leichtfertig beantwortet: »Indianerhäuptling«. Nach Rassismusvorwürfen im Saal und Shitstorms im Netz bat auch sie bußfertig um Verzeihung. Beispiele für Rassismus, wenn sie N- oder M-Wörter zitieren, sind laut der antirassistischen Kritik ebenso Rassismus wie deren unmittelbare Verwendung.

Cancel Culture, das Bannen, Verbieten und Tilgen von Wörtern und Namen, ist ein Rückfall in vormodernes Denken. Als Beschwörungsakt soll sie die »gute Sache« des Antirassismus, der Diversität und der Gleichstellung vorantreiben, in dem man die Bürger, denen ein falsches Bewusstsein unterstellt wird, sprachlich auf die richtige Spur lenkt. Als würden mit der Tilgung des Wortes »Negerkönig« aus einem historischen Pippi-Langstrumpf-Text oder der Streichung der Mohrenstraße aus dem Berliner Stadtplan gegenwärtige rassistische Handlungen und Haltungen, wie von Zauberhand geführt, verschwinden.

George Orwell hat in seinem Roman *1984* die totalitäre Sprachpolitik der Staatspartei, die die Bürger mit neuem Bewusstsein erfüllen und auf Linie bringen soll, »Neusprech« genannt. Ziel ist deren Umerziehung und die Umgestaltung der Gesellschaft. Säuberungspolitik, die mit Sprache begann, war den Maoisten der Chinesischen Kulturrevolution ebenso eigen wie Josef Stalin oder Adolf Hitler: Wörter, Namen, Bilder, Fotos und Menschen verschwanden, Geschichte wurde umgeschrieben. Umso erstaunlicher ist es, dass wir eingedenk dieser Diktaturerfahrungen im letzten Jahrhundert nicht wesentlich sensibler und widerständiger sind, wenn sich eine ideologisch fundierte, identitäre Sprachpolitik ausbreitet und die Meinungs-, Kunst- und Wissenschaftsfreiheit eingeschränkt wird. Die mit der Sprachpolitik verknüpfte Cancel Culture, aus den Universitäten kommend, von Aktivisten verbreitet, dringt in alle Fugen der Gesellschaft ein, obwohl sie von einer Minderheit ausgeht und von der Mehrheit der Gesellschaft abgelehnt wird. Wichtiges Instrument ist dabei das Deplatforming, das Internetauftritte von attackierten Menschen tilgt, deren öffentliches Auftreten vereitelt und bis zu ihrem Jobverlust reicht. Die Cancel Culture ist die sichtbare Spitze des Eisbergs. Darunter verbergen sich weitreichende ideologische Konzepte zur Umgestaltung der Gesellschaft, wie wir gesehen haben.

Beunruhigend ist, dass immer mehr Vokabeln aus dem Sprachschatz der Critical Social Justice Theories sich nicht nur in der Wissenschaft ausgebreitet haben, sondern Eingang in die politische und Alltagssprache gefunden haben. »Struktureller Rassismus« ist solch ein Begriff. Verknüpft ist er mit »Mehrheitsgesellschaft«. Das Wort wird inzwischen in deutschsprachigen Krimis verwendet, in Ministerien, Verwaltungen und Talkshows. Der früher verwendete Begriff ›Gesellschaft‹ umfasste alle Bürger, unabhängig von Geschlecht, Hauptfarbe oder Religion. Doch die »Mehrheitsgesellschaft« der Critical Social Justice Theories – nicht zu verwechseln mit der Mehrheit in der Gesellschaft – bedeutet etwas anderes: Sie steht als weiße, patriarchale, privilegierte den diversen diskriminierten Opfergruppen gegenüber, die auf ihre Identität pochen müssten, um sich zu behaupten gegenüber der »Tätergesellschaft«.

Die neuen Begriffe und Ideen wurden seit Jahren von aktivistischen Lobby-Gruppen in die Gesellschaft und Politik getragen – ganz im Geiste von Antonio Gramscis Strategie zur Eroberung der kulturellen Hegemonie. Das geplante sogenannte Demokratiefördergesetz wird für eine unbefristete staatliche Finanzierung dieser NGO-Aktivitäten sorgen. Innen-, Bildungs- und Familienministerium legten schon vor Beginn der neuen rot-gelb-grünen Regierungskoalition große Antirassismus-Programme auf. Die in Millionen gehenden Gelder können von Wissenschaft, Kultur und zivilgesellschaftlichen Organisationen abgerufen werden. Die Bundes- und Landeszentralen für politische Bildung haben sich ebenfalls den Prinzipien Gender, Diversität, Gerechtigkeit und Inklusion verschrieben. »Rassismuskritische Leitfäden« auf Bundes-, Länder- und kommunaler Ebene werden gefördert und angewandt. Begegnen möchte man mit Schulungsprogrammen dem »westlich-eurozentrisch-kolonialen Blick«. Im Außenministerium wird nicht nur geschlechtergerecht und sensitiv über Diversität gesprochen. Das Dekolonialisierungsprogramm hatte der

Sozialdemokrat Andreas Görgen als Amtsleiter schon vor der Außenministerin Annalena Baerbock auf den Weg gebracht. Er wechselte nun zur neuen Kulturstaatsministerin Claudia Roth und wird ihr Amt leiten. Die postkoloniale Theorie ist Görgen bestens vertraut. Denn er sorgte dafür, dass der postkoloniale Theoretiker Achille Mbembe in Deutschland bekannt wurde.

Der Grünen Partei sind schon seit Jahren die Prinzipien Gender, Diversität, Gerechtigkeit und Inklusion programmatisch eine Herzensangelegenheit. In der Regierungsverantwortung können sie nun die Ideen der Identitätspolitik noch nachhaltiger umsetzen. Zum Amtsantritt nannte Claudia Roth ihre Schwerpunkte: Kampf gegen Rassismus, Nationalismus, Antisemitismus, für Diversität, Weltoffenheit und Geschlechtergerechtigkeit und die Aufarbeitung der kolonialen Vergangenheit. Die staatliche Kulturpolitik verspricht, in Zukunft noch politischer zu werden. Auch zum Thema Diversität hat die neue Bundesregierung einen neuen Posten geschaffen: der erste Queer-Beauftragte ist der Grünen-Politiker Sven Lehmann. Er war bis dahin einige Jahre Sprecher der Queer- und Sozialpolitik in der grünen Bundestagsfraktion. Nun ist er zusätzlich noch parlamentarischer Staatssekretär im Bundesfamilienministerium. Mit einem »Nationalen Aktionsplan« möchte er Deutschland zum Vorreiter beim Kampf gegen Diskriminierung machen. »Die neue Bundesregierung wird ausgehend vom Leitgedanken der Selbstbestimmung eine progressive Queer-Politik betreiben und auch die Familienpolitik an der gesellschaftlichen Realität unterschiedlicher Familienformen ausrichten«, heißt es auf der Website des Ministeriums.[5] Die Fraktionen der Grünen und der FDP hatten bereits vor ihrer Regierungsbeteiligung einen Gesetzentwurf zur Transsexualität eingebracht. Darin wird es Jugendlichen ab 14 Jahren ermöglicht, ihr Geschlecht nach eigenem Ermessen, unabhängig von ihrem biologischen Körper, selbst zu bestimmen und Behandlungen zur Geschlechtsumwandlung in Anspruch zu nehmen. Mediziner, Psychologen und Jugendtherapeuten schlagen zwar die Hände über dem Kopf zusammen. Denn aus ihrer Praxis kennen sie verunsicherte und teils verzweifelte Jugendliche in der Adoleszenzkrise, die nach ihrer Identität suchen. Ob das als fortschrittlich daherkommende neue Gesetz tatsächlich der Persönlichkeitsbildung und sexuellen Selbstbestimmung junger Menschen dienlich sein wird, ist überaus zweifelhaft. Doch die Ideologie vom fluiden Geschlecht, wie sie die Sozialphilosophin Judith Butler seit vielen Jahren propagiert, ist im deutschen Parlament angekommen.

Die neue Regierung folgt auch in ihrer Personalpolitik den Prinzipien der kollektiven Identitäten, wie man an der Besetzung der Ministerien und deren Behörden nach Quoten sieht: Gender, Diversity, Inclusion, Equity. Auch wenn es unter dem neuen politischen Personal im Parlament wie in den Ministerien viele Studienabbrecher gibt, haben sie dennoch einige Zeit die Hochschulen besucht, bevor sie in ihrer Partei Karriere machten. Als Funktionseliten tragen sie nun die dort erworbene Sprache und die Ideen hinein in die Politik. Aus der Theorie wird Praxis. Neben der Klimapolitik steht für diese junge Generation von Abgeordneten der Regierungskoalition besonders die sogenannte Gesellschaftspolitik – das ist die Identitätspolitik – auf der Agenda, dies sei der »Glutkern« ihrer Politik, so Vizekanzler Robert Habeck. Skepsis zeigen nur ein paar ältere Realos. Boris Palmer, Oberbürgermeister von Tübingen, droht der Parteiausschluss aufgrund seiner Kritik an der Identitätspolitik; Winfried Kretschmann wird noch zähneknirschend geduldet, weil er der einzige grüne Ministerpräsident ist.

Identitätspolitik in der Gesellschaft

Obwohl die Ideen der Critical Social Justice Theory und ihre neuen Vokabeln von einer kleinen akademischen Minderheit ausgegangen sind, haben sie sich erstaunlich weit ausgebreitet. Wer möchte sich denn schon gegen Forderungen nach sozialer und kultureller Gerechtigkeit aussprechen? Erst recht nicht, wenn diese Identitätspolitik keinen wirklich hohen ökonomischen Preis hat, sondern vor allem Symbol- und Repräsentationspolitik ist? Zudem ist es schick, sich als kulturelle Avantgarde und vermeintlich fortschrittlich zu begreifen. In Teilen der gut ausgebildeten, kosmopolitisch orientierten, urbanen Mittelschicht findet die neue Sprache großen Anklang. Die identitätspolitischen Werte zählen dann ebenso zum Habitus wie vegetarisch-veganes Essen. Neben der Gewissheit, politisch-korrekt und moralisch gut zu handeln, verspricht dies kulturell-soziale Distinktion gegenüber der vermeintlich zurückgebliebenen »Mehrheitsgesellschaft«. Im Kultur- und Medienbetrieb und im Öffentlichen

Dienst generell sind die identitätspolitischen Ideen angekommen, inzwischen auch in der Wirtschaft. Große Firmen schicken sich an, sie als »Virtue signaling« in ihre Unternehmenskommunikation und Marketingkonzepte zu integrieren. Man will zeigen, dass man guten Zwecken folgt. Digital-Giganten im Silicon Valley verstehen sich besonders als politisch-moralische Botschafter. Der Nudelhersteller Guido Barilla erntete 2013 heftige Proteste, weil er sich in einem Interview gegen Auftritte von Homosexuellen in seinen Werbespots ausgesprochen hatte. Er bat um Verzeihung und berief umgehend einen Chief Diversity Officer. Inzwischen erreicht Barilla im Human Rights Corporate Equality Index höchstmögliche Punktzahlen für sein Diversity-Management. Auch die Deutsche Bank will nicht hintanstehen und unterstützt den Christopher Street Day. Böse Zungen werfen ihr deshalb Pinkwashing vor. Die Regenbogenfarben haben inzwischen allseits in der Werbeindustrie Eingang gefunden. Und die LGBTQI-Bewegung freut sich über Spenden und ideelle Unterstützung von Addidas oder Levi's. Der Sportartikelhersteller Nike wirbt mit dem Baseballspieler und Black-Lives-Matter-Aktivisten Colin Kaepernick und Coca-Cola rät seinen Mitarbeitern, »weniger weiß zu sein«. Der Woke Capitalism findet Anklang.[6]

Aus diesem Grund wirft die marxistische Linke der neuen kulturalistischen Linken vor, dem Neoliberalismus Vorschub zu leisten. Sahra Wagenknecht von der Partei Die Linke kritisierte – gegen großen Protest aus ihrer Partei – die Identitätspolitik der sogenannten Lifestyle-Linken, ihre überhebliche Selbstgerechtigkeit und völlige Missachtung politökonomischer Probleme.[7] Auch der Sozialdemokrat Wolfgang Thierse warnte in einem Beitrag vor den Folgen linker Identitätspolitik, die den Gemeinsinn zerstöre und wichtige verteilungspolitische Themen verdränge.[8] Er erntete heftige Kritik aus dem Parteiapparat, für die Vorsitzende Saskia Esken und Kevin Kühnert war seine Einlassung »beschämend«.[9]

Tatsächlich gehen die identitätspolitischen Ideen und Forderungen an der Lebenswirklichkeit der großen Mehrheit der Bevölkerung vorbei. Die ideologischen Kämpfe auf dem Campus und im Kulturbetrieb zwischen diversen Opferkollektiven, die sich über sexuelle, ethnische oder religiöse Identitäten definieren, entbehren der empirischen Grundlage in der realen Lebenswelt. Deshalb ist die Mehrheit der Bevölkerung so befremdet angesichts der Lautstärke und Militanz der AktivistInnen des Antirassismus, des Antikolonialismus und der LGBTQI-Bewegung, die untereinander konkurrieren. Das bekam Emilia von Senger zu spüren, die mit ihrem queerfeministischen Buchladen in Berlin »She said« einen politischen Raum und geschützten »Ort der Begegnung« schaffen wollte. Die Künstler*innen Moshtari Hilal und Sinthujan Varatharajah beschuldigten sie, ihre Vorfahren seien im Nationalsozialismus tätig gewesen, und identifizierten ein neues Täterkollektiv: »Menschen mit Nazihintergrund«, was Enkel und Urenkel einschließen soll. Emilia von Senger reagierte bußfertig. Auch wenn es sich für sie anfangs nicht so gut angefühlt habe, hätten die beiden Künstler ihr ein wichtiges Signal gesendet.

Ein Teil der linken Identitätspolitik propagiert einen vulgären Antifaschismus, gekoppelt mit dem Vorwurf der Kollektivschuld. Widersprüchlich wird es, wenn zugleich andere Teile ausgehend vom Postkolonialismus einen neuen Historikerstreit vom Zaun brechen. Wurde der Holocaust bisher von rechts verharmlost oder sogar geleugnet, so kommt heute eine Relativierung der nationalsozialistischen Verbrechen von links. Linken Antisemitismus gab es schon immer, besonders von der umtriebigen antiisraelischen Boykottorganisation BDS. Die israelischen Juden würden den Palästinensern heute das antun, was die Nazis seinerzeit ihnen angetan hätten, aus Opfern wurden Täter. Der postkoloniale Philosoph Achille Mbembe aus Kamerun kritisiert nicht nur Israel als imperialistische Kolonialmacht und bestreitet dessen Existenzrecht. Er ist wie der australische, deutschstämmige Historiker A. Dirk Moses auch der Überzeugung, die weltweiten Verbrechen des Kolonialismus seien fundamentaler und folgenreicher gewesen als der Zivilisationsbruch, den die Nationalsozialisten mit der Auslöschung der Juden begangen haben. Die Singularität dieses Verbrechens würden die Deutschen und Europäer nur in ihrer Erinnerung kultivieren, weil weiße Menschen Weiße umgebracht hätten, so folgern sie gemäß der Critical Race Theory. Moses spricht deshalb vom »Katechismus der Deutschen«. Diese Ideen fallen im deutschen Kultur- und Wissenschaftsbetrieb auf fruchtbaren Boden.[10]

Die marxistische und neomarxistische Linke leugnete oder verharmloste die kommunistischen Verbrechen zugunsten eines sowjetisch gefärbten Antifaschismus.[11] In der Neuen Linken der

1970/80er-Jahre gab es zumindest eine antitotalitäre Minderheit. Die kulturalistische Identitätslinke von heute relativiert nun die nationalsozialistischen Verbrechen, indem sie sie den kolonialen, auch imperialistisch-kapitalistisch geprägten Verbrechen unterordnet. Die kommunistischen Diktaturen, ihre Gräueltaten und Opfer kommen in dieser Erzählung überhaupt nicht vor.

Marxistische und neomarxistische Linke kritisierten den Kapitalismus, den Kolonialismus und das Patriarchat, hielten aber dennoch am universalistischen Prinzip der Gleichheit aller Menschen fest. Über die Gleichheit aller vor dem Gesetz hinaus verlangen sie bis heute Ergebnisgleichheit und Umverteilung, aus der Gleichberechtigung wurde die Gleichstellung. Die kulturalistische Linke attackiert den Universalismus der Menschenrechte ganz grundsätzlich. Sie sieht darin einen oppressiven Machtdiskurs, der die postkoloniale, weiße, männliche Herrschaft fortsetze. Ihre Kapitalismuskritik ist weitaus moderater. Mit ihrer Identitätspolitik will sie Sonderrechte für diverse gesellschaftliche Gruppen, die als diskriminierte Opferkollektive der »Mehrheitsgesellschaft« gegenübergestellt werden. Sie fordert einen Machtverzicht der alten Eliten und strebt deren Austausch an. Die Anliegen dieser linken Strömungen sind weniger gegensätzlich als vielmehr komplementär aufgrund vieler Überschneidungen und Anknüpfungspunkte, wie wir gesehen haben. Damit ist die linke Hegemonie an den Hochschulen und im Kulturbetrieb sowie in den öffentlich-rechtlichen Medien also nicht etwa in Erosion geraten, sondern erweitert sich. Rechte Identitätspolitik, die die ethnische Homogenität der Volksgemeinschaft anstrebt, wird allseits kritisiert. Die Identitätspolitik des politischen Islams ist nach vielen Terroranschlägen zumindest etwas stärker in den Blick geraten.[12] Doch die linke Identitätspolitik steht kaum im Fokus der öffentlichen Kritik, weil deren Forderungen bereits von Teilen der meinungsbildenden Eliten in Wissenschaft, Kultur, Wirtschaft und Politik aufgegriffen wurden. Es grenzt schon an westlichen Selbsthass, wenn die für ihre Privilegien gescholtenen Vertreter der »Mehrheitsgesellschaft« sich dauerhaft moralisch erpressen lassen und bußfertig tun, was von ihnen verlangt wird. Gerne machen sie sich zum Fürsprecher für die »Diskriminierten«, um sich von vermeintlich kolonialer Schuld zu entlasten. Daraus erwächst eine humorlose Selbstgerechtigkeit, die keine Ambivalenzen, Zweifel oder auch nur Ironie zulässt.

Schluss: Wie können wir unsere Freiheiten verteidigen?

Wir können seit über 20 Jahren beobachten, was die anfangs gutgemeinte Anti-Diskriminierungspolitik, die aktiv ethnische, sexuelle und religiöse Minderheiten förderte, um realexistierende oder vermeintliche Diskriminierung zu beenden, an den Hochschulen im angelsächsischen Raum angerichtet hat: Sie hat ein Regime entstehen lassen, dass in rigider Manier die Freiheit der Wissenschaft aushöhlt. In Deutschland und den europäischen Nachbarländern hatte der akademische Betrieb nichts Besseres zu tun, als dem amerikanischen Weg der Politisierung der Wissenschaft nach den Gender-Diversity-Equity-Inclusion-Prinzipien zu folgen. Inzwischen ist die Identitätspolitik über die Hochschulen hinaus in allen gesellschaftlichen und politischen Bereichen präsent.

Optimistische Stimmen hegen die Hoffnung, dass der Furor der identitären Sprache und Ideen im Geiste der Critical Social Justice Theory womöglich nur ein vorübergehendes Phänomen sei. Doch die USA zeigen uns das Gegenteil. Dort wütet ein verheerender Kulturkampf zwischen linker und rechter Identitätspolitik, der die Gesellschaft so tief gespalten hat, dass sogar besonnene Köpfe den Bürgerkrieg fürchten. Auch bei uns und in den europäischen Nachbarländern gibt es politische Kräfte, die das Rad der Geschichte zurückdrehen wollen, etwa liberale Abtreibungsgesetze, die Ehe für alle und das Adoptionsrecht für gleichgeschlechtliche Paare abschaffen wollen oder die Säkularität infrage stellen. In Ungarn und Polen wurden LGBTQI-freie Zonen ausgerufen. Umso wichtiger ist es, freie Debatten darüber, wie wir leben wollen, ohne Moralisierung und Verteufelung zu führen.

Was die Varianten der Identitätspolitik eint, ist ihre radikale Kritik an der westlichen Moderne und deren freiheitlichen Errungenschaften. Dem Universalismus der Aufklärung setzen sie den Partikularismus und die Relativierung der Kulturen beziehungsweise den Ethnopluralismus entgegen. Anstelle einer Wertschätzung des Individuums wird das Kollektiv gefeiert. Die westlich-liberale Zivilisationsgeschichte sehen sie nicht als Erfolg, sondern als Desaster an. Sie alle verbindet ein zutiefst anti-westliches Ressentiment und der Hass auf den Liberalismus. Und dies gerade in einer Zeit, in der weltweit Demokratie und Freiheit unter immer größeren Druck geraten. Neoimperiale Großmächte wie Russland und China treiben den Westen seit Jahren in die Enge, attackieren – wie auch der politische Islam – unsere freiheitliche Lebensweise und destabilisieren unsere Demokratie. Der Jahrzehnte lang verharmloste Diktator Vladimir Putin begeht nun in der Ukraine Kriegsverbrechen und droht uns mit Atomwaffen. Putin-Verehrer hatten wir schon lange an den rechten und linken Rändern, Putin-Versteher und Verharmloser seiner Diktatur sowie des kommunistischen Regimes der Sowjetunion im linksliberalen Lager bis weit in die politische Mitte. Obwohl Putins Chefideologe Alexander Dugin bereits 2015 den »Dschihad gegen den westlichen Liberalismus« ausgerufen hatte. Die Warner blieben lange Zeit marginalisiert. Umso paradoxer ist es, wenn die freiheitlichen Werte und Errungenschaften der westlichen Zivilisation, Rechtsstaat, repräsentative Demokratie, die Wertschätzung des Individuums, Meinungs- und Wissenschaftsfreiheit nicht nur von außen, sondern auch innerhalb unserer liberalen Demokratie und offenen Gesellschaft radikal infrage gestellt werden – nicht von der Mehrheit, aber von selbstbewussten, minoritären Gruppen.

Solch westlicher Selbsthass ist nicht nur dekadent, sondern brandgefährlich und selbstzerstörerisch. Die Identitätspolitiken sind kollektivistisch und separatistisch zugleich, sie spalten, polarisieren und attackieren unsere liberale Gesellschaftsordnung.

Die linke Identitätspolitik an den Universitäten, in Gesellschaft und Politik fördert nicht etwa den Gemeinsinn, sondern vertieft die Risse innerhalb der Gesellschaft und treibt die Konkurrenz zwischen partikularen Gruppeninteressen voran. Es geht ihr nicht um die Verbesserung der gesellschaftlichen Lage und die Gleichberechtigung aller und jedes Individuums, sondern um eine neue Ständeordnung. Deren Hierarchie orientiert sich am Ausmaß des realen oder vermeintlichen Leids der jeweiligen Opfergruppe. Mit den eingeforderten Sonderrechten und Quotierungen wird jedoch das Prinzip der Gleichheit jedes Einzelnen vor dem Recht ausgehebelt. Auch die Prinzipien der individuellen Qualifikation und Leistung und des Wettbewerbs werden aufgegeben zugunsten der Quotierung nach Gruppenzugehörigkeit. Dies ist umso aberwitziger, als wir uns doch über Jahrhunderte schmerzvoll aus den Zwängen wechselnder Kollektive emanzipiert haben. Mit der Forderung nach Quoten für das Parlament wird die repräsentative Demokratie selbst unterminiert. Die Critical Social Justice Theory und ihre Ableger hatten die pluralistische, liberale Demokratie zur Voraussetzung. Aus Wissenschaft ist Ideologie geworden. Die lang erkämpfte, rechtlich verankerte Freiheit der Wissenschaft und Meinung lässt es zu, dass derartig antiliberale und destruktive Theorien bei uns entstehen und verbreitet werden können. Umso wichtiger ist es, dass wir die grundlegenden Prinzipien unserer offenen, pluralistischen Gesellschaft, unserer liberalen Ordnung und Demokratie viel offensiver verteidigen und der Identitätspolitik jedweder Couleur ganz entschieden entgegentreten. Die Cancel Culture mit ihren Sprechverboten ist nicht hinnehmbar, wir müssen den Debattenraum wieder zurückerobern. Doch Verbote wären die falsche Antwort. Mit klaren Ansagen und Argumenten müssen wir sie widerlegen und entzaubern.

Es rumort inzwischen im Wissenschaftsbetrieb und in der Kultur. Gegen die allseits präsente linke Identitätspolitik hat sich Protest erhoben. In dem bereits erwähnten »Harper's Letter« kritisierten 2020 namhafte Intellektuelle in den USA den neuen Antirassismus der Critical Race Theory, der offene Debatten verhindere und einen ideologischen Konformitätsdruck aufbaue.[1] Auch in Frankreich gab es Petitionen für die Wissenschafts- und Meinungsfreiheit.

Um der hegemonialen Identitätspolitik an den Hochschulen zu begegnen, gibt es seit 2015 in den USA die Heterodox Academy, eine Interessensvertretung von Akademikern, zu der auch 300 Professoren und Professorinnen gehören. Im Jahr 2020 etablierte sich eine neue, spendenfinanzierte wissenschaftliche Online-Zeitschrift, das *Journal of Controversial Ideas*, das den akademischen Diskurswächtern den Kampf ansagen will, ganz ausdrücklich mit anonymen Autoren, um dem Prinzip der Sachhaltigkeit und nicht der Herkunft der Autoren zu entsprechen. Ende 2021 gründeten der Historiker Niall Ferguson und die ehemalige New-York-Times-Journalistin Bari Weiss mit anderen eine neue Universität in Austin, die programmatisch die Wissenschaftsfreiheit verteidigt. Mit dabei sind inzwischen Kathleen Stock und Peter Boghossian, die aus ihren Universitäten gedrängt wurden.

Im Februar 2021 gründete sich in Deutschland das Netzwerk Wissenschaftsfreiheit. Die Mitglieder verteidigen die Freiheit von Forschung und Lehre gegen ideologisch motivierte Einschränkung. Sie sind besorgt über die zunehmende Moralisierung und Politisierung der Wissenschaft und den daraus erwachsenden Konformitätsdruck im akademischen Betrieb. Inzwischen haben sich über 600 Professorinnen und Professoren dieser Initiative angeschlossen.[2] Erfreulicherweise hat auf Initiative einer Professoren-Gruppe auch die Universität Hamburg im Frühjahr 2022 einen Kodex Wissenschaftsfreiheit verfasst. In elf Kernthesen wird neben der Definition der Rahmen für die Ausübung der Wissenschaftsfreiheit aufgezeigt, um dem zunehmenden Druck wissenschaftsfremder Ansprüche und Erwartungen zu begegnen.[3]

Doch an den Hochschulen muss noch mehr passieren. Die linke Hegemonie in den Sozial-, Geistes- und Kulturwissenschaften in der Folge von 1968 ist wissenschaftsintern weitgehend unreflektiert geblieben. Eine Selbstreflexion über Politisierung und Parteilichkeit der betriebenen Wissenschaft, ihren Erkenntnis- und Forschungsstrategien aber zählt zum Berufsethos, wie wir von Max Weber und Karl Popper gelernt haben sollten. Pluralität der Forschungsansätze und -perspektiven gegen das Mainstreaming ist erforderlich.

Wir brauchen jetzt Debating Clubs und die Fortsetzung der Präsenzlehre, damit Argumente von Angesicht zu Angesicht ausgetauscht werden können, damit Studierende Ambivalenzwahrnehmung und Konfliktfähigkeit lernen, also das Gegenteil von Safe Spaces, umstellt von Trigger-Warnungen. Wir brauchen eine evidenzbasierte Forschung und Lehre, die intellektuelle Herausforderungen offeriert und das Selbstdenken anregt.

Angesichts der Zersplitterung der Öffentlichkeit in sich abschottende Gesinnungslager und digitale Blasen tut die Wiederbelebung einer bürgerlichen Öffentlichkeit not: Salons und Foren, in denen nicht vornehmlich Sprecherposition, Herkunft und subjektive Betroffenheitsgefühle zählen – »Wie fühlt sich das für sie an?« –, sondern Argumente. Der drohenden »Schließung der Demokratie« (Peter Graf Kielmansegg),[4] in der die Grenzen des Sagbaren immer enger gezogen werden, kann nur eine breite Öffnung entgegenwirken.

Wir brauchen einen neuen antitotalitären Konsens, der aus der Geschichte lernt, sie nicht säubert oder glättet. Denn die europäische und nordamerikanische Geschichte hat eine fortschrittliche und gleichermaßen eine grausame Seite. Die Errungenschaften der Französischen Revolution waren begleitet von der Schreckensherrschaft der Jakobiner. Mit der Entdeckung und Eroberung neuer Kontinente gingen auch koloniale Verbrechen einher. Und die Freiheitsprinzipien der amerikanischen Unabhängigkeitserklärung verhinderten nicht die Sklaverei. Trotz dieser Abgründe verdanken wir dieser westlichen Zivilisationsgeschichte die Freiheit, die Demokratie und vor allem die Menschenrechte. Sie haben universelle Gültigkeit auch nach den kommunistischen, faschistischen und nationalsozialistischen Diktaturen des letzten Jahrhunderts. Geschichte schreitet nicht linear fort, erst recht nicht zum Paradies auf Erden. Mit Konflikten, Ambivalenzen und fortwährenden Krisen müssen wir leben, das gehört zur Freiheit dazu. Was wir am wenigsten brauchen, sind neue Ideologien, die uns auffordern, unsere freiheitlichen Grundlagen und Werte zu verwerfen. Denn identitärer Kollektivismus, Opfer-Täter-Polarisierungen und moralisierende Schulddiskurse zerstören die Freiheit. Vor allem brauchen wir den Mut jedes Einzelnen, dem sozialen Konformitätsdruck zu widerstehen und aus der herrschenden Schweigespirale auszusteigen. Es ist höchste Zeit, Denkräume zurückzuerobern und der freien Debatte ohne Tabus wieder den Weg zu ebnen.

Danksagung

Das Buch ist auf der Grundlage meines Forschungsprojekts an der Universität Bamberg, Fakultät für Sozial- und Wirtschaftswissenschaften, entstanden. Ich danke herzlich Gerhard Schulze, Thomas Kern und Wilhelm Krull sowie der VW Stiftung, die das Projekt gefördert hat. Mein Dank geht besonders an meine ersten Leser Wolfgang Barus und Thierry Chervel sowie Thomas Mayer für die Fertigung des Schreibkabinetts, das meine Kopfarbeit sehr komfortabel unterstützte.

Anmerkungen

1. Meinungs- und Wissenschaftsfreiheit: Lebenselixier der Demokratie und der offenen Gesellschaft

1 Vgl. Ackermann, Ulrike (Hrsg.), Freiheitsindex Deutschland 2015, 2016, 2017 des John Stuart Mill Instituts für Freiheitsforschung, Frankfurt a. M. 2015, 2016, 2017.

2 Siehe Petersen, Thomas (Institut für Demoskopie Allensbach), »Die Mehrheit fühlt sich gegängelt«, in: Frankfurter Allgemeine Zeitung, 16. 6. 2021.

3 Noelle-Neumann, Elisabeth, Die Schweigespirale. Öffentliche Meinung – unsere soziale Haut, München 1980.

4 Nuhr, Dieter, dokumentiert in: DIE ZEIT, 29. 4. 2021.

5 Bernhard Kempen, zitiert in: Kissler, Alexander / Marguier, Alexander, »Der Kampf um den Kanon«, in: Cicero, Juni 2019.

6 Kempen, Bernhard, »Universität als Risikozone«, in: Frankfurt Allgemeine Zeitung, 22. 7. 2021.

7 Kant, Immanuel, Beantwortung der Frage: Was ist Aufklärung?, in: Schriften zur Anthropologie, Geschichtsphilosophie, Politik und Pädagogik 1, Werkausgabe Band XI, S. 55, 61.

8 All diese Prinzipien sind später in die Allgemeine Erklärung der Menschenrechte von 1948 eingeflossen mit dem Verweis auf die Universalität der Menschenrechte.

9 Freud, Sigmund, Briefe 1873–1939. Ausgewählt und herausgegeben von Ernst und Lucie Freud, 2. erweiterte Auflage, Frankfurt 1968, S. 81.

10 Mill, John Stuart / Taylor, Harriet, Über die Freiheit, in: Ausgewählte Werke John Stuart Mill, Freiheit, Fortschritt und die Aufgaben des Staates, Band 3, Hamburg 2014, S. 316.

11 Ebd., S. 319.

12 In seiner Autobiografie schrieb Mill, keinem Autor sei sein Vater, wie er ihm erklärte, für seine eigene geistige Ausbildung so verpflichtet gewesen wie Platon, den er seinen jungen Studenten nachdrücklich empfohlen habe. »Dasselbe Bekenntnis muss auch ich ablegen. Die sokratische Methode, die in Platons Dialogen eine musterhafte Illustration gefunden hat, findet nicht ihresgleichen als Disziplin zur Verbesserung von Irrtümern …«, Mill, John Stuart, Autobiographie, in: Ausgewählte Werke, Bildung und Selbstentfaltung, Band 2, Hamburg 2013, S. 39.

13 Mill, John Stuart, Über die Freiheit, in: Ausgewählte Werke, Band 3, S. 329.

14 Ebd., S. 358.

2. Kulturkampf an den Universitäten

1 Zitiert nach Buchsteiner, Jochen, »Freier reden in Cambridge«, in: Frankfurter Allgemeine Zeitung, 17. 2. 2021.

2 Kempen, Bernhard, Vorwort in: Die Freiheit der Wissenschaft und ihre ›Feinde‹, hrsg. von Wilhelm Hopf, Berlin 2019.

3 Vgl. Thiel, Thomas, »Die Helikopter-Uni. Bonn warnt Studenten vor unschöner Wirklichkeit«, in: Frankfurter Allgemeine Zeitung, 23. 9. 2021.

4 Ausführliche Falldokumentationen über die Verletzung der Wissenschaftsfreiheit finden sich auf der Website des Netzwerks Wissenschaftsfreiheit.

3. Etablierung der Identitätspolitik

1 Mbembe, Achille, Kritik der Schwarzen Vernunft. Aus dem Französischen von Michael Bischoff, Berlin 2014.

2 Aron, Raymond, Opium für Intellektuelle oder die Sucht nach Weltanschauung, Köln 1957.

3 Ferguson, Niall im Gespräch mit Grob, Ronnie, »Am Ende werden alle Frankreich«, in: Schweizer Monat 1090/8/Oktober 2021.

4 Basad, Judith Sevinç, Schäm Dich! Wie Ideologinnen und Ideologen bestimmen, was gut und böse ist, Frankfurt 2021, S. 122ff.

5 https://www.crassh.cam.ac.uk/equality-and-diversity; vgl. dazu auch Kaube, Jürgen, »Umerziehungsbedarf«, in: Frankfurter Allgemeine Zeitung, 30. 1. 2021.

6 https://www.dfg.de/foerderung/grundlagen_rahmenbedingungen/vielfaeltigkeitsdimensionen/; https://www.dfg.de/foerderung/grundlagen_rahmenbedingungen/vielfaeltigkeitsdimensionen/gs/index.html

7 Becker, Katja, »Gleichbehandlung braucht ein Kriterium«, in: Frankfurter Allgemeine Zeitung, 28. 10. 2020.

8 https://www.gwi-boell.de/de/person/peggy-piesche

9 https://www.gwi-boell.de/de/person/katja-kinder

10 Prommer, Elisabeth / Stüwe, Julia / Wegner, Juliane, Sichtbarkeit und Vielfalt: Fortschrittsstudie zur audiovisuellen Diversität, Institut für Medienforschung, Universität Rostock 2021, Preprint; https://www.imf.uni-rostock.de/storages/uni-rostock/Alle_PHF/IMF/Forschung/Medienforschung/Audiovisuelle_Diversitaet/SICHTBARKEIT_UND_VIELFALT_Prommer_Stuewe_Wegner_2021.pdf (S. 7).

11 Schlesinger, Arthur M., Die Spaltung Amerikas. Überlegungen zu einer multikulturellen Gesellschaft. Mit einem Vorwort von Sandra Kostner, Stuttgart 2020.

12 Ebd., S. 56.

4. Rassismus in der politisch-ideologischen Arena

1 Delgado, Richard / Stefancic, Jean, Critical Race Theory: An Introduction, New York 2001.

2 McIntosh, Peggy, »White Privilege: Unpacking the Invisible Knapsack«, in: Peace and Freedom Magazine, Juli / August, 1989.

3 DiAngelo, Robin, White Fragility: Why it is so hard to talk to White People about Race, Boston 2018; deutsch: Wir müssen über Rassismus sprechen: Was es bedeutet, in unserer Gesellschaft weiß zu sein, Hamburg 2020.

4 Kostner, Sandra, »Wenn Wissenschaft Ressentiments schürt. Wer den strukturellen Rassismus leugnet, muss selbst ein Rassist sein – Analyse eines gefährlichen Denkfehlers«, in: Neue Züricher Zeitung, 1. 12. 2020.

5 Mounk, Yascha, »Stop firing the innocent«, in: The Atlantic, 27. 6. 2020, https://www.theat-

lantic.com/ideas/archive/2020/06/stop-firing-innocent/613615/

6 A Letter on Justice and Open Dabate, in: Harper's Magazine, 7. 7. 2020, https://harpers.org/a-letter-on-justice-and-open-debate/

7 Sandra Kostner hat diese Dynamik als Wechselspiel zwischen »Opfer-Entrepreneuren« und »Schuld-Entrepreneuren« beschrieben, die letztlich beide in ihrem moralischen Ansehen davon profitierten und ihre politische Agenda durchsetzen könnten. Vgl. Kostner, Sandra, »Schuld und Sühne«, in: Frankfurter Allgemeine Zeitung, 6. 5. 2019.

8 Erfunden hast diesen Begriff Henning Eichberg als eine Art »Gegenbegriff zum europäischen ›Ethnozentrismus‹«, vgl. Lichtmesz, Martin, »Volklichkeit, Ethopluralismus, Eichberg«, in: Sezession, Nr. 85/2018, S. 6/7. Vgl. dazu auch Pfahl-Traughber, »Antiindividualismus und Antiuniversalismus als Konsequenzen. Die Gemeinsamkeiten von Identitätslinker und Identitätsrechter«, in: perspektiven ds 37. Jg 2020/ Heft 2; Hansen, Hendrik, »Linke und rechte Identitätspolitik. Ein Vergleich der poststrukturalistischen Wende im Linksextremismus mit dem Ethnopluralismus und Nominalismus der Neuen Rechten«, in: Jahrbuch für Extremismus- und Terrorismusforschung 2019/20, Brühl 2021.

9 Es ist hier nicht der Raum, um die unterschiedlichen Theorien zum Rassismus ausführlich erörtern zu können. Deshalb der Hinweis auf Pierre-André Taguieff, der sich bereits in den 1980er-Jahren luzide und kenntnisreich mit dem Thema befasste. Vgl. Taguieff, Pierre-André, »Wie lässt sich das Problem des Rassismus heute stellen? Über neue und alte Rassismen«, in: Soziopolis 01. 12. 2016, https://www.soziopolis.de/wie-laesst-sich-das-problem-des-rassismus-heute-stellen.html; siehe auch Bruckner, Pascal, Der Schuldkomplex: Vom Nutzen und Nachteil der Geschichte Europas, München 2008; siehe auch Pfahl-Traughber, Armin, »Ausweitung und Eingrenzung des Rassismusverständnisses«, in: HaGalil.com. Jüdisches Leben online, 18. 5. 2020, https://www.hagalil.com/2020/05/menschenrechtsrelativismus/

10 https://www.fes.de/index.php?eID=dumpFile&t=f&f=39654&token=b0885615499aae36a49159101cc5a114769827c4 (S. 4).

11 Antidiskriminierungsstelle des Bundes, Erhebung von subjektiven Diskriminierungserfahrungen. Erste Ergebnisse von Testfragen in der SOEP Innovations-Stichprobe 2016, https://www.antidiskriminierungsstelle.de/SharedDocs/downloads/DE/publikationen/Expertisen/erhebung_von_subjektiven_diskr_erfahrungen_soep_innovations_stichprobe.pdf?__blob=publicationFile&v=8

12 Brief von Henrike Lehnguth und Kathrin Peters an Philipp Hübl (26. 3. 21), https://criticaldiversity.udk-berlin.de/empirieundstruktur/

5. Angriff auf die Aufklärung – Abschied vom Universalismus

1 Osterhammel, Jürgen, Kolonialismus: Geschichte, Formen, Folgen, München 1995, S. 21.

2 Conrad, Sebastian, »Kolonialismus und Postkolonialismus: Schlüsselbegriffe der aktuellen

Debatte«, Website der Bundeszentrale für politische Bildung, 23. 10. 2012, https://www.bpb.de/apuz/146971/kolonialismus-und-postkolonialismus

3 N'Diaye, Tidiane, Der verschleierte Völkermord: Die Geschichte des muslimischen Sklavenhandels in Afrika, Reinbek 2010.

4 Vgl. dazu »Geschichte ist immer schmutzig«, Gespräch mit dem Historiker Wolfgang Reinhard, in: Frankfurter Allgemeine Zeitung, 25. 6. 2020.

5 Mbembe, Achille, Postkolonie: Zur politischen Vorstellungskraft im gegenwärtigen Afrika, Wien / Berlin 2016; ders. Kritik der Schwarzen Vernunft, Berlin 2014.

6 Erinnert sei an den frontalen Angriff auf den westlichen Wertekanon und den dekadenten Westen überhaupt, der vonseiten des bekannten iranischen Intellektuellen Dschalāl Āl-e Ahmad bereits 1961 kam. Er hatte sich einen Namen als Übersetzer von Ernst Jünger ins Persische gemacht. Mit seinem Buch über die »Verwestgiftung« der Welt wurde er berühmt und lieferte den Islamisten und späteren Dschihadisten beste ideologische Munition. Zur Zeit der Islamischen Revolution, des Sturzes des Schahs 1979 und der Machtübernahme Khomeinis wurde die Schrift zu einer Art Handbuch der islamistischen Revolutionäre.

7 Gramsci, Antonio, Gefängnishefte. Herausgegeben von Klaus Bochmann und Wolfgang Fritz Haug, 10 Bände, Hamburg Neuauflage 2012.

8 https://www.nusconnect.org.uk/articles/why-is-my-curriculum-white-decolonising-the-academy; #LiberateMyDegree@NUSConnect

9 Zitiert nach Thomas, Gina, »In eigener Sache«, in: Frankfurter Allgemeine Zeitung, 4. 5. 2019.

10 Zitiert nach Rebenich, Stefan, »Weiße Gelehrte unerwünscht«, in: Frankfurter Allgemeine Zeitung, 26. 11. 2020.

11 Vgl. Selected Publications | Philip Ewell, http://philipewell.com

6. Die großen Übel der Welt: Kolonialismus, Kapitalismus, Patriarchat

1 Spivak, Gayatri Chakravorty, Can the subaltern speak? Postkolonialität und subalterne Artikulation, Wien 2007; Dies., Kritik der postkolonialen Vernunft, Stuttgart 1999.

2 Crenshaw, Kimberlé, »Demarginalizing the Intersection of Race and Sex: A Black Feminist Critique of Antidiscrimination Doctrine, Feminist Theory and Antiracist Politics«, in: University of Chicago Legal Forum 1/1989, S. 139–167. Online verfügbar unter https://chicagounbound.uchicago.edu/cgi/viewcontent.cgi?article=1052&context=uclf

3 Das Schlagwort »antimuslimischer Rassismus« wird auch gezielt von Aktivisten der Muslimbruderschaft und anderen islamistischen Organisationen verwendet, um sich gegenüber Kritik zu immunisieren und den Spieß umzudrehen.

4 Holland-Cunz, Barbara, »Was ihr zusteht: Kurze Geschichte des Feminismus«, in: Aus Politik und Zeitgeschehen, APuZ 17/2018.

5 Beauvoir, Simone, Das andere Geschlecht: Sitte und Sexus der Frau, Reinbek 1973.
6 Friedan, Betty, Weiblichkeitswahn: Ein vehementer Protest gegen das Wunschbild von der Frau, Reinbek 1966.
7 Millett, Kate, Sexus und Herrschaft: Die Tyrannei des Mannes in unserer Gesellschaft, Reinbek 1985, S. 472/473.
8 Die 1982 erstmalig erschienene Zeitschrift Feministische Studien war und ist dafür eine internationale und interdisziplinäre wissenschaftliche Plattform.
9 Vgl. Thürmer-Rohr, Christina, Vagabundinnen: Feministische Essays, Berlin 1987; Dies., Mittäterschaft und Entdeckungslust, hrsg. vom Studienschwerpunkt Frauenforschung am Institut für Sozialpädagogik der TU Berlin, Berlin 1989, darin kritisiert sehr luzide die Flucht der Frauen in die Opferrolle.
10 Vgl. Chodorow, Nancy J., Das Erbe der Mütter, München 1994; Rohde-Dachser, Christa, Expeditionen in den dunklen Kontinent: Weiblichkeit im Diskurs der Psychoanalyse, Gießen 2003; Irigaray, Luce, Speculum: Spiegel des anderen Geschlechts, Frankfurt a. M. 1980.
11 Harding, Sandra, Feministische Wissenschaftstheorie: Zum Verhältnis von Wissenschaft und sozialem Geschlecht, Hamburg 1990, S. 7 und S. 274.
12 Siehe Benhabib, Sheila u. a., Der Streit um Differenz: Feminismus und Postmoderne in der Gegenwart, Frankfurt 1993.
13 Vgl. Hill Collins, Patricia, Black Feminist Thought, New York / London, 1990.
14 Lorber, Judith, »Shifting Paradigmas and Challenging Categories«, in: Social Problems 53, Nr. 4, 2006, S. 448, zitiert nach Pluckrose, Helen / Lindsay, James, Cynical Theories, London 2021, S. 142.
15 Brief von John Stuart Mill an Parke Godwin vom 1. 1. 1869, in: CW XVII: The Later Letters of John Stuart Mill 1849–1873, S. 1535.
16 Vgl. Mill, John Stuart / Taylor, Harriet / Taylor, Helen, Die Unterwerfung der Frauen, in: Mill, John Stuart, Ausgewählte Werke, Bd. I: John Stuart Mill und Harriet Taylor, Freiheit und Gleichberechtigung, hrsg. von Ackermann, Ulrike. In früheren Übersetzungen hieß der Titel ›Die Hörigkeit der Frau‹.
17 Butler, Judith, Das Unbehagen der Geschlechter, Frankfurt a. M. 1991.
18 Vgl. die Fälle der Universitätsprofessorinnen Sylviane Agacinski (Philosophin in Bordeaux), Selina Todd (Historikerin in Oxford), Rosa Freedman (Juristin in Reading), Jo Phoenix (Kriminologin Open University), siehe Vukadinović, Vojin Saša, »Chronik einer orchestrierten Verleumdung«, in: Frankfurter Allgemeine Zeitung, 17. 3. 2020.

7. Politisierung der Sozial- und Geisteswissenschaften

1 Lotter, Maria-Sibylla, »Moral statt Wahrheit: Allzu oft wird Wissenschaft als Wiedergutmachungsprojekt betrieben«, in: Neue Züricher Zeitung, 24. 6. 2020.
2 Robert K. Merton formulierte diese Prinzipien in seinem Vortrag »Science and the Social Order«von 1937 und in einem Essay aus dem Jahr 1942, Science and Democratic Social Structure.

Beunruhigt von den Verheerungen der Nationalsozialisten im Wissenschaftsbetrieb, unterschied er zwischen »echter«, das heißt demokratischer und ethischer Wissenschaft, und unethischer, antiintellektueller »Anti-Wissenschaft«, in: Merton, Robert K., Sociology of Science, Kapitel 12–12, Chicago 1973.

3 Auf dem Soziologentag 1961 in Tübingen.

4 Dahrendorf, Ralf, Gesellschaft und Freiheit: Zur soziologischen Analyse der Gegenwart, München 1962, S. 32.

5 Vgl. Weber, Marianne, Frauenfragen und Frauengedanken, Tübingen 1919.

6 Weber, Max, Wissenschaft als Beruf, in: Schriften 1894–1922, ausgewählt und herausgegeben von Dirk Kaesler, Stuttgart 2002, S. 494.

7 Ebd., S. 496.

8 Ebd. S. 506/507.

9 Weber, Max, Politik als Beruf, in: Ders., Politik und Gesellschaft, hrsg. von Daniel Lehmann, Frankfurt a. M. 2006.

10 Popper, Karl R., Die offene Gesellschaft und ihre Feinde, Bd. II, Bern, München 1973, S. 261ff.

11 Ders., »Die moralische Verantwortlichkeit des Wissenschaftlers«, in: Schweizer Monatshefte, Heft 7, Bd. 50, 1970–1971, wieder ersch. a. a. O., April 2021, S. 66.

12 Siehe Der Positivismusstreit in der deutschen Soziologie, mit Beiträgen von Theodor W. Adorno, Hans Albert, Ralf Dahrendorf, Jürgen Habermas, Harald Pilot, Karl R. Popper, Darmstadt 1970.

13 Popper, Karl R., die offene Gesellschaft und ihre Feinde, Bd. 2, herausgegeben von Hubert Kiesewetter, Tübingen 2003, S. 281.

14 Dahrendorf, Ralf, Auf der Suche nach einer neuen Ordnung: Vorlesungen zu einer Politik der Freiheit im 21. Jahrhundert, München 2003, S. 9; siehe auch: Ders., Über Grenzen: Lebenserinnerungen, München 2002.

15 Dahrendorf, Ralf, Gesellschaft und Freiheit, München 1961, S. 235.

8. Studentenbewegung und die Folgen

1 Faschismus sei letztlich »die offene terroristische Diktatur der reaktionärsten, am meisten chauvinistischen, am meisten imperialistischen Elemente des Finanzkapitals«. Dimitroff, Georgi, Die Offensive des Faschismus und die Aufgaben der Kommunistischen Internationale im Kampf für die Einheit der Arbeiterklasse gegen den Faschismus, 2. August 1935, in: Ders. Ausgewählte Schriften, Bd.2, Berlin 1958, S. 523ff.

2 Vgl. Ackermann, Ulrike, Sündenfall der Intellektuellen, Stuttgart 2000, S. 139ff. Eine Ausgeburt dieses ideologischen Antifaschismus war unter anderem die Rote-Armee-Fraktion, die seit 1970 über zwei Jahrzehnte einen gewaltsamen Kampf gegen den vermeintlich faschistischen deutschen Staat führte – und deshalb in ihren Anfangsjahren so breite Unterstützung in intellektuellen Kreisen erfuhr.

3 König, René an Ralf Dahrendorf, 29. April 1968, Bundesarchiv N1749/46; Dahrendorf, Ralf an René König, 3. Mai 1968, Bundesarchiv N1749/46, zitiert nach Meifort, Franziska, Ralf Dahrendorf: Eine Biographie, München 2017, S. 173.

4 Adorno, Theodor W., Minima Moralia, Frankfurt a. M. 1978, S. 15.
5 Ebd., S. 42, S. 57.
6 Adorno, Theodor W./Horkheimer, Max, Dialektik der Aufklärung, Frankfurt a. M. 1973, S. 40.
7 Ebd., S. 25.
8 Horkheimer, Max, »Die Juden und Europa«, in: Zeitschrift für Sozialforschung, Jahrgang 8, 1939 bis 1940, München 1980, S. 115.
9 Marcuse, Herbert, Kultur und Gesellschaft, Band 1, Frankfurt a. M. 1967, S. 37.
10 Auch wenn es aggressive Angriffe gerade auf Adorno gab, vonseiten seiner Studenten und Studentinnen, die ihm fehlende »revolutionäre Praxis« vorwarfen und zur Selbstkritik nötigen wollten, wie im April 1969 beim sogenannten Busenattentat. Drei Frauen umkreisten ihn im Seminar mit entblößten Brüsten als Denkzettel, weil er seine Blicke nicht von schönen Frauen losreißen konnte und dann immer sprachlos wurde. Noch im selben Jahr starb er.

9. Die Geister, die ich rief …

1 Charles Taylor stand über viele Jahrzehnte in regem Austausch mit Jürgen Habermas.
2 Lyotard, Jean-François, Das postmoderne Wissen, Wien 2005.
3 Derrida, Jacques, Grammatologie, Frankfurt 1983.
4 Foucault, Michel, Die Ordnung des Diskurses, Frankfurt a. M. 1991. Ders., Wahnsinn und Gesellschaft, Frankfurt a. M. 1969.
5 Vgl. Pluckrose, Helen / Lindsay, James, Cynical Theories, London 2021, S. 45ff.
6 Steinmayr, Markus, »Ursprungsmythen aus dem Orient. Transatlantische Umdeutungen: Wie Michel Foucault zum Säulenheiligen von Postkolonialismus und Identitätspolitik wurde«, in: Frankfurter Allgemeine Zeitung, 31. 3. 2021.
7 Fricker, Miranda, Epistemic Injustice: Power and the Ethics of Knowing, Oxford 2007.
8 Pluckrose, Helen / Lindsay, James, Cynical Theories, a. a. O., S. 65.
9 Siehe www.newdiscourses.com
10 »Human reactions to rape culture and queer performativity at urban dog parks in Portland, Oregon«, in: Gender, place and culture, Mai 2018.
11 Pluckrose, Helen / Lindsay, James, Cynical Theories, London 2021, auf Deutsch: Zynische Theorien, München 2022.
12 Fraser, Nancy / Honneth Axel, Umverteilung oder Anerkennung? Eine politisch-philosophische Kontroverse, Frankfurt a. M. 2003, S. 10.
13 Honneth, Axel im Interview: »Harte Arbeit wird gar nicht mehr wahrgenommen«, in: Philosophie Magazin 15. Juni 2021.
14 Saar, Martin, »Stellungnahme zu Identitätspolitik und Philosophie«, in: Information Philosophie Heft 3, September 2021, S. 32.
15 Siehe Stögner, Karin, »Kritische Theorie und Feminismus – ein produktives Spannungsverhältnis«, in: Stögner, Karin / Colligs, Alexandra (Hrsg.), Kritische Theorie und Feminismus, Berlin 2022, S. 17ff.

10. Was läuft falsch an den Universitäten?

1 Ursprünglich stand das »E« für Equality und verwandelte sich mit zunehmender Politisierung und dem Programm, die Gesellschaft zu transformieren, in Equity, nämlich Gerechtigkeit herstellen.

2 Forschungsstelle für Interkulturelle Studien der Universität zu Köln, Für Freiheit in Forschung und Lehre, Oktober 2020, www.hf.uni-koeln.de/data/fist/File/Stellungnahme%20final.pdf (S. 1).

3 Traunmüller, Richard / Revers, Matthias, »Is free speech in danger on university campus? Some preliminary Evidence from the most likely case«, in: Kölner Zeitschrift für Soziologie und Sozialpsychologie, Bd. 72, Ausgabe 3, September 2020, S. 471–497.

4 Als Bindeglied ist der Begriff »Klassismus« kreiert worden. Damit soll Diskriminierung aufgrund von sozialer Herkunft in den Kanon der Identitätspolitik einfügt werden.

5 Auch der Streit um die neue Mittelklasse setzt diese Diskussion fort. Vgl. Reckwitz, Andreas / Rosa, Hartmut, Spätmoderne in der Krise: Was leistet die Gesellschaftstheorie?, Frankfurt a. M. 2021; Kritik an Reckwitz von Kumkar, Nils C. / Schimank, Uwe, »Die Mittelschichtsgesellschaft als Projektion«, in: Merkur, Januar 2022, Heft 872.

6 Humboldt, Wilhelm von, Denkschrift über die äußere und innere Organisation der höheren wissenschaftlichen Anstalten in Berlin, Berlin 1903, S. 233.

7 Arzdorf, Gina, »Wenn die Genderdebatte Punkte kostet«, in: Frankfurter Allgemeine Zeitung, 8. 4. 2021.

8 Vgl. Münch, Richard, Akademischer Kapitalismus: Über die politische Ökonomie der Hochschulreform, Berlin 2011.

9 Umfrage Forschungsfreiheit an deutschen Universitäten, Institut für Demoskopie Allensbach, März 2020.

11. Wie die identitätspolitische Agenda in die Gesellschaft eindringt

1 Siehe Pusch, Luise F., Das Deutsche als Männersprache, Frankfurt a. M. 1984.

2 Ein europaweiter Streit entfachte sich im Frühjahr 2021 um die Übersetzung des Gedichts »The Hill We climb« der schwarzen Schriftstellerin Amanda Gorman. Ein Shitstorm brach los, als eine Weiße, Marieke Lucas Rijneveld, die Übersetzung ins Niederländische vornehmen sollte. Sie verzichtete dann darauf. Währenddessen kündigte der spanische Verlag dem beauftragten Übersetzer Viktor Obiols. Er begründete seine Entscheidung damit, Obiols habe »das falsche Profil«, nämlich männlich und weiß zu sein.

3 Vgl. Lemling, Michael, »Auf Sensitivity-Niveau«, in: Börsenblatt 47/2021.

4 Vgl. Hölter, Achim, »Hört sich an wie nahes Donnergrollen«, in: Frankfurter Allgemeine Zeitung, 17. Juni 2021.

5 https://www.bmfsfj.de/bmfsfj/aktuelles/alle-meldungen/sven-lehmann-ist-neuer-queer-beauftragter-191544

6 Vgl. Ehrmann, Thomas / Prinz, Aloys, »Aufgeweckte Kapitalisten: Social Justice Theory mit Nutzwert: Firmen entdecken die

Identitätspolitik für sich – solang sie profitabel ist«, in: Frankfurter Allgemeine Zeitung, 26. 4. 2021.

7 Wagenknecht, Sahra, Die Selbstgerechten, Frankfurt a. M. 2021.

8 Thierse, Wolfgang, »Wie viel Identität verträgt die Gesellschaft? Identitätspolitik darf nicht zum Grabenkampf werden, der den Gemeinsinn zerstört: Wir brauchen eine neue Solidarität«, in: Frankfurter Allgemeine Zeitung, 22. 2. 2021.

9 Von links kritisieren die linke Identitätspolitik auch taz-Gründer Jan Feddersen und der Dramaturg Bernd Stegemann. Vgl. Feddersen, Jan / Gessler, Philipp, Kampf der Identitäten. Für eine Rückbesinnung auf linke Ideale, Berlin 2021; Stegemann, Bernd, Die Öffentlichkeit und ihre Feinde, Stuttgart 2021.

10 Vgl. Chervel, Thierry, »Historikerstreit 2.0.«, in: Perlentaucher, 20. 06. 2021, https://www.perlentaucher.de/essay/die-debatte-ueber-a-dirk-moses-katechismus-der-deutschen.html; Sznaider, Natan, Fluchtpunkte der Erinnerung: Über die Gegenwart von Holocaust und Kolonialismus, München 2022; siehe auch Sullivan, Andrew, »The Anti-Semitism In Anti-Whiteness«, in: The Weekly Dish, 4. 2. 2022, https://andrewsullivan.substack.com/p/the-anti-semitism-in-anti-whiteness?s=r. Der Streit um die Einladungspolitik der Documenta in Kassel 2022 ist ebenfalls davon geprägt. Auch die vom eigenen Haus kuratierte Ausstellung zur Geschichte der Documenta durchweht ein kräftiger postkolonialer, antiwestlicher Geist, der zudem noch die ehemalige DDR glorifiziert.

11 Vgl. Ackermann, Ulrike, Sündenfall der Intellektuellen, Stuttgart 2000.

12 Vgl. Ackermann, Ulrike, Eros der Freiheit: Plädoyer für eine radikale Aufklärung, S. 43ff., Stuttgart 2008; Dies., Das Schweigen der Mitte: Wege aus der Polarisierungsfalle, S. 160ff., Darmstadt 2020.

Schluss: Wie können wir unsere Freiheiten verteidigen?

1 Der Mitunterzeichner Yascha Mounk initiiert immer wieder wegweisende Debatten zum Thema auf seinem Blog Persuasion, https://www.persuasion.community/p/-dont-give-up-on-truth?token=ey

2 https://www.netzwerk-wissenschaftsfreiheit.de

3 Kodex Wissenschaftsfreiheit, https://www.uni-hamburg.de/uhh/profil/leitbild/kodex-wissenschaftsfreiheit.html

4 Diese kluge Bezeichnung stammt von dem Politikwissenschaftler Peter Graf Kielmansegg, vgl. Kielmansegg, Peter Graf, »Die Schließung der Demokratie«, in: Frankfurter Allgemeine Zeitung, 17. 5. 2021.

Literatur

Ackermann, Ulrike, Das Schweigen der Mitte. Wege aus der Polarisierungsfalle, Darmstadt 2020.

Dies., Eros der Freiheit. Plädoyer für eine radikale Aufklärung, Stuttgart 2008, E-Book 2021.

Dies. (Hrsg.), Freiheitsindex Deutschland 2015, 2016, 2017 des John Stuart Mill Instituts für Freiheitsforschung, Frankfurt a. M. 2015, 2016, 2017.

Dies., Sündenfall der Intellektuellen, Stuttgart 2000.

A Letter on Justice and Open Dabate, in: Harper's Magazine, 7. 7. 2020, https://harpers.org/a-letter-on-justice-and-open-debate/

Antidiskriminierungsstelle des Bundes, Erhebung von subjektiven Diskriminierungserfahrungen. Erste Ergebnisse von Testfragen in der SOEP Innovations-Stichprobe 2016, https://www.antidiskriminierungsstelle.de/SharedDocs/downloads/DE/publikationen/Expertisen/erhebung_von_subjektiven_diskr_erfahrungen_soep_innovations_stichprobe.pdf?__blob=publicationFile&v=8

Alt, Peter-André, Exzellent? Zur Lage der deutschen Universität, München 2021.

Arzdorf, Gina, »Wenn die Genderdebatte Punkte kostet«, in: Frankfurter Allgemeine Zeitung, 8. 4. 2021.

Beauvoir, Simone de, Das andere Geschlecht. Sitte und Sexus der Frau, Reinbek 1973.

Adorno, Theodor W./Horkheimer, Max, Dialektik der Aufklärung, Frankfurt a. M. 1973.

Adorno, Theodor W., Minima Moralia. Reflexionen aus dem beschädigten Leben, Frankfurt a. M. 1978.

Aron, Raymond, Opium für Intellektuelle oder die Sucht nach Weltanschauung, Köln 1957.

Basad, Judith Sevinç, Schäm Dich! Wie Ideologinnen und Ideologen bestimmen, was gut und böse ist, Frankfurt a. M. 2021.

Becker, Katja, »Gleichbehandlung braucht ein Kriterium«, in: Frankfurter Allgemeine Zeitung, 28. 10. 2020.

Benhabib, Sheila u. a., Der Streit um Differenz. Feminismus und Postmoderne in der Gegenwart, Frankfurt a. M. 1993.

Benn, Piers, Intellectual Freedom and Culture Wars, Palgrave Studies, Cham 2021.

Bruckner, Pascal, Der Schuldkomplex. Vom Nutzen und Nachteil der Geschichte Europas, München 2008.

Buchsteiner, Jochen, »Freier reden in Cambridge«, in: Frankfurter Allgemeine Zeitung, 17. 2. 2021.

Butler, Judith, Das Unbehagen der Geschlechter, Frankfurt a. M. 1991.

Butler, Judith, Die Macht der Gewaltlosigkeit. Über das Ethische im Politischen, Frankfurt a. M. 2020.

Chervel, Thierry, »Historikerstreit 2.0.«, in: Perlentaucher, 20. 06. 2021, https://www.perlentaucher.de/essay/die-debatte-ueber-a-dirk-moses-katechismus-der-deutschen.html

Chodorow, Nancy J., Das Erbe der Mütter, München 1994.

Conrad, Sebastian, »Kolonialismus und Postkolonialismus: Schlüsselbegriffe der aktuellen Debatte«, Website der Bundeszentrale für politische Bildung, 23. 10. 2012, https://www.bpb.de/apuz/146971/kolonialismus-und-postkolonialismus

Crenshaw, Kimberlé, »Demarginalizing the Intersection of Race and Sex: A Black Feminist Critique of Antidiscrimination Doctrine, Feminist Theory and Antiracist Politics«, in: Univeristy of Chicago Legal Forum 1/1989, S. 139–167. Verfügbar unter https://chicagounbound.uchicago.edu/cgi/viewcontent.cgi?article=1052&context=uclf

DiAngelo, Robin, White Fragility: Why it is so hard to talk to White People about Race, Boston 2018; deutsch: Wir müssen über Rassismus sprechen: Was es bedeutet, in unserer Gesellschaft weiß zu sein, Hamburg 2020.

Dahrendorf, Ralf, Auf der Suche nach einer neuen Ordnung. Vorlesungen zu einer Politik der Freiheit im 21. Jahrhundert, München 2003.

Ders., Gesellschaft und Freiheit. Zur soziologischen Analyse der Gegenwart, München 1962.

Ders., Über Grenzen, Lebenserinnerungen, München 2002.

Fanon, Frantz, Die Verdammten dieser Erde, Frankfurt a. M. 1981.

Ders., Schwarze Haut, weiße Masken, Wien 2020

Delgado, Richard / Stefancic, Jean, Critical Race Theory: An Introduction, New York 2001.

Derrida, Jacques, Grammatologie, Frankfurt 1983

Dimitroff, Georgi, Die Offensive des Faschismus und die Aufgaben der Kommunistischen Internationale im Kampf für die Einheit der Arbeiterklasse gegen den Faschismus. 2. August 1935, in: Ders., Ausgewählte Schriften, Bd. 2, Berlin 1958, S. 523ff.

Ehrmann, Thomas / Prinz, Aloys, »Aufgeweckte Kapitalisten. Social Justice Theory mit Nutzwert: Firmen entdecken die Identitätspolitik für sich – solang sie profitabel ist«, in: Frankfurter Allgemeine Zeitung, 26. 4. 2021.

Ewell, Philip, XXX, in: 9/2020 »Music Theory«.

Feddersen, Jan, »Queer – oder die Einebnung von Unterschiedlichem«, in: Jahrbuch Sexualitäten 2021

Feddersen, Jan / Gessler, Philipp, Der Kampf der Identitäten. Für eine Rückbesinnung auf linke Ideale, Berlin 2021.

Ferguson, Niall im Gespräch mit Grob, Ronnie, »Am Ende werden alle Frankreich«, in: Schweizer Monat 1090/8/Oktober 2021.

Finkielkraut, Alain, Ich schweige nicht. Philosophische Anmerkungen zur Zeit, München 2021.

Forschungsstelle für Interkulturelle Studien der Universität zu Köln, Für Freiheit in Forschung und Lehre, Oktober 2020, www.hf.uni-koeln.de/data/fist/File/Stellungnahme%20final.pdf

Foucault, Michel, Die Ordnung des Diskurses, Frankfurt a. M. 1991.

Ders., Wahnsinn und Gesellschaft, Frankfurt a. M. 1969.

Fourest, Caroline, »Generation beleidigt.« Von der Sprachpolizei zur Gedankenpolizei. Über den wachsenden Einfluss linker Identitärer. Eine Kritik, Berlin 2020.

Fraser, Nancy / Honneth Axel, Umverteilung oder Anerkennung? Eine politisch-philosophische Kontroverse, Frankfurt a. M. 2003.

Fricker, Miranda, Epistemic Injustice: Power and the Ethics of Knowing, Oxford 2007.
Friedan, Betty, Weiblichkeitswahn. Ein vehementer Protest gegen das Wunschbild von der Frau, Reinbek 1966.
Freud, Sigmund, Briefe 1873–1939. Ausgewählt und herausgegeben von Ernst und Lucie Freud, 2. erweiterte Auflage, Frankfurt 1968.
Gramsci, Antonio, Gefängnishefte, hrsg. von Klaus Bochmann und Wolfgang Fritz Haug, 10 Bände, Hamburg 2012.
Hansen, Hendrik, »Linke und rechte Identitätspolitik. Ein Vergleich der poststrukturalistischen Wende im Linksextremismus mit dem Ethnopluralismus und Nominalismus der Neuen Rechten«, in: Jahrbuch für Extremismus- und Terrorismusforschung 2019/20, Brühl 2021.
Harding, Sandra, Feministische Wissenschaftstheorie. Zum Verhältnis von Wissenschaft und sozialem Geschlecht, Hamburg 1990.
Hasters, Alice, Was weiße Menschen nicht über Rassismus hören wollen, München 2021.
Hill Collins, Patricia, Black Feminist Thought, New York / London, 1990.
Holland-Cunz, Barbara, »Was ihr zusteht. Kurze Geschichte des Feminismus«, in: Aus Politik und Zeitgeschehen, APuZ 17/2018.
Hölter, Achim, »Hört sich an wie nahes Donnergrollen«, in: Frankfurter Allgemeine Zeitung, 17. Juni 2021.
Honneth, Axel, Der Kampf um Anerkennung: Zur moralischen Grammatik sozialer Konflikte, Frankfurt a. M. 1992.
Honneth, Axel im Interview: »Harte Arbeit wird gar nicht mehr wahrgenommen«, in: Philosophie Magazin, 15. Juni 2021.
Honneth, Axel / Fraser, Nancy, Umverteilung oder Anerkennung? Eine politisch-philosophische Kontroverse, Frankfurt a. M. 2003.
Horkheimer, Max, »Die Juden und Europa«, in: Zeitschrift für Sozialforschung, Jahrgang 8, 1939 bis 1940, München 1980.
Humboldt, Wilhelm von, »Denkschrift über die äußere und innere Organisation der höheren wissenschaftlichen Anstalten in Berlin«, Berlin 1903.
Institut für Demoskopie Allensbach, Umfrage Forschungsfreiheit an deutschen Universitäten, März 2020.
Irigaray, Luce, Speculum. Spiegel des anderen Geschlechts, Frankfurt a. M. 1980.
Kant, Immanuel, Beantwortung der Frage: Was ist Aufklärung?, in: Schriften zur Anthropologie, Geschichtsphilosophie, Politik und Pädagogik 1, Werkausgabe Band XI.
Kaube, Jürgen, »Umerziehungsbedarf«, in: Frankfurter Allgemeine Zeitung, 30. 1. 2021.
Kempen, Bernhard, »Universität als Risikozone«, in: Frankfurt Allgemeine Zeitung, 22. 7. 2021.
Ders., zitiert in: Kissler, Alexander / Marguier, Alexander, »Der Kampf um den Kanon«, in: Cicero, Juni 2019.
Ders., Vorwort in: Die Freiheit der Wissenschaft und ihre ›Feinde‹, hrsg. von Wilhelm Hopf, Berlin 2019.
Kielmansegg, Peter, Graf, »Die Schließung der Demokratie«, in: Frankfurter Allgemeine Zeitung. 17. 5. 2021.

König, René an Ralf Dahrendorf, 29. April 1968, Bundesarchiv N1749/46; Dahrendorf, Ralf an René König, 3. Mai 1968, Bundesarchiv N1749/46, zitiert nach Meifort, Franziska, Ralf Dahrendorf. Eine Biographie, München 2017, S. 173.

Kostner, Sandra, »Wenn Wissenschaft Ressentiments schürt. Wer den strukturellen Rassismus leugnet, muss selbst ein Rassist sein – Analyse eines gefährlichen Denkfehlers«, in: Neue Züricher Zeitung, 1. 12. 2020.

Dies. (Hrsg.), Identitätslinke Läuterungsagenda. Eine Debatte zu ihren Folgen für Migrationsgesellschaften, Stuttgart 2019

Dies., »Schuld und Sühne«, in: Frankfurter Allgemeine Zeitung, 6. 5. 2019.

Kumkar, Nils C. / Schimank, Uwe, »Drei-Klassen-Gesellschaft? Bruch? Konfrontation? Eine Auseinandersetzung mit Andreas Reckwitz' Diagnose der ›Spätmoderne‹«, in: Leviathan 49. Jg., 1/2021.

Kumkar, Nils C. / Schimank, Uwe, »Die Mittelschichtsgesellschaft als Projektion«, in: Merkur, Januar 2022, Heft 872.

Lehnguth, Henrike / Peters, Kathrin, Brief an Philipp Hübl (26. 3. 21), https://criticaldiversity.udk-berlin.de/empirieundstruktur/

Lemling, Michael, »Auf Sensitivity-Niveau«, in: Börsenblatt 47/2021.

Lichtmesz, Martin, »Volklichkeit, Ethopluralismus, Eichberg«, in: Sezession, Nr. 85/2018.

Lorber, Judith, »Shifting Paradigmas and Challenging Categories«, in: Social Problems 53, Nr. 4, 2006 S. 448, zitiert nach Pluckrose, Helen / Lindsay, James, Cynical Theories, London 2021.

Lotter, Maria-Sibylla, »Moral statt Wahrheit. Allzu oft wird Wissenschaft als Wiedergutmachungsprojekt betrieben«, in: Neue Züricher Zeitung, 24. 6. 2020.

Lyotard, Jean-François, Das postmoderne Wissen, Wien 2005. Marcuse, Herbert, Kultur und Gesellschaft, Band 1, Frankfurt a. M. 1967.

McIntosh, Peggy »White Privilege: Unpacking the Invisible Knapsack«, in: Peace and Freedom Magazine, Juli / August, 1989.

McWhorter, John, Die Erwählten. Wie der neue Antirassismus die Gesellschaft spaltet, Hamburg 2022.

Millett, Kate, Sexus und Herrschaft. Die Tyrannei des Mannes in unserer Gesellschaft, Reinbek 1985.

Meifort, Franziska, Ralf Dahrendorf. Eine Biographie, München 2017.

Merton, Robert K., Sociology of Science, Chicago 1973.

Mbembe, Achille, Postkolonie. Zur politischen Vorstellungskraft im zeitgenössischen Afrika, Wien / Berlin 2016.

Ders., Kritik der schwarzen Vernunft, Berlin 2014

Mill, John Stuart / Taylor, Harriet / Taylor, Helen, Die Unterwerfung der Frauen, in: Mill, John Stuart, Ausgewählte Werke, Bd. I: John Stuart Mill und Harriet Taylor, Freiheit und Gleichberechtigung, hrsg. von Ackermann, Ulrike.

Mill, John Stuart / Taylor, Harriet, Über die Freiheit, in: Ausgewählte Werke John Stuart Mill, Freiheit, Fortschritt und die Aufgaben des Staates, Band 3, Hamburg 2014.

Mill, John Stuart, Autobiographie, in: Ausgewählte Werke, Bildung und Selbstentfaltung, Band 2, Hamburg 2013.

Ders., Brief an Parke Godwin vom 1. 1. 1869, in: CW XVII: The Later Letters of John Stuart Mill 1849–1873, S. 1535.

Mounk, Yascha, Blog Persuasion https://www.persuasion.community/p/-dont-give-up-on-truth?token=ey

Ders., »Stop firing the innocent«, in: The Atlantic, 27. 6. 2020, https://www.theatlantic.com/ideas/archive/2020/06/stop-firing-innocent/613615/
N'Diaye, Tidiane, Der verschleierte Völkermord. Die Geschichte des muslimischen Sklavenhandels in Afrika, Reinbek 2010.
Noelle-Neumann, Elisabeth, Die Schweigespirale. Öffentliche Meinung – unsere soziale Haut, München 1980.
Münch, Richard, Akademischer Kapitalismus. Über die politische Ökonomie der Hochschulreform, Berlin 2011.
Osterhammel, Jürgen, Kolonialismus. Geschichte, Formen, Folgen, München 1995.
Petersen, Thomas (Institut für Demoskopie Allensbach), »Die Mehrheit fühlt sich gegängelt«, in: Frankfurter Allgemeine Zeitung, 16. 6. 2021.
Pfahl-Traughber, Armin, »Antiindividualismus und Antiuniversalismus als Konsequenzen. Die Gemeinsamkeiten von Identitätslinker und Identitätsrechter«, in: perspektiven ds 37. Jg. 2020/Heft 2.
Ders., »Ausweitung und Eingrenzung des Rassismusverständnisses«, in: HaGalil.com. Jüdisches Leben online, 18. 5. 2020, https://www.hagalil.com/2020/05/menschenrechtsrelativismus/
Pluckrose, Helen / Lindsay, James, Cynical Theories, London 2021, auf dt. erschienen: Zynische Theorien, München 2022.
Popper, Karl R., »Die moralische Verantwortlichkeit des Wissenschaftlers«, in: Schweizer Monatshefte, Heft 7, Bd. 50, 1970–1971, wieder ersch. a. a. O., April 2021.
Ders., Die offene Gesellschaft und ihre Feinde, Bd. I u. II, Bern 1973, Bd. I.
Der Positivismusstreit in der deutschen Soziologie, mit Beiträgen von Theodor W. Adorno, Hans Albert, Ralf Dahrendorf, Jürgen Habermas, Harald Pilot, Karl R. Popper, Darmstadt 1970.
Prommer, Elisabeth / Stüwe, Julia / Wegner, Juliane, Sichtbarkeit und Vielfalt. Fortschrittsstudie zur audiovisuellen Diversität, Institut für Medienforschung, Universität Rostock 2021, Preprint; https://www.imf.uni-rostock.de/storages/uni-rostock/Alle_PHF/IMF/Forschung/Medienforschung/Audiovisuelle_Diversitaet/SICHTBARKEIT_UND_VIELFALT_Prommer_Stuewe_Wegner_2021.pdf
Pusch, Luise F., Das Deutsche als Männersprache, Frankfurt a. M. 1984.
Rawls, John, Eine Theorie der Gerechtigkeit, Frankfurt a. M. 1975.
Rebenich, Stefan, »Weiße Gelehrte unerwünscht«, in: Frankfurter Allgemeine Zeitung, 26. 11. 2020.
Reckwitz, Andreas, Das Ende der Illusionen.Politik, Ökonomie und Kultur in der Spätmoderne, Berlin 2019.
Reckwitz, Andreas / Rosa, Hartmut, Spätmoderne in der Krise. Was leistet die Gesellschaftstheorie?, Frankfurt a. M. 2021.
Reinhard, Wolfgang, »Geschichte ist immer schmutzig«, Gespräch, in: Frankfurter Allgemeine Zeitung, 25. 6. 2020.
Rohde-Dachser, Christa, Expeditionen in den dunklen Kontinent. Weiblichkeit im Diskurs der Psychoanalyse, Gießen 2003.
Saar, Martin, »Stellungnahme zu Identitätspolitik und Philosophie«, in: Information Philosophie Heft 3, September 2021.
Schlesinger, Arthur M., Die Spaltung Amerikas. Überlegungen zur einer multikulturellen Gesellschaft. Mit einem Vorwort v. Sandra Kostner, Stuttgart 2020.

Spivak, Gayatri Chakravorty, Can the subaltern speak? Postkolonialität und subalterne Artikulation, Wien 2007.

Dies., Kritik der postkolonialen Vernunft, Stuttgart 1999.

Stegemann, Bernd, Die Öffentlichkeit und ihre Feinde, Stuttgart 2021.

Steinmayr, Markus, »Ursprungsmythen aus dem Orient. Transatlantische Umdeutungen: Wie Michel Foucault zum Säulenheiligen von Postkolonialismus und Identitätspolitik wurde«, in: Frankfurter Allgemeine Zeitung, 31. 3. 2021.

Stögner, Karin / Colligs, Alexandra (Hrsg.), Kritische Theorie und Feminismus, Berlin 2022.

Sullivan, Andrew, »The Anti-Semitism In Anti-Whiteness«, in: The Weekly Dish, 4. 2. 2022, https://andrewsullivan.substack.com/p/the-anti-semitism-in-anti-whiteness?s=r

Sznaider, Natan, Fluchtpunkte der Erinnerung. Über die Gegenwart von Holocaust und Kolonialismus, München 2022.

Taguieff, Pierre-André, »Wie lässt sich das Problem des Rassismus heute stellen? Über neue und alte Rassismen«, in: Soziopolis 01. 12. 2016, https://www.soziopolis.de/wie-laesst-sich-das-problem-des-rassismus-heute-stellen.html

Thiel, Thomas, »Die Helikopter-Uni. Bonn warnt Studenten vor unschöner Wirklichkeit«, in: Frankfurter Allgemeine Zeitung, 23. 9. 2021.

Thierse, Wolfgang, »Wie viel Identität verträgt die Gesellschaft? Identitätspolitik darf nicht zum Grabenkampf werden, der den Gemeinsinn zerstört: Wir brauchen eine neue Solidarität«, in: Frankfurter Allgemeine Zeitung, 22. 2. 2021.

Thomas, Gina, »In eigener Sache«, in: Frankfurter Allgemeine Zeitung, 4. 5. 2019.

Thürmer-Rohr, Christina, Mittäterschaft und Entdeckungslust, hrsg. vom Studienschwerpunkt Frauenforschung am Institut für Sozialpädagogik der TU Berlin, Berlin 1989.

Dies., Vagabundinnen. Feministische Essays, Berlin 1987.

Traunmüller, Richard / Revers, Matthias, »Is free speech in danger on university campus? Some preliminary evidence from the most likely case«, in: Kölner Zeitschrift für Soziologie und Sozialpsychologie,. Bd. 72, Ausgabe 3, September 2020.

Ulfig, Alexander, Das bedrohte Vermächtnis der europäischen Aufklärung, Baden-Baden 2021.

Vukadinović, Vojin Saša, »Chronik einer orchestrierten Verleumdung«, in: Frankfurter Allgemeine Zeitung, 17. 3. 2020.

Ders. (Hrsg.), Freiheit ist keine Metapher, Berlin 2019.

Wagenknecht, Sahra, Die Selbstgerechten, Frankfurt a. M. 2021.

Weber, Marianne, Frauenfragen und Frauengedanken, Tübingen 1919.

Weber, Max, Politik als Beruf, in: Ders., Politik und Gesellschaft, hrsg. von Daniel Lehmann, Frankfurt 2006.

Ders., Wissenschaft als Beruf, in: Schriften 1894–1922, ausgewählt und hrsg. von Dirk Kaesler, Stuttgart 2002.

Wissenschaftsfreiheit, Reihe: Aus Politik und Zeitgeschichte, hrsg. v. Bundeszentrale für politische Bildung, 71. Jahrgang, 46/2021, 15. November 2021.

Zehnpfennig, Barbara, »Identitätspolitik und Philosophie«, Stellungnahme, in: Information Philosophie Heft 3, September 2021.